EBERHARD SCHWARK

Der Begriff der „Allgemeinen Gesetze"
in Artikel 5 Absatz 2 des Grundgesetzes

Schriften zum Öffentlichen Recht

Band 121

Der Begriff der „Allgemeinen Gesetze"
in Artikel 5 Absatz 2 des Grundgesetzes

Von

Dr. Eberhard Schwark

DUNCKER & HUMBLOT / BERLIN

Alle Rechte vorbehalten
© 1970 Duncker & Humblot, Berlin 41
Gedruckt 1970 bei Buchdruckerei Bruno Luck, Berlin 65
Printed in Germany

Vorwort

Bei der vorliegenden Arbeit handelt es sich um meine in einigen Punkten überarbeitete Dissertation, die im September 1968 abgeschlossen wurde. Rechtsprechung und Literatur bis Anfang 1969 sind nachgetragen.

Danken möchte ich an dieser Stelle insbesondere Herrn Prof. Dr. *Ridder*, der die Arbeit angeregt und stets gefördert hat. Zahlreiche Anregungen habe ich auch in den öffentlich-rechtlichen Seminaren von Bundesverfassungsrichter a. D. Prof. Dr. *Friesenhahn* und Prof. Dr. *Scheuner* erhalten. Herrn Prof. Dr. *Gaul* danke ich für die großzügig gewährte Zeit zum endgültigen Abschluß der Arbeit. Schließlich bin ich Herrn Ministerialrat a. D. Dr. *Broermann*, der die Aufnahme der Arbeit in diese Schriftenreihe ermöglicht hat, zu Dank verpflichtet.

Bonn, im Juli 1969

Eberhard Schwark

Inhaltsverzeichnis

Einleitung 13

Kapitel I
Konkrete Bezüge des Begriffes der „allgemeinen Gesetze"

A. Bestimmungen des StGB und der StPO 15

B. Die Pressegesetze 18

C. Sonstige Vorschriften 20

Kapitel II
Zur Geschichte des Begriffes der „allgemeinen Gesetze"

A. Die verfassungsgeschichtliche Entwicklung 22
    1. Die Zeit der Entwicklung der Grundrechte 22
    2. Nordamerika 25
    3. England 28
    4. Die französische Deklaration von 1789 und die spätere Entwicklung 30
    5. Die deutschsprachigen Nachbarländer Österreich und Schweiz 32
    6. Die deutsche Verfassungsgeschichte 33

B. Die deutschen Länderverfassungen nach 1945 37

C. Zusammenfassung 39

D. Die Entstehung der grundgesetzlichen Formel 39

E. Abgrenzung der „allgemeinen Gesetze" vom Zensurverbot 42

Kapitel III
Kritische Betrachtung der Lehren der Weimarer Zeit

A. Vorbemerkung 44

B. Die Auffassung Häntzschels und Rothenbüchers 45

C. Die Interpretation der „allgemeinen Gesetze" durch Smend 48

Kapitel IV

Kritische Betrachtung der heutigen Lehrmeinungen

A. Einleitung und Übersicht 53

B. Die Auffassungen von Kemper, Bettermann und Lerche als Fortentwicklung der Lehren der Weimarer Zeit 54
   1. Kemper, Bettermann 54
   2. Lerche 56

C. Systematische Bezugspunkte der „allgemeinen Gesetze", insbesondere zu Art. 140 GG i. V. Art. 137 Abs. 3 WRV 57

D. Die Auffassung Schnurs 61

E. Die Rechte des Art. 5 Abs. 1 GG als politische Bürgerrechte 62
   1. Ridder 62
   2. Čopić 66
   3. Noltenius 67

F. Allgemeine Gesetze als „immanente Schranken" 68
   1. Allgemeine Theorien 68
   2. Hamel und Reisnecker 73
   3. Die Auffassung Häberles und das Verhältnis der Grundrechtsschranken zu Art. 19 Abs. 2 GG 74
   4. Die Auffassung Scheuners 78

G. Der Gesetzesbegriff 80

Kapitel V

Die Rechtsprechung zum Begriff der „allgemeinen Gesetze"

A. Kritische Betrachtung der Rechtsprechung des Bundesverfassungsgerichts 83

B. Rechtsprechung des Bundesgerichtshofes und vorherrschende Ansicht der Zivilgerichte 89

C. Sonstige Auffassungen von Gerichten im Problemkreis der „allgemeinen Gesetze" 91
   1. Bundesarbeitsgericht 91
   2. Entscheidungen aus dem öffentlichen und privaten Dienstrecht 92
   3. Grundgesetzwidrige Auslegungsmethoden 93

Kapitel VI

Der Inhalt der Rechte des Art. 5 Abs. 1 GG

A. Ausgangspunkt 95

B. Die Meinungsäußerungs- und Meinungsverbreitungsfreiheit 95

C. Informationsfreiheit, allgemein zugängliche Quellen und „allgemeine Gesetze" 98

D. Die Pressefreiheit 100

    1. Argumente für eine institutionelle Auffassung 100
    2. Bedenken gegen eine institutionelle Auffassung 101
    3. Institutionelle Sicht und „allgemeine Gesetze" 103
    4. Prüfung der Tragweite der traditionellen Grundrechtsauffassung .. 103

        a) Pressefreiheit und Schutz des Presseunternehmens 104
        b) Artikel 5 GG und formelle Pressefreiheit 104
        c) Staatliche Eingriffe zur Erhaltung eines freien Meinungsbildungsprozesses 105
        d) Öffentliche Aufgabe der Presse 108
        e) Ergebnis 108

E. Die Rundfunkfreiheit (Bild- und Tonfunk) 109

    1. Der rechtliche Charakter der Rundfunkfreiheit 109
    2. Institutionelle Garantie des Rundfunks und „allgemeine Gesetze" .. 111

F. Die Filmfreiheit 112

Kapitel VII

Die Rechte des Artikel 5 Abs. 1 GG, andere Grundrechte Verfassungssätze und Grundrechtsschranken

A. Einleitung 114

B. Immanente Schranken des Art. 5 Abs. 1 GG aus Art. 2 Abs. 1 oder Art. 18 GG? 114

C. Schranken durch Kollision mit anderen Grundrechten und Verfassungsbestimmungen 120

    1. Die Vorbedingungen für eine Eingriffsbefugnis des Gesetzgebers .. 120
    2. Die Lösung der Kollisionsfälle 123

D. Die Überschneidung der „allgemeinen Gesetze" mit anders gearteten Grundrechtsschranken 125

    1. Die Methode der Lösung von Schrankendivergenzen 125

    2. Beispiele 128

        a) „Allgemeine Gesetze" und Art. 8 Abs. 2 GG 128

        b) „Allgemeine Gesetze" und Art. 12 Abs. 1 Satz 2 GG 129

        c) „Allgemeine Gesetze" und Art. 14 Abs. 1 GG 129

Kapitel VIII

Die Bedeutung der „allgemeinen Gesetze"

A. Die Bedeutung des „Allgemeinen" im Begriff der „allgemeinen Gesetze" 130

B. Der Gesetzesbegriff 132

C. Der Grundsatz der Verhältnismäßigkeit als Einschränkung der „allgemeinen Gesetze" 133

D. Zitierpflicht der „allgemeinen Gesetze" nach Art. 19 Abs. 1 Satz 2 GG? 137

Schluß 139

Literaturverzeichnis 141

Abkürzungsverzeichnis

a. A.	=	anderer Ansicht
AÖR	=	Archiv des Öffentlichen Rechts
AVAVG	=	Gesetz über Arbeitsvermittlung und Arbeitslosenversicherung vom 3. 4. 1957 (BGBl. I, S. 321)
BAG	=	Bundesarbeitsgericht, Entscheidungen des Bundesarbeitsgerichts
BB	=	Der Betriebsberater
BDH	=	Bundesdisziplinarhof
BayrVerfGHE	=	Entscheidungen des Bayerischen Verwaltungsgerichtshofs mit Entscheidungen des Bayerischen Verfassungsgerichtshofs und des Bayerischen Dienststrafhofs, neue Folge
BayrVBl	=	Bayerische Verwaltungsblätter
BetrverfG	=	Betriebsverfassungsgesetz
BGB	=	Bürgerliches Gesetzbuch
BGBl	=	Bundesgesetzblatt
BGHSt	=	Entscheidungen des Bundesgerichtshofes in Strafsachen
BGHZ	=	Entscheidungen des Bundesgerichtshofes in Zivilsachen
BRD	=	Bundesrepublik Deutschland
BVerfGG	=	Bundesverfassungsgerichtsgesetz
BVerwGG	=	Bundesverwaltungsgerichtsgesetz
BVerfGE	=	Entscheidungen des Bundesverfassungsgerichts
BVerwGE	=	Entscheidungen des Bundesverwaltungsgerichts
DB	=	Der Betrieb
DJZ	=	Deutsche Juristenzeitung
DÖV	=	Die öffentliche Verwaltung
DVBl	=	Deutsches Verwaltungsblatt
FamRZ	=	Ehe und Familie im privaten und öffentlichen Recht, Zeitschrift für das gesamte Familienrecht
FAZ	=	Frankfurter Allgemeine Zeitung
GjS	=	Gesetz über die Verbreitung jugendgefährdender Schriften i. d. F. vom 29. 4. 1961 (BGBl. I, S. 497)
GS	=	Gesetzessammlung
GVBl	=	Gesetz- und Verordnungsblatt
HDStR	=	Handbuch des Deutschen Staatsrechts, hrsg. von Gerhard Anschütz und Richard Thoma
h. L.	=	herrschende Lehre
JÖR NF	=	Jahrbuch des öffentlichen Rechts, neue Folge
JuS	=	Juristische Schulung

JW	=	Juristische Wochenschrift
JZ	=	Juristenzeitung
JAO	=	Justizausbildungsordnung
LVG	=	Landesverwaltungsgericht
MDR	=	Monatsschrift für Deutsches Recht
MRK	=	Menschenrechtskonvention
NF	=	Neue Folge
NJW	=	Neue Juristische Wochenschrift
NPL	=	Neue Politische Literatur
OLG	=	Oberlandesgericht
PG	=	Pressegesetz
PR	=	Parlamentarischer Rat
PrOVG	=	Entscheidungen des Preußischen Oberverwaltungsgerichts
RGBl	=	Reichsgesetzblatt
RGSt	=	Entscheidungen des Reichsgerichts in Strafsachen
RGZ	=	Entscheidungen des Reichsgerichts in Zivilsachen
ROW	=	Recht in Ost und West
RPG	=	Reichspressegesetz
RdJ	=	Recht der Jugend, Zeitschrift für Jugenderziehung und Jugendschutz, für Jugendfürsorge und Jugendstrafrecht
Rdnr	=	Randnummer
StGB	=	Strafgesetzbuch
StPO	=	Strafprozeßordnung
Verbringungsgesetz	=	Gesetz zur Überwachung strafrechtlicher und anderer Verbringungsverbote vom 24. 5. 1961 (BGBl. I, S. 607)
VerfGH	=	Verfassungsgerichtshof
Verfassungsrechtsprechung	=	Verfassungsrechtsprechung in der Bundesrepublik, Entscheidungssammlung hrsgg. von F. Giese, E. Schunck und K. Winkler, Stand 1. 7. 1968
VersG	=	Gesetz über Versammlungen und Aufzüge vom 24. 7. 1953 (BGBl. I, S. 684)
VerwG	=	Verwaltungsgericht
VVdStRL	=	Veröffentlichungen der Vereinigung der Deutschen Staatsrechtslehrer
VerwRspr	=	Verwaltungsrechtsprechung in Deutschland, Sammlung oberstgerichtlicher Entscheidungen aus dem Verfassungs- und Verwaltungsrecht
VollzO	=	Vollzugsordnung
WRV	=	Weimarer Reichsverfassung
ZevKR	=	Zeitschrift für Evangelisches Kirchenrecht
ZgesStWiss	=	Zeitschrift für die gesamte Staatswissenschaft
ZRG	=	Zeitschrift der Savigny-Stiftung für Rechtsgeschichte
ZRP	=	Zeitschrift für Rechtspolitik

Einleitung

Art. 5 Abs. 1 und 2 GG lauten:

Jeder hat das Recht, seine Meinung in Wort, Schrift und Bild frei zu äußern und zu verbreiten und sich aus allgemein zugänglichen Quellen ungehindert zu unterrichten. Die Pressefreiheit und die Freiheit der Berichterstattung durch Rundfunk und Film werden gewährleistet. Eine Zensur findet nicht statt.

Diese Rechte finden ihre Schranken in den Vorschriften der *allgemeinen Gesetze*, den gesetzlichen Bestimmungen zum Schutze der Jugend und in dem Recht der persönlichen Ehre.

Der Begriff der „allgemeinen Gesetze", mit dem sich diese Arbeit beschäftigt, war bereits zur Zeit der Weimarer Republik Gegenstand eingehender wissenschaftlicher Erörterung. Grundlegend sind die Arbeiten von *Häntzschel*[1] und *Rothenbücher*[2] auf der einen und die Auffassung von *Smend*[3] auf der anderen Seite. Ihnen war gemeinsam, daß sie die „allgemeinen Gesetze" als Einschränkung von Freiheitsrechten des status negativus ansahen. Hieran knüpfte die nach Verkündung des Grundgesetzes erscheinende Literatur weitgehend an[4], ohne daß es zu einer einheitlichen oder herrschenden Interpretation der generellen Schranken des Artikels 5 Abs. 1 GG gekommen wäre.

Im Gegensatz dazu entwickelten sich Auffassungen, die einem Teil der Rechte des Art. 5 Abs. 1 GG auf Grund ihrer politischen Funktion eine andere Bedeutung gaben[5] oder die Grundrechte insgesamt unter institutionellen Gesichtspunkten betrachteten[6]. Dadurch erhielten die Rechte des Art. 5 Abs. 1 GG in verschiedenem Umfang[7] immanente Schranken, die man zum Teil in der Formel der „allgemeinen Gesetze" zum Aus-

---

[1] *Häntzschel:* AÖR NF 10, S. 228 ff.; HDStR II, S. 651 ff.

[2] *Rothenbücher:* VVdStRL 4, S. 6 ff.

[3] *Smend:* VVdStRL 4, S. 44 ff.

[4] *von Mangoldt-Klein:* Art. 5 Anm. IX 3 a; *Leuschner:* S. 29 f.; *Füchtenbusch:* S. 78 ff.; *Lerche:* Übermaß, S. 113 ff.

[5] *Ridder:* Grundrechte II, S. 252 ff. (259); *Čopić:* Grundgesetz, S. 31; *Noltenius:* S. 91 ff. (93).

[6] *Hamel:* Die Bedeutung der Grundrechte im sozialen Rechtsstaat, S. 20 u. passim; *Reisnecker:* S. 113 f.; *Häberle:* Die Wesensgehaltgarantie des Art. 19, Abs. 2 GG.

[7] Während z. B. *Noltenius* die Funktion für das gesellschaftliche Ganze (S. 141) gewährleistet sehen will, sieht *Reisnecker* (S. 164 u. passim) das Grundrecht als in seinem Menschenwürdegehalt garantiert an.

druck gelangt sah[8]. Bei *Häberle*[9] führte dieser Ansatz dazu, die Grundrechte und damit auch die Rechte des Art. 5 Abs. 1 GG auf ihren Wesensgehalt (Art. 19 Abs. 2 GG) zu beschränken.

Die Deutung, die das *Bundesverfassungsgericht*, das seit dem Lüth-Urteil[10] mit Hilfe einer zweistufigen Abwägung eine billige Lösung im Einzelfall erstrebt, den „allgemeinen Gesetzen" gab, begegnete erheblicher Kritik[11]. Eine Änderung dieser Rechtsprechung im Sinne einer mehr formalen Lösung scheint sich anzudeuten[12].

Die Vielfalt der Meinungen zum Problem der „allgemeinen Gesetze" gab den Anlaß zu dieser Arbeit. Sie beschäftigt sich nur am Rande mit der Frage der Drittwirkung des Art. 5 Abs. 1 GG und seiner Schranken[13]. Es wird i. S. der Rechtsprechung des Bundesverfassungsgerichts von einer beschränkten Drittwirkung des Grundrechts ausgegangen[14].

Auch etwaige Besonderheiten im sogenannten besonderen Gewaltverhältnis werden nicht behandelt[15].

---

[8] *Hamel:* S. 41, 49; *Noltenius:* S. 140, 141; *Scheuner:* VVdStRL 22, S. 80; *Reisnecker:* S. 164; unklar *Lerche:* Übermaß, S. 115.

[9] *Häberle:* Wesensgehaltgarantie, S. 51 u. passim.

[10] BVerfGE 7, S. 198 ff.

[11] *Nipperdey:* DVBl. 1958, S. 448 ff.; *Bettermann:* JZ 1964, S. 602; *Schwenk:* NJW 1962, S. 1321 ff.; *Schmidt-Leichner:* NJW 1961, S. 819; zustimmend dagegen *Dürig:* DÖV 1957, S. 194 ff.; *Wolff:* JZ 1958, S. 202.

[12] BVerfGE 21, S. 271 ff. = NJW 1967, S. 976 ff.; ebenso *Weber:* JUS 1967, S. 326.

[13] Vgl. dazu jetzt *Scholler:* S. 321 ff. mit zahlreichen Nachweisen.

[14] BVerfGE 7, S. 207; 12, S. 124; 13, S. 325; 18, S. 92.

[15] Vgl. dazu *von Münch:* Freie Meinungsäußerung und besonderes Gewaltverhältnis u. Zeitschrift für Beamtenrecht 1959, S. 305 ff.; *Perschel:* Meinungsfreiheit, S. 19 ff.; *Ekkehardt Stein:* Recht des Kindes, S. 37 f.; *Wenzel:* Bayr. VerwBl. 1966, S. 431; *Leuschner:* S. 35 ff.

Kapitel I

Konkrete Bezüge des Begriffes der „allgemeinen Gesetze"

Die erhebliche Bedeutung der farblosen Formel der „allgemeinen Gesetze" erkennt man am ehesten dann, wenn man die Vorschriften betrachtet, die in diesem Zusammenhang auf ihre Vereinbarkeit mit Art. 5 GG geprüft worden sind oder geprüft werden können.

A. Bestimmungen des StGB und der StPO

In einer ersten Gruppe sind zunächst die Bestimmungen der §§ 90 bis 97 und 100 e a. F. StGB[1] zu nennen. Diese Vorschriften sollen, mit Ausnahme des § 100 e a. F. (§ 98 n. F.), der zum überkommenen Normbestand des politischen Strafrechts gehört[2], den inneren Bestand des demokratischen Staates sowie seine Organe und Symbole gegen gewaltlose politische Angriffshandlungen schützen[3]. Sie beziehen sich auf Handlungen, die sich auch oder allein durch Wort und Schrift verwirklichen lassen. Die herrschende Meinung paßt diese Vorschriften ohne Bedenken in das Grundgesetz, das die Staatsform einer „streitbaren Demokratie" gewählt habe[4], ein[5]. *Bettermann* führt sie gar im Rahmen eines argumentum ad absurdum bei seiner Deutung der in Art. 5 Abs. 2 genannten zulässigen Gesetze an[6]. Im Gegensatz dazu hält *Čopić*, nachdem bereits

---

[1] Durch das Achte Strafrechtsänderungsgesetz (StÄG) vom 25. 6. 1968 (BGBl. I, S. 741), das das politische Strafrecht eingeschränkt und die Straftatbestände neu geordnet hat, sind diese Bestimmungen durch die §§ 88 (90 a. F.), 84 (90 a a. F.), 85 (90 b a. F.), 89 (91 a. F.), 99 (92 a. F.), 86 (93 a. F.), 90 (95 a. F.), 90 a (96 a. F.), 90 b (97 a. F.), 98 (100 e a. F.) StGB ersetzt worden; § 94 a. F. ist entfallen, z. T. aber durch die neue Sabotagevorschrift (§ 87 n. F.) erfaßt.

[2] § 100 e a. F. (98 n. F.) StGB schützt die äußere Sicherheit des Staates gegen Verrat von Staatsgeheimnissen.

[3] *Čopić*: Grundgesetz S. 15; *Willms*: S. 11; zu dieser Gattung politischer Straftatbestände gehörten auch die durch das 8. StÄG ersatzlos gestrichenen §§ 84, 89 Abs. 2, 100 d Abs. 2 und 3 a. F. StGB.

[4] BVerfGE 5, S. 85 (139); *Jahrreiss*: S. 88; weitere Nachweise bei *Wilke*: S. 25.

[5] Vgl. beispielhaft *von Weber*: Der Schutz des Staates, S. 20; BGHSt. 11, S. 171 (180).

[6] *Bettermann*: JZ 1964, S. 609.

vorher auf Teilgebieten Kritik an der herrschenden Meinung laut geworden war[7], die §§ 91—93, 95—97 (außer § 96 Abs. 2) und § 100 d Abs. 2 a. F. StGB für unvereinbar mit den Schranken der „allgemeinen Gesetze". Sie stellten Sonderrecht gegen Meinungs- und Pressefreiheit dar[8]. Allein die §§ 96 Abs. 2 und 100 d Abs. 3 kollidierten nicht mit Art. 5 GG, weil sie nicht dessen Tatbestand unterfielen bzw. das Grundrecht nicht vorsätzliche oder grob fahrlässige Falschaussagen schütze[9]. Unter den Bestimmungen des poltitischen Strafrechts neuerer Art erlangt § 93 (86 n. F.) StGB i. V. mit dem Verbringungsgesetz[10] besondere Bedeutung. Die §§ 1—3 dieses Gesetzes geben den Zollbehörden die Befugnis, alle Sendungen, die in das Bundesgebiet gelangen, auf ihre Vereinbarkeit mit den Einfuhr- und Verbringungsverboten der Strafgesetze zu prüfen, soweit diese aus Gründen des Staatsschutzes ergangen sind. Die Frage, ob diese Bestimmungen der Verfassung entsprechen, richtet sich zunächst nach der Geltung der in Bezug genommenen Staatsschutzbestimmungen, von denen bereits die Rede war. Darüber hinaus ist in der Literatur die Unvereinbarkeit dieser Bestimmungen mit Art. 5 Abs. 2 GG deshalb angenommen worden, weil die §§ 1—3 sich gegen Informationen aus bestimmten Quellen richteten und damit Sachverhalte berührten, die von den zugrundeliegenden Staatsschutzbestimmungen überhaupt nicht erfaßt würden[11]. Für unvereinbar mit der Schranke der „allgemeinen Gesetze" hält *Ridder*[12] die Bestimmungen über den Landesverrat (§§ 100 ff., nunmehr 93 ff. StGB), soweit es um die Veröffent-

---

[7] *Willms:* S. 24, 26 ff. hält die Strafbarkeit *individueller* Verfassungsfeindlichkeit nicht für verfassungsgemäß; vgl. ferner *Schwinge:* S. 189 f. (zu § 93 StGB); *Reissmüller:* JZ 1960, S. 533.

[8] *Čopić:* Grundgesetz, S. 227/228 (§ 91); S. 231 (§ 92); S. 238 (§ 93); S. 253 (§§ 95, 96, 97); S. 243 (§ 100 d. Abs. 2).

Die grundsätzliche Kritik von *Čopić* trifft, mit Ausnahme des § 100 d. Abs. 2 a. F., der ersatzlos weggefallen ist, auch die Neufassung. Die Verunglimpfungstatbestände der §§ 95, 96, 96 a, 97, nunmehr §§ 90, 90 a, 86 a, 90 b StGB, haben keine wesentliche Änderung erfahren (*Krauth, Kurfess, Wulf:* JZ 1968, S. 580). § 90 n. F. ist in Abs. 1 sogar weiter gefaßt als § 95 a. F.

Der an die Stelle des § 91 getretene § 89 ist lediglich enger gefaßt. Auch den § 99 n. F. (§ 92 a. F.) müßte Čopić trotz der Beschränkung auf typisch nachrichtendienstliche Tätigkeit als mit Art. 5 GG unvereinbar ansehen (vgl. Čopić a. a. O. S. 231). § 86 n. F. enthält eine gegenüber § 93 a. F. wesentlich enger gefaßte Strafvorschrift gegen das Verbreiten verfassungsfeindlicher Schriften, ist aber, insbesondere in Nr. 3 des Abs. 1, weiterhin ein eklatanter Eingriff in den politischen Meinungsbildungsprozeß, der nur durch Art. 8 des 8. StÄG auf Zeit gemildert ist und nach Čopićs Auffassung (a. a. O. S. 239) nichtig wäre.

[9] *Čopić:* Grundgesetz, S. 245, 253; neuestens dazu *Pelckmann:* NJW 1968, S. 583.

[10] BGBl. I 1961, S. 607; dazu *Wagner:* MDR 1961, S. 809 ff., *Lüttger:* MDR 1961, S. 93 ff.; kritisch *Evers:* JZ 1963, S. 404 f.; *Herbst:* DVBl. 1964, S. 470 ff.

[11] *Herbst:* DVBl 1964, S. 472.

[12] *Ridder:* Staatsgeheimnis, S. 38 f.

lichung „großer Fragen", über die die Öffentlichkeit orientiert sein muß, durch die Publizistik geht[13].

Sodann können die §§ 109 d, 109 f StGB aus dem Abschnitt über Vergehen gegen die Landesverteidigung im Rahmen der „allgemeinen Gesetze" eine Rolle spielen. In § 109 d StGB wird das Verbreiten unwahrer oder gröblich entstellter Behauptungen auch dann bestraft, wenn keine tatsächliche Störung der Tätigkeit der Bundeswehr oder eine Gefährdung der Landesverteidigung daraus entsteht. Ebenso ist es für § 109 f StGB — anders als in § 100 e StGB, wo der (generelle) Schaden im Verrat des Staatsgeheimnisses liegt — nicht erforderlich, daß der Eintritt eines Schadens im konkreten Falle möglich ist. Ferner betreffen die klassischen Straftatbestände der §§ 110, 111 StGB Meinungsäußerungen und bedürfen der Prüfung im Rahmen der „allgemeinen Gesetze". Aus dem Abschnitt „Verbrechen und Vergehen gegen die öffentliche Ordnung" sind Volksverhetzung (§ 130 StGB) und Staatsverleumdung (§ 131 StGB) zu nennen; dazu die seit langem umstrittene Bestimmung der Gotteslästerung[14]. Schon 1931 hat *Henkel* eine Beschränkung dieser Norm auf verleumderische Beschimpfungen gefordert, um dem religiösen Meinungskampf nur dieselben Schranken zu setzen, die auch im allgemeinen Meinungskampf gelten[15].

Aus dem Abschnitt Straftaten gegen die Sittlichkeit ist im Zusammenhang mit Art. 5 Abs. 2 GG auf die §§ 184 Abs. 1 Nr. 1 und 4 und 184 b StGB hingewiesen worden, die sich mit anstößigen Schriften und anstößiger Gerichtsberichterstattung beschäftigen[16].

Der Schmid-Spiegel-Beschluß des Bundesverfassungsgerichts hat auch die §§ 185 ff. StGB, insbesondere § 193 StGB in den Problembereich der „allgemeinen Gesetze" hineingezogen, obwohl Art. 5 Abs. 2 GG neben der Schranke der allgemeinen Gesetze die des Rechtes der persönlichen Ehre enthält[17]. Das Gericht hat die §§ 185 ff. als „allgemeine Gesetze" angesehen.

Schließlich ist § 42 l (Untersagung der Berufsausübung) bei Anwendung gegen Presseangehörige auf seine Vereinbarkeit mit den „allgemeinen Gesetzen" geprüft worden[18]. Ebenso liegt eine Prüfung der §§ 40 und 41 StGB in Fällen der Einziehung bzw. Vernichtung von

---

[13] Auch nach der Neuregelung des Landesverratsrechts bleibt der sog. publizistische Landesverrat strafbar. (§ 95 StGB n. F.).

[14] Dazu *Knies:* S. 267; *Ott:* NJW 1966, S. 639.

[15] *Henkel:* Zeitschrift für die gesamte Strafrechtswissenschaft, 51, S. 948.

[16] *Bettermann:* JZ 1964, S. 609, der ihren Charakter als „allgemeine Gesetze" jedoch nicht in Frage stellt.

[17] Vgl. BVerfG JZ 1961, S. 536 und die Anm. von *Ridder:* JZ 1961, S. 539.

[18] Vgl. einerseits BGHSt 17, S. 39 = JZ 1963, S. 513, andererseits *Ćopić:* JZ 1963, S. 494/95.

Druckerzeugnissen nahe. In der gleichen Richtung liegt es, wenn untersucht wird, ob allgemein geltende Bestimmungen der StPO über die Beschlagnahme (§§ 94 ff. StPO) und das Zeugnisverweigerungsrecht aus beruflichen Gründen (§ 53 StPO) bei Anwendung auf die Presse wegen Art. 5 Abs. 2 GG einer Modifizierung oder Erweiterung bedürfen. Eine gesteigerte Prüfungspflicht der Ermittlungsbehörden bei Vorgehen gegen die Presse ist zudem für die tatsächlichen Anhaltspunkte einer strafbaren Handlung und die Art der Ermittlungsmaßnahmen gefordert worden[19].

B. Die Pressegesetze

Ein weiterer eigenständiger Bereich von Vorschriften, die im Zusammenhang mit der Schrankenbestimmung der „allgemeinen Gesetze" zu nennen sind, findet sich in den nunmehr in allen Ländern der BRD ergangenen Pressegesetzen.

Zunächst geht es um die gegenüber der StPO verschieden weit eingeschränkten Bestimmungen über Beschlagnahme und Zeugnisverweigerung[20]. Während etwa nach § 4 Abs. 4 des alten Bremer Pressegesetzes die Beschlagnahme von Druckschriften nur in dem vom Grundgesetz für die BRD gezogenen Rahmen stattfand, sind die Bestimmungen des neuen Pressegesetzes vom 16. 3. 1965 (GBl. S. 63) den Modellentwürfen zu einem ländereinheitlichen Pressegesetz gefolgt und enthalten gegenüber der StPO zum Teil einschränkende, zum Teil über den Wortlaut des § 94 StPO hinausgehende Bestimmungen, wenn sie etwa bei voraussichtlicher Unbrauchbarmachung (§ 41 StGB) die Beschlagnahme erlauben[21]. Während für die Beschlagnahme nach den Pressegesetzen der Länder grundsätzlich nur der Richter zuständig sein soll, findet sich in Ausnahmefällen (§ 16 Abs. 2 Bayerisches Pressegesetz) auch eine all-

---

[19] Für die zitierten StPO-Vorschriften vgl. *Ehmke:* im Schriftsatz des Spiegel-Verlag Rudolf Augstein GmbH & Co KG vom 1. 5. 1963 — 1 BvR 586/62.

[20] Zur Beschlagnahme vgl. folgende Vorschriften der Landespressegesetze: §§ 13 ff. PG Baden-Württb.; § 16 f. PG Bayern; §§ 12 ff., 18 PG Berlin; §§ 13 ff., 23 PG Bremen; §§ 12 ff., 22 PG Hamburg; §§ 13 ff., 23 PG Hessen; §§ 13 ff., 23 PG Niedersachsen; §§ 13 ff., 23 PG Rheinland-Pfalz; §§ 13 ff., 23 Abs. 2 PG Saarland; §§ 13 ff., 23 PG Schleswig-Holstein; §§ 13 f., 24, 26 PG NRW. Zur Zeugnisverweigerung: § 23 PG Baden-Württb.; § 12 PG Bayern; § 18 PG Berlin; §§ 13, 25 PG Bremen; § 22 PG Hamburg; § 22 PG Hessen; § 23 PG Niedersachsen; § 23 PG Rheinland-Pfalz; § 23 PG Saarland; § 23 PG Schleswig-Holstein; §§ 24, 26 PG NRW.

[21] Dazu muß bemerkt werden, daß nach der herrschenden Meinung § 94 StPO auch auf Fälle des § 41 StGB angewendet wird, vgl. *Schwarz-Dreher:* StPO, § 94 Anm. 3; dagegen mit guten Gründen *Löffler:* Presserecht, S. 399. Ähnliche Regelungen wie in Bremen finden sich in den anderen Landespressegesetzen.

gemeine Zuständigkeit der Polizei, die über die Bestimmungen der StPO, die sich nur auf Hilfsbeamte der Staatsanwaltschaft bezieht (§ 105 Abs. 1 StPO), hinausgeht.

Ferner enthalten die Länderpressegesetze spezielle Bestimmungen über das Impressum, einen Gegendarstellungsanspruch (vgl. §§ 8, 11 Pressegesetz NRW) und die Kennzeichnung entgeltlicher Veröffentlichungen (vgl. § 10 Pressegesetz NRW), um nur die wichtigsten Sonderbestimmungen zu nennen. Ein Verstoß gegen diese Bestimmungen wird als Ordnungswidrigkeit durch die Ordnungsbehörden geahndet (vgl. § 23 Pressegesetz NRW). Manche der besonderen Pflichten der Presse, wie etwa die Offenlegung der finanziellen Beteiligungen am Presseunternehmen, verbunden mit hoher Strafdrohung bei Zuwiderhandlung[22], im alten hessischen Pressegesetz, sind inzwischen fortgefallen. Dagegen ist die Pflicht zur Abgabe von Freistücken zum Teil durch neue Verordnungen außerhalb der Pressegesetze geregelt (vgl. VO vom 28. 6. 1965, NdsGVBl. S. 150). Daß alle diese Vorschriften die Presse in besonderer Weise treffen, kann, wie bei den bereits durch das Reichspressegesetz fortgefallenen Kautionen, Zeitungsstempeln und Inseratenabgaben[23] kaum bestritten werden.

Die Landespressegesetze kennen auch dem allgemeinen Strafrecht fremde erhebliche Strafandrohungen bei Verletzung der Presseordnung, so etwa bei Zeichnung als verantwortlicher Redakteur, wenn die erforderlichen Voraussetzungen nicht gegeben sind (vgl. § 22 Pressegesetz NRW). Für die strafrechtliche Verantwortlichkeit wird in der Regel auf die allgemeinen Strafgesetze verwiesen (§ 21 Abs. 1 Pressegesetz NRW, § 11 Abs. 1 Bayerisches Pressegesetz)[24]; der Rahmen der strafrechtlichen Verantwortlichkeit jedoch gegenüber dem allgemeinen Strafrecht im Hinblick auf den verantwortlichen Redakteur bzw. Verleger ausgeweitet (vgl. etwa § 21 Landespressegesetz NRW). Dagegen unterliegt die Eröffnung des Betriebes des Presseunternehmens keiner besonderen Zulassung (vgl. § 2 Pressegesetz Baden-Württb.), während etwa in § 2 des alten Pressegesetzes für Baden-Württb. noch die allgemeinen Gewerbe- und Bewirtschaftungsgesetze als Schranke genannt waren.

Speziell zur Problematik der „allgemeinen Gesetze" enthalten die Pressegesetze meist in ihrem ersten Paragraphen „klarstellende Hin-

---

[22] In § 14 des alten hessischen Pressegesetzes war eine Geldstrafe bis zu 100 000,— DM vorgesehen.

[23] *Bebel:* Bd. 2, S. 304.

[24] So schon § 20 Abs. 1 RPG und § 20 Abs. 1 Entwurf 1960, § 19 Abs. 1 Entwurf 1963 (Quelle: *Thiele:* S. 32 ff.).

Überhaupt kein Verweis findet sich im bremischen Pressegesetz (vgl. auch *Thiele:* S. 71). Im Berliner Pressegesetz (§ 19 Abs. 1) wird auf die allgemeinen Gesetze verwiesen.

weise", die allerdings der Verfassungkraft entbehren und deshalb fragwürdig sind[25]. So heißt es in § 1 Abs. 3 Pressegesetz Baden-Württb.: Sondermaßnahmen jeder Art, die die Pressefreiheit beeinträchtigen, sind verboten; in § 2 Abs. 2 Hessisches Pressegesetz: Sondergesetze gegen die Presse sind unzulässig; ferner in § 1 Abs. 4 desselben Gesetzes: Die Freiheit der Presse schließt jegliche Sonderstellung der Presse oder einzelner Presseerzeugnisse aus.

Daneben enthalten die Länderpressegesetze in der Regel die Bestimmung, daß die Presse Gesetzen, die für jedermann gelten, ebenfalls unterworfen sei[26]. Eine solche Bestimmung fehlt in den Pressegesetzen von Bremen und Berlin. Sie nehmen allein auf die grundgesetzliche Freiheit Bezug und gehen damit einer etwaigen Verfassungswidrigkeit derartiger Bestimmungen aus dem Wege.

C. Sonstige Vorschriften

In einer letzten inhomogenen Gruppe sind zunächst Vorschriften und Einrichtungen auf dem Filmsektor zu nennen. § 5 des Verbringungsgesetzes gibt eine selbständige Rechtsgrundlage für die Einziehung von Filmen, die nach ihrem Inhalt dazu geeignet sind, als Propagandamittel gegen die freiheitliche demokratische Grundordnung oder den Gedanken der Völkerverständigung zu wirken[27]. Ebenso wie diese Vorschrift bedarf auch das neue Bundesgesetz über Maßnahmen zur Förderung des deutschen Films der Prüfung an Art. 5 Abs. 2 GG. Denn nach diesem Gesetz (§§ 8, 13) werden von der Filmbewertungsstelle Wiesbaden prädikatisierte Filme in besonderem Umfange gefördert, die Subventionen also nach Filmkategorien vergeben. Eine ähnliche Funktion auf steuerrechtlichem Gebiet hat die als Verwaltungsstelle der Länder errichtete Filmbewertungsstelle auch bei ihrer sonstigen Tätigkeit[28]. Wendet man Art. 5 Abs. 1 und 2 auf die formell privatrechtliche Tätigkeit der Filmselbstkontrolle an[29], ist auch deren Zulässigkeit im Rahmen der „allgemeinen Gesetze" zu prüfen[30].

---

[25] Soweit sie die Verfassung in unrichtiger Weise interpretieren, sind sie verfassungswidrig, soweit sie den verfassungsrechtlichen Schutz erweitern, sind sie gegenüber entgegenstehendem Bundesrecht wirkungslos.

[26] Vgl. etwa § 1 Abs. 5 PG Baden-Württb.; § 2 Abs. 2 Satz 1 Hessisches PG.

[27] Vgl. dazu *Lehmann:* S. 137 f.; VG Frankfurt DVBl. 69, 507, Vorlagebeschluß vom 22. 5. 67; BVerfG JZ 1970, S. 100 ff.

[28] Vgl. *Schwark:* RdJ 1964, S. 65; zu den verfassungsrechtlichen Fragen *Ott:* JuS 1968, S. 461 ff. Ott leitet die Verfassungswidrigkeit der Tätigkeit der FBW nicht aus Art. 5 Abs. 2 GG, sondern aus einem materiell verstandenen Zensurbegriff ab (S. 465).

[29] *Noltenius:* S. 131.

[30] *Noltenius* will die Tätigkeit nicht unter den Begriff „allgemeine Gesetze", sondern dem der Nachzensur prüfen (S. 108, 131 ff., 142), zur Nachzensur s. u. Kapitel II, D.

C. Sonstige Vorschriften

Zu dieser Gruppe gehören ferner Beförderungs- und Zustellungsverbote, wie in den §§ 13 und 59 der Postordnung[31], und Beschränkungen der Rechte des Art. 5 Abs. 1 in Verwaltungsvorschriften, insbesondere im besonderen Gewaltverhältnis[32].

Auf arbeitsrechtlichem Gebiet hat das Bundesverfassunggericht § 37 Abs. 2 AVAVG, der es der Presse verbietet, Stellenangebote für eine Beschäftigung von Arbeitnehmern im Ausland zu veröffentlichen, für verfassungwidrig erklärt[33]. Dagegen sieht das Bundesarbeitsgericht das Verbot, sich im Betrieb parteipolitisch zu betätigen, wie es § 51 Abs. 2 BetrverfG für Arbeitgeber und Betriebsrat aufstellt, als allgemeines Gesetz an[34].

Schließlich könnten die Vorschriften des Zivilrechts, jedenfalls soweit es sich um generalklauselartige Tatbestände handelt, durch die Schranken der allgemeinen Gesetze eine Modifizierung erfahren[35].

Die Zusammenstellung der im Rahmen der „allgemeinen Gesetze" erörterten Vorschriften zeigt, daß ihre Bestimmung für erhebliche Teile des Strafrechts und Verwaltungsrechts, des Prozeßrechts und, soweit man eine Drittwirkung des Grundrechts annimmt, auch des Bürgerlichen Rechts von Bedeutung ist[36].

---

[31] BVerfGE 18, S. 310 ff.
[32] Vgl. BVerfGE 15, S. 293 ff.
[33] BVerfG NJW 1967, S. 976 ff. = JuS 1967, S. 326.
[34] BAG 1 S. 185 = NJW 1955, S. 606; zustimmend *Schwenk:* NJW 1968, S. 823.
[35] Vgl. BVerfGE 7, S. 207 ff. für § 826 BGB; BGH NJW 1964, S. 29 für UWG.
[36] *Löffler,* Presserecht, § 1 RPG, Rdnr. 69; *F. Schneider:* Pressefreiheit, S. 52 ff.; vgl. auch *Bettermann:* JZ 1964, S. 607, 4 a.

Kapitel II

Zur Geschichte des Begriffes der „allgemeinen Gesetze"

Die Formel der „allgemeinen Gesetze" zielt, gleichgültig, ob man darin eine Beschränkung für den Gesetzgeber oder den Ausdruck einer im Grundrecht selbst steckenden Grenze erblickt, auf den Umfang und Gehalt der Meinungs- und Pressefreiheit. Eine historische Betrachtung muß sich deshalb auf alle Erscheinungsformen inhaltlicher Beschränkung dieser Rechte beziehen, mögen sie als „Verbot eines Mißbrauches", „Verbot der Verletzung der Rechte anderer", „strafrechtliche Verantwortlichkeit der Presse" oder in ähnlicher Weise erscheinen.

A. Die verfassungsgeschichtliche Entwicklung

1. Die Zeit der Entwicklung der Grundrechte

Die eigentliche Geschichte der Grundrechte und damit auch ihrer Schranken beginnt zu der Zeit, als man den Menschen als Individuum in unantastbare Rechte setzen wollte und setzte[1]. Ob diese Entwicklung bereits in der Hochscholastik einsetzt[2], oder ihren Ursprung in den voraufklärerischen Gedanken *Lockes*, *Miltons*, der *Leveller* und *Spinozas* hat, ist umstritten[3]. Einer eingehenden Untersuchung dieser Problematik

---

[1] *Oestreich:* Die Grundrechte I, 1 S. 6, *Scheuner:* VVdStRL 22, S. 52.

[2] So *Schmidt:* Vorgeschichte, S. 101 ff., 131, 167.

[3] *Oestreich:* (Die Grundrechte I, 1 S. 9) weist darauf hin, daß die Geschichte der Grundrechte umfassender sei, als es früher angenommen wurde. Insbesondere, wenn man von der naturrechtlichen Genese der Grundrechte ausgehe, erweise es sich, daß die natürlichen Rechte in der Zeit vor einer strengen Scheidung von privatem und öffentlichem Recht entwickelt worden seien. Zur Entwicklung des einzelnen als „Mittelpunkt der Welt" vgl. auch *Holtzmann:* Französische Verfassungsgeschichte, S. 347 ff.

Angesichts der Tatsache, daß es sowohl bei *Thomas*, *Bartolus* von *Sassoferrato*, *Bodinus* (vgl. R. *Schmidt:* S. 126 ff., 131 ff.) als auch bei den vorrevolutionären Schriftstellern (vgl. z. B. *Milton:* Politische Hauptschriften, S. 6 ff., 38 ff.) menschliche Freiheiten wie Leben, Eigentum, Bewegungsfreiheit gibt, liegt das entscheidende Moment m. E. darin, daß sich die naturrechtliche Freiheit der Scholastik nicht als unantastbares Menschenrecht des einzelnen in unserem Sinne darstellt(für Thomas vgl. *Flückiger:* S. 470; für Suarez *Rommen:* S. 44). Vielmehr handelt es sich um relative Eigenrechte des Individuums, die vom höchsten Ziel der Gemeinschaft, dem Heil der Menschen in

bedarf es hier nicht, da sich erst bei *Milton* konkrete Äußerungen zur Frage der Schranken von Presse- und Meinungsfreiheit ermitteln lassen. Nachdem Milton in seiner Areopagitica (1644), in der er grundsätzlich für die Freiheit der Meinungen eintritt[4], die Verhältnisse in Athen und im Altertum geschildert hat, heißt es:

„Ward aber — ein Buch — als ein Ungeheuer erfunden, wer leugnet dann, daß es gerechterweise verbrannt oder ins Meer geworfen wurde[5]?"

Später tritt er dafür ein, daß diejenigen Schriften, welche in anderer Weise — nämlich anonym — erscheinen, dem Feuer und dem Henker anvertraut werden sollten[6]. Schließlich heißt es:

„Ich leugne nicht, daß es von größter Wichtigkeit für Kirche und Staat ist, ein wachsames Auge darauf zu haben, wie die Bücher — ebenso wie die Menschen — sich selbst erniedrigen, und daraufhin sie als Übeltäter dingfest zu machen, hinter Schloß und Riegel zu setzen und hart mit ihnen ins Gericht zu gehen[7]."

Diese Äußerungen lassen den Schluß zu, daß Milton, der sich scharf gegen die Einrichtung der Bücherzensur wendet[8], regressive Maßnahmen, die zu einer Beschränkung der Presse- und Meinungsfreiheit führen, für durchaus zulässig und notwendig gehalten hat[9]. Eine genaue Beschreibung der zulässigen Eingriffsmöglichkeiten fehlt allerdings. Vielmehr nennt Milton an anderer Stelle auch Vorteile schlechter Bücher:

„Sie dienen einem einsichtigen und urteilsfähigen Leser in mannigfacher Weise zur Ermittelung, zur Widerlegung, zur Warnung und zur Erklärung[10]."

---

der irdischen (kirchlichen) und ewigen Gemeinschaft mit Gott (*Flückiger*: S. 470) bestimmt werden. Sie sind von einer „Ordnungsidee" (*Rommen*: S. 47) oder einem „System der Zweckethik" (*Flückiger*: S. 470) bestimmt. (Zum eigentlichen Grund dieses Naturrechts als Vehikel zur Auslösung des Menschen aus dem staatlichen Recht siehe *Rommen*: S. 44). Im Gegensatz dazu entwickelte sich, mit dem Aufkommen der wissenschaftlichen Denkweise verknüpft (vgl. insbesondere *Descartes*: Discours de la méthode, und den Hinweis von *Scheuner*: VVdStRL 22, S. 4) eine Entdeckung des einzelnen als Mittelpunkt der Welt. Damit wird sowohl die Teilung in göttliche Ordnung mit ihrem Naturrecht und staatliche Ordnung als auch der Kollektivismus der Freiheitsrechte verlassen. Individualrechte (Menschenrechte) im heutigen Sinne treten an ihre Stelle (vgl. *Scheuner*: VVdStRL 22, S. 52, der den Schwerpunkt in der Entwicklung des Menschenbildes sieht).

[4] *Milton*: Hauptschriften, S. 71 ff. und passim.
[5] *Milton*: a. a. O., S. 45, Übersetzung Bernhardi.
[6] *Milton*: a. a. O., S. 74.
[7] *Milton*: Works, Bd. 2, S. 55: "I deny not, but it is of greatest concernment in the church and commonwealth to have a vigilant eye, how books demean themselves as well as men; and thereafter to confine, imprison and do sharpest justice as malefactors".
[8] Vgl. *Bohatec*: S. 99.
[9] Ebenso *Salander*: S. 66, *Braumüller*: S. 85.
[10] *Milton*: Hauptschriften, S. 48, S. 47 und passim.

Die Problematik der Schranken von Meinung und Presse gewinnt schärfere Konturen erst, als sich gelehrte Juristen damit beschäftigen. Beispielhaft sind *Blackstones* Erörterungen in den *Commentaries on the laws of England,* einer Zusammenfassung von Vorlesungen, die er vor 1713 an der Universität Oxford gehalten hat[11]. Im Zusammenhang mit der Erörterung der libels (libelli famosi, Majestätsbeleidigung), führt er in klaren und wegen ihrer Bedeutung hier wiedergegebenen Passagen aus[12]:

„... In diesem und in den anderen kürzlich von uns untersuchten Fällen, in denen gotteslästerliche, unsittliche, verräterische, ketzerische, aufrührerische oder verleumderische Schriften durch das englische Gesetz strafrechtlich verfolgt werden, einige mit großer, andere mit weniger großer Strenge, ist gegen die recht verstandene Pressefreiheit in gar keiner Weise verstoßen oder diese verletzt worden. Die Pressefreiheit ist unzweifelhaft wesentliches Merkmal eines freien Staates; sie besteht jedoch darin, keine vorherigen Beschränkungen auf Veröffentlichungen zu legen und nicht darin, Veröffentlichungen strafbarer Dinge von der Zensur zu befreien.

Jeder freie Mann hat das unbestrittene Recht, der Öffentlichkeit das vorzutragen, was ihm beliebt. Dies zu verbieten, hieße, die Pressefreiheit zu zerstören; werden jedoch ungehörige, schädliche oder rechtswidrige Gedanken veröffentlicht, muß der Urheber die Folgen seiner Unbesonnenheit auf sich

---

[11] Vgl. *Blackstone:* a. a. O., Bd. IV Kap. 11, S. 151, Bd. I Vorwort, S. 1.

[12] Originaltext: "In this and the other instances which we have lately considered, where blasphemous, immoral, treasonable, schismatical, seditious or scandalous libels are punished by the English law, some with greater, others with a less degree of severity; the liberty of the press, properly understood is by no means infringed or violated. The liberty of the press is indeed essential to the nature of a free state; but this consists in laying no *previous* restraints upon publications and not in freedom from censure for criminal matter when published.

Every freeman has an undoubted right to lay what sentiments he pleases before the public: to forbid this, is to destroy the freedom of the press: but if he publishes what is improper, mischievous or illegal, he must take the consequence of this temerity. To subject the press to the restrictive power of a licenser, as was formally done, both before and since the revolution is to subject all freedom of sentiment on the prejudices of one man, and make him the arbitrary and infallible judge of all controverted points in learning, religion, and government. But to punish (as the law does at present) any dangerous or offensive writings, which, when published, shall on a fair and impartial trial be adjudged of a pernicious tendency, is necessary for the preservation of peace and good order, of government and religion, the only solid foundation of civil liberty. Thus, the will of the individuals is still left free; the disseminating, or making public of bad sentiments, destructive of the ends of society, is the crime, which society corrects. A man (says a fine writer on this subject) may be allowed to keep poinsons, in his closet, but not publicly to vend them as cordials. And to this we may add, that the only plausible argument heretofore used for the restraining the just freedom of the press, 'that it was necessary to prevent the daily abuse of it', will entirely lose its force, when it is shown (by a seasonable exertion of law) that the press cannot be abused to any bad purpose, without incurring a suitable punishment, whereas it never can be used to any good one, when under the controul of an inspector. So true, it will be found, that to censure the licentiousness, is to maintain the liberty of the press."

nehmen. Die Presse der einschränkenden Gewalt eines Zensors zu unterwerfen, wie dies sowohl vor als auch nach der Revolution formal geschehen ist, bedeutet jegliche Meinungsfreiheit dem Vorurteil eines einzigen Menschen zu unterwerfen, der damit zum willkürlichen und unfehlbaren Richter über alle strittigen Punkte in Wissenschaft, Religion und Regierung erhoben wird. Dagegen ist es für die Erhaltung von Frieden und Ordnung in Staat und Kirche — die einzigen soliden Grundlagen für die Freiheit des Bürgers — notwendig, alle gefährlichen und anstößigen (offensive) Schriften zu bestrafen (wie es das Gesetz auch heute tut), denen, wenn sie veröffentlicht werden, in einem gerechten und unparteiischen Verfahren eine verderbliche Tendenz zuerkannt wird. Der Wille des einzelnen kann sich damit weiterhin frei entfalten; die Verbreitung oder Veröffentlichung von gefährlichen, für die Ziele der Gesellschaft zerstörerischen Gedanken und Meinungen ist ein Verbrechen, das von der Gesellschaft zu bestrafen ist.

Ein Mann (so sagt ein bekannter Schriftsteller zu diesem Thema) kann zwar Gifte in seinem Wandschrank halten, darf sie jedoch nicht öffentlich als herzstärkende Mittel verkaufen. Hierzu kann hinzugefügt werden, daß das einzige plausible Argument für die Einschränkung der berechtigten Freiheit der Presse, nämlich ‚daß es notwendig war, den täglichen Mißbrauch der Presse zu verhindern', gänzlich seine Aussagekraft verliert, wenn bewiesen wird, (durch eine zeitgemäße Anwendung des Gesetzes), daß die Presse gar nicht zu irgendeinem schlechten Zweck mißbraucht werden kann, ohne eine angemessene Strafe auf sich zu ziehen; während sie niemals zu einem guten Zweck benutzt werden kann, wenn sie der Kontrolle eines Aufsichtsbeamten unterstellt ist. Da dies zutrifft, wird anerkannt werden, daß eine Verurteilung der Zügellosigkeit gleichbedeutend mit der Aufrechterhaltung der Pressefreiheit ist..."

Blackstone will alle Publikationen dem Schutz der Meinungsfreiheit im nachhinein also dann entziehen, wenn sie „ungehörig" (improper), „schädlich" (mischievous) oder „rechtswidrig" (illegal) sind. Das bedeutet eine Schranke für Meinung und Presse, die unter den Gesetzen keine Auswahl zwischen zulässigen und unzulässigen im Hinblick auf die Pressefreiheit trifft und darüber hinaus Eingriffe bei nach dem Urteil der Gesellschaft untragbaren Druckerzeugnissen zuläßt. Blackstones Absicht ist die Erhaltung von „peace and good order of government" um den Preis der Einschränkung der Meinungsfreiheit.

2. Nordamerika

In ungleich vorsichtigerer Weise nehmen zu den Schranken der Meinungsfreiheit die von *John Tenchard* und *William Gordon* verfaßten *Cato's letters*[13] Stellung, die auf die Entwicklung der Pressefreiheit in den USA einen bedeutenden Einfluß gewannen[14]. Dort heißt es:

---

[13] Cato's letters: Or, Essays on liberty, Civil and Religous, London 1733—1755.
[14] Vgl. *Levy*, passim, *Scheuner*: VVdStRL 22, S. 4.

"Without Freedom of thought there can no such thing as Wisdom; and no such thing as publick liberty, without Freedom of Speech: which is the Right of every Man, *as far as by it he does not hurt and controul the Right of another; and this is the only check which it ought to suffer,* the only Baunds which it ought to know[15]."

An anderer Stelle werden „libels against Government" für unzulässig erachtet, solange Englands sehr gute Gesetze weise und ehrenhaft ausgeführt werden[16]. Cato's letters halten es aber nicht für richtig, libels durch ein generelles Gesetz zu bestrafen, besser sei es, derartige Meinungsäußerungen zu mißachten[17].

Cato's letters sehen also grundsätzlich nur im Recht der anderen eine Schranke von Meinung und Presse, zur Frage der Schmähschriften wägen sie Verbotsgesetze dahin ab, ob sie „prudently" und „honestly" erlassen sind. Grundsätzliche Freiheit von Meinung Presse, die der Einschränkung in bestimmten Fällen — im Gegensatz zur allgemeinen Einschränkbarkeit bei Blackstone — unterliegt, ist im Nordamerika des ausgehenden 18. Jahrhunderts eine weitverbreitete Lehre. Beschränkungen werden Meinung und Presse für Veröffentlichungen von obszönem, moralschädigenden oder gotteslästerlichen Inhalt und für böswillige Kritik an öffentlichen Maßnahmen und Gesetzen (Gedanken des libel) auferlegt[18]. Aber es gibt auch Kodifikationen, wie die Konvention des Staates Maryland von 1788[19], die den Fall der Schmähschriften nicht als Schranke gelten lassen wollen; andere, wie die Georgia Constitution Art. I, Sektion 1, § 15[20], lassen eine Beschränkung nur bei Mißbrauch der Freiheiten von Meinung und Presse zu.

Im Gegensatz dazu entwickelt sich eine Auffassung, die jede Einschränkungsmöglichkeit von Presse und Meinung durch gesetzliche Vorschriften für untunlich hält. Insbesondere die Presse soll ohne jede Beschränkung ihre für die Demokratie lebenswichtige Aufgabe erfüllen können. So schreibt *Madison*[21]:

„In fast jedem Staat der Union hat sich die Presse bei der Beurteilung der Verdienste und Maßnahmen von Inhabern öffentlicher Ämter einer Berichterstattung befleißigt, die über die Grenzen des common law hinausging. Auf diesem Standpunkt stand die Freiheit der Presse, auf ihm steht sie noch...

Übertretungen gewisser Art können von dem Gebrauch gewisser Dinge nicht getrennt werden, in keiner Hinsicht ist dies wahrer als bei der Presse.

---

[15] Cato's letters, 6. Aufl. I: S. 96—103.
[16] Cato's letters, I: S. 252, Reflections upon libelling.
[17] Cato's letters, I: S. 252/253.
[18] Vgl. *Braumüller*: Der Weg zur Pressefreiheit, S. 61 f.
[19] *Braumüller*: a. a. O., S. 61.
[20] Text bei *Braumüller*: a. a. O., S. 91.
[21] Madison "Works", Report on the Virginia Resolution, Bd. IV, S. 544, zit. nach *Braumüller*: a. a. O., S. 64.

Die Staaten haben sich deshalb entschlossen, daß es besser wäre, einige Zweige ihrem üppigen Wachstum zu überlassen, als durch ihre Beschneidung die Kraft derer zu verletzen, die saubere Früchte tragen..."

Ähnlich meint *Jefferson*[22] in einem Brief an Lafayette vom 4. 11. 1823:

„Die einzige Sicherheit dafür — daß eine Regierung im weitesten Maße ehrlich und nicht unterdrückend ist — liegt in einer freien Presse. Der Macht der öffentlichen Meinung kann nicht widerstanden werden, wenn sie sich frei äußern kann. *Den Mißbräuchen, die auftreten, muß man sich unterwerfen. Sie helfen das Wasser klar halten*[23]."

Die Auffassung von der schrankenlosen Freiheit der Presse ist aus der Entwicklung und der Funktion der Presse während des Befreiungskampfes gegen England erwachsen[24]. Hier erfuhren die amerikanischen Bürger die Macht der Regierung und verschrieben sich der Idee der Verteidigung der individuellen Freiheit gegenüber einem von oben gebildeten angeblichen „Willen des Volkes". Entsprechend heißt es in Section 12 der Bill of Rights von Virginia:

"That the freedom of the press is one of the great bulwarks of liberty and can never be restrained but by despotic governments."

und im 1. Amendment zur Verfassung der USA:

"Congress shall make no law respecting an establishment of religion, or prohibiting the free exercise thereof; or abridging the freedom of speech, or of the press; or the right of the people peaceable to assemble; and to petition the Government for a redress of grievances."

Daß insbesondere Section 12 der Bill of Rights eine Kodifikation der Lehre von der schrankenlosen Freiheit der Presse sei, hat *Braumüller* unter Hinweis auf weitere historische Dokumente vertreten[25]. Die Bestimmung sei nicht ein „unlogisches Überbleibsel vorrevolutionärer Zeiten", ein „Ausdruck der Antipathie gegen jede Herrschaft", sondern müsse als Feststellung verstanden werden, daß die Gesellschaft als Ganzes von der Summe ihrer Mitglieder verschieden sei, d. h. für den Meinungsbereich, daß auch ein freier Staat durch Freigabe des Meinungskampfes die einzelnen Glieder seiner Einheit vor sich selber schützen müsse.

Es ist fraglich, ob man angesichts des programmatischen Charakters der Bill of Rights zu einer solchen Schlußfolgerung gelangen kann,

---

[22] *Ford* P. L. ed.: The writings of Thomas Jefferson, XV, S. 491, zit. nach *Braumüller*: S. 48; vgl. *Konvitz*: S. 144 mit weiteren Äußerungen Jeffersons.

[23] Ähnlich heute *Löffler*: Verfassungsauftrag S. 11: Mit jeder Freiheit, auch mit der Pressefreiheit, ist ein Risiko verbunden, das in einem freiheitlichen Staat in Kauf genommen werden muß.

[24] Dazu im einzelnen *Braumüller*: a. a. O., S. 42.

[25] *Braumüller*: a. a. O., S. 86/87, 42 ff.; vgl. auch die Hinweise auf die amerikanischen Lehren von der absoluten Freiheit der Presse bei *Schnur*: VVdStRL 22, S. 122, Fußnote 51.

wenngleich *James Madison* selbst Mitglied des Verfassungsausschusses war[26]. Die amerikanische Rechtspraxis steht jedenfalls Braumüllers Auffassung entgegen. Zwar wurden die pressefeindlichen Alien und Sedition Acts vom Jahre 1798[27] nur selten angewandt und bereits am 3. März 1801 wieder aufgehoben[28], die maßgebliche Richterschaft wandte sich aber gegen schrankenlose Rechte von Meinung und Presse. So führt Justice *Story* im Jahre 1833 aus:

„Daß dieser Zusatz (das 1. Amendment) bestimmt sei, jedem Bürger das Recht zu verleihen, zu sprechen, zu schreiben und zu drucken, was immer er wolle, ohne dafür öffentlich oder privat eine Verantwortung auf sich zu laden, ist eine Voraussetzung, die zu wild ist, als daß sie von einem vernünftigen Manne angenommen werden könnte... Daher ist es offensichtlich, daß die Sprache dieses Zusatzes nicht mehr ausdrücken will, als daß jeder Mann das Recht haben soll, zu sprechen, zu schreiben und seine Meinungen zu drucken über alles, was er will, ohne irgendwelche vorhergehenden Einschränkungen, solange er nicht eine andere Person in ihren Rechten, ihrem Eigentum oder ihrem Leumund schädigt und solange er nicht dadurch den öffentlichen Frieden stört oder versucht, die Regierung zu stürzen...

Jedermann soll die Freiheit haben, zu veröffentlichen, was wahr ist, wenn er dafür gute Motive und einen rechtzufertigenden Zustand angeben kann[29]."

Auch *Jefferson* spricht sich später, in seiner *Proposed Charta for France* (1789), für eine vorsichtige Limitierung der Presse aus, wenn er eine Verantwortlichkeit der Drucker für die Verbreitung falscher Nachrichten, die einer dritten Partei Schaden zufügen, befürwortet[30].

Der Freiheitsbereich der Presse und Meinung in den USA, der, von der Revolutionszeit abgesehen, immer durch im einzelnen bestimmte Tatbestände abgegrenzt war, wurde in der Folgezeit weiter eingeschränkt[31].

3. England

In England lastete das im *Blackstone'schen* Sinne weiterentwickelte law of libel schwer auf Autoren und Verlegern[32]. Als radikalere Gruppen

---

[26] *Franz:* Staatsverfassungen, 2. Aufl., S. 3.

[27] Im wesentlichen bei *Braumüller:* a. a. O., S. 47 übersetzt.

[28] *Braumüller:* a. a. O., S. 48, 50.

[29] Justice *Story:* "Work on the Constitution", 5th ed., Section 1180, quotiert von *Siebert*, F. S.: S. 394, zitiert nach *Braumüller:* S. 63; vgl. im übrigen zur Geschichte des 1. Amendment die in der gleichen Reihe erschienene Bonner jur. Dissertation von Harald K. *Voss*.

[30] *Ford*, Paul Leicester: ed. The writings of Thomas Jefferson, S. 102, zitiert nach *Braumüller:* a. a. O., S. 61.

[31] *Fraenkel*, S. 76 ff. gibt eine Übersicht über den heutigen Rechtszustand; vgl. weiter *Braumüller:* S. 71 ff.; unklar, weil nicht den Raum des verfassungsmäßigen Schutzes absteckend, *Parker:* S. 59.

[32] *Ridges-Forrest:* Constitutional law, S. 386.

stärker wurden, wurde dieses Recht seitens der Richter ausgedehnt. Eine Besserung trat erst ein, als durch den *Fox's libel Act* von 1792 die generelle Entscheidung darüber, ob ein Gesetzesverstoß in der zur Entscheidung stehenden Meinungsäußerung lag, auf die Jury übertragen wurde. Bis dahin war dies als Rechtsfrage der Entscheidung des Richters vorbehalten gewesen, während die Jury nur darüber zu entscheiden hatte, ob eine Äußerung ("the fact of publication") vorlag oder nicht[33]. Da das englische Recht keine Grundrechte i. S. verfassungskräftig formulierter Individualrechte kennt[34] und ein über den Gesetzen stehendes Naturrecht abgelehnt wird[35], bestimmen auch heute common law und die insbesondere in neuerer Zeit ergangenen Schrankengesetze[36] den Umfang von Meinungs- und Pressefreiheit[37]. Was das common law[38] betrifft, ist jedoch eine Anklage wegen seditious libel seit mehr als 100 Jahren nicht vorgekommen, Strafverfahren wegen criminal libel, die Ehrverletzungen betreffen, sind sehr selten[39]. Das obscene libel ist dagegen durch Gesetz[40] neu geregelt worden. Weitere wichtige gesetzliche Vorschriften, die insbesondere die Presse betreffen, sind der *Libel Act* von 1843, der *Law of Libel Amendment Act* von 1888, der *Newspaper libel and Registration Act* von 1881, der *Defamation Act* von 1952[41] und verschiedene den Schutz des Staates regelnde Gesetze[42]. Durch den *Monopolies and Mergers Act* von 1965 wird der Monopolbildung in der Presse vorgebeugt[43].

Der theoretisch unbegrenzten Möglichkeit des Parlamentes, Presse- und Meinungsfreiheit zu beschränken, steht die Tatsache gegenüber, daß sich Großbritannien durch eine weitgehende Freiheit insbesondere der

---

[33] Vgl. insgesamt *Ridges-Forrest:* S. 386; *Stephen:* History of Criminal law, Vol. II, S. 416—435.

[34] *Loewenstein* II: S. 263 f.; Dicey, S. 203.

[35] *Kahn-Freund* in *Stein:* Freiheitsrechte, S. 5.

[36] *Loewenstein* II: S. 265, Fußn. 2 und Kap. XIV, S. 360 ff.

[37] *Hood Phillipps,* S. 466: "Freedom of speech consists in the right to speak or write what one chooses provided the law is infringed". *Ridges-Forrest,* S. 382: "Any person may write, say or publish what he pleases so long as he does not thereby commit any offense".

[38] Das common law kennt in unserem Zusammenhang das defamatory libel, das seditous libel, das blasphemous libel und das obscene libel, ferner das slander bei nicht dauerhaften Meinungsäußerungen (vgl. *Loewenstein* II: S. 313, 317; *Scholler:* S. 241; *Stein:* Freiheitsrechte, S. 67.

[39] *Loewenstein* II: S. 314; *Stein:* Freiheitsrechte, S. 70; Auch im privatrechtlichen Bereich gelten die Schranken von slander und libel (*Stein:* Freiheitsrechte, S. 67).

[40] Obscene Publication Act von 1959, dazu *Loewenstein* II: S. 317/318.

[41] Zu den zitierten Gesetzen vgl. *Loewenstein* II: S. 314.

[42] *Stein:* Freiheitsrechte, S. 70; *Loewenstein* II: S. 360 ff.

[43] Näheres bei *Loewenstein* II: S. 320 ff.

politischen Meinungsbildung auszeichnet[44]. Dieser Zustand wird durch die öffentliche Meinung und die Interpretationstätigkeit der Gerichte garantiert[45]. Das Parlament hütet sich, diesen Kräften entgegenzuhandeln und die bürgerlichen Freiheiten allzu stark einzuschränken[46]. Da eine solche Wirklichkeit durch das System geschriebener Verfassungen höheren Rechtsranges in Kontinentaleuropa erst geschaffen bzw. gewährleistet werden soll, ist ein Vergleich der Befugnisse des englischen Parlaments mit den kontinentalen Verfassungsklauseln nicht möglich.

4. Die französische Deklaration von 1789 und die spätere Entwicklung

Von Bedeutung für die deutschen Verfassungsformulierungen ist dagegen die Entwicklung in Kontinentaleuropa, speziell in Frankreich. Denn die kontinentalen Verfassungen sind im allgemeinen bis in die Formulierung hinein von der Deklaration der Menschen- und Bürgerrechte vom 26. 8. 1789, die ihrerseits ihre Prägung durch die französische Aufklärung[47] und die nordamerikanischen Verfassungen[48] gefunden hat, beeinflußt[49]. In der Deklaration ist zweimal von der Meinungsfreiheit die Rede; zunächst als Recht des einzelnen auf Äußerung seiner Meinung mit den Worten:

« Nul ne doit être inquiété pour ses opinions, même religieuses, pourvu que leur manifestation *ne trouble pas l'ordre public établi par la loi.* »
(Art. 10)

Sodann als Recht auf Kommunikation in Art. 11:

« La libre communication des pensées et des opinions est un des droits les plus précieux de l'homme; tout citoyen peut donc parler, écrire, imprimer librement, *sauf à répondre de l'abus de cette liberté dans les cas déterminés par la loi.* »

Die nie als aktuelle Verfassung mit Rechtssatzcharakter verkündete Deklaration enthält im Ergebnis einen Vorbehalt des Gesetzes, da so-

---

[44] *Loewenstein* II: S. 301 ff.; über warnende Stimmen in der Presse aber *Stein:* Freiheitsrechte, S. 69.

[45] *Kahn-Freund* in *Stein:* Freiheitsrechte, S. 5, 8; *Ridder:* Selbstverwaltung, S. 112, Fußn. 51.

[46] Vgl. zur Freiheit der politischen Meinung *Loewenstein* II: S. 302; *Kahn-Freund* in *Stein:* Freiheitsrechte, S. 5 ff.

[47] Das betont vor allem *Duverger:* Institutions, S. 42.

[48] Deren Einfluß betonen Georg *Jellinek:* S. 4, 7 ff.; *Planitz:* S. 607; *Reisnecker:* S. 26; eine ausführliche Schilderung, die betont, daß weder die amerikanischen Verfassungen noch die Deklaration ohne den revolutionären aufklärerischen Gedanken Europas denkbar sind, gibt jetzt *Oestreich:* Die Grundrechte I, 1, S. 53 ff. und 59.

[49] *Jellinek:* a. a. O., S. 1 ff.; *Spahn:* S. 104; speziell für das GG *Jäckel*, S. 123 mit Nachweisen.

wohl der ordre public als auch der Mißbrauch der Kommunikationsfreiheit durch einfaches Gesetz bestimmt werden. Daß aber derartige Schranken der Presse und Meinung keineswegs unstreitig waren, zeigt die Entstehungsgeschichte[50]. Vor allem *Mirabeau*, der die Leitung des Redaktionsausschusses übernommen hatte[51], hat die Einführung von Schranken der Pressefreiheit, speziell durch die Strafgesetze, gefordert.

Die Deklaration ist darüber hinaus für das kontinentale Grundrechtsverständnis von entscheidender Bedeutung. In Art. 4 findet sich die klassische Formulierung des allgemeinen Freiheitsrechts:

« La liberté consiste à pouvoir faire tout ce, qui ne nuit pas à autrui. »

Im Zusammenhang mit Art. 10 und 11 ergibt sich hieraus die individualrechtliche Wurzel auch der kommunikativen Freiheit[52].

Auch in der ersten französischen Verfassung vom 3. September 1791 sind der Meinungsfreiheit Schranken gesetzt[53]. Abbé *Sieyès*, der Berichterstatter, hat dazu im Jahre 1790 ausgeführt[54], wenn man wolle, daß das Gesetz die Freiheit des Bürgers schütze, so müsse es auch die möglichen Angriffe gegen diese zu unterdrücken wissen. Es müsse also in den natürlich freien Handlungen der einzelnen, z. B. der Meinungsfreiheit, die Stelle angeben, über welche hinaus sie den Rechten anderer schädlich würden; da müsse das Gesetz seine Zeichen aufrichten, Schranken setzen, ihre Überschreitung verbieten und den verwegenen Ungehorsam bestrafen. Das seien die eigentümlichen und schützenden (tutélaires, eigentlich vormundschaftlichen) Verrichtungen des Gesetzes. Die Freiheit der Presse müsse also wie alle Freiheiten ihre gesetzlichen Schranken haben.

Das geforderte Ergebnis ist klar: gesetzliche Schranken der Presse bei Verletzung der Rechte anderer. Der Abbé Sieyès hat damit jedoch das Problem der Schrankenziehung zu früh als erledigt betrachtet. Denn es beginnt erst mit der Frage, welche Rechte anderer den Vorrang vor der Meinungsfreiheit haben sollen oder von welchem Grad der Verletzung an der Vorrang anderer Rechte besteht.

Im Gegensatz zu der Deklaration von 1789 und der Verfassung von 1791, die noch die (konstitutionelle) Monarchie beibehielt, enthält die revolutionäre Verfassung vom 24. Juni 1793 keine Schranken der Presse-

---

[50] Vgl. ausführlich *Klöppel*: S. 49.
[51] *Oestreich*: Die Grundrechte I, 1, S. 58.
[52] F. *Schneider*: Pressefreiheitsgeschichte, S. 166. Schneider weist allerdings auch auf die Spuren andersartiger Deutungen der Pressefreiheit hin (S. 167).
[53] Titel I Nr. 3, abgedr. bei *Franz*: S. 309; vgl. auch *Duverger*: Constitutions, S. 44 f.
[54] Vgl. *Hatin*: Manuel de la liberté de la presse I, S. 31, 34, 58; *Klöppel*: S. 50/51, Übersetzung nach Klöppel; *Oestreich*: Die Grundrechte I, 1, S. 63.

freiheit[55]. Im Hinblick auf die vorhergehende Deklaration und erste Verfassung ist davon auszugehen, daß durch diese Verfassung Meinung und Presse bewußt keinerlei Schranken auferlegt werden sollten. Der Meinungsbereich ist als totaler Freiheitsbereich aufgestellt[56].

Später verlief die Entwicklung wieder rückläufig[57]. Heute, da die französische Verfassung keine Grundrechte enthält und die Deklaration weiterhin keinen Normcharakter besitzt[58], gilt für die Frage der Schranken der Pressefreiheit das Gesetz vom 29. Juli 1881. In seinem Kap. IV zählt es im einzelnen diejenigen Äußerungen auf, die der Presse verboten sind. Im wesentlichen handelt es sich um Aufforderung zu Verbrechen und Vergehen, Delikte gegen das Gemeinwohl, Delikte gegen die Staatsführer, ihre Beauftragten und ausländischen Diplomaten und Berichte über die Verteidigung. Neben diesen weiten Tatbeständen gibt es Einzelbestimmungen, wie etwa § 39 ter Pressegesetz, der Berichterstattung über den Selbstmord von Personen unter 18 Jahren verbietet. Für die Meinungsfreiheit gilt das allgemeine Strafrecht.

Daraus ergibt sich, daß im geltenden französischen Recht die Schranken für die Meinung und Presse weit und speziell für die Presse sehr vage gefaßt sind.

5. Die deutschsprachigen Nachbarländer Österreich und Schweiz

Auch in den deutschsprachigen Nachbarländern Österreich und Schweiz sind die Einschränkungen von Meinung und Presse genereller Art weitgehend. Das mag sich daraus erklären, daß die betreffenden Verfassungen aus dem liberalen 19. Jahrhundert stammen (Österreich 1867, Schweiz 1874), in dem man davon ausging, daß der einfache Gesetzgeber die errungene verfassungsmäßige Freiheit nicht mehr als erforderlich beschränken würde.

In Österreich (Art. 13 StGG, Beschluß der provisorischen Nationalversammlung 1918 zu Art. 13 StGG, Art. 10 MRK)[59] stehen Meinungs- und Pressefreiheit innerhalb der Schranken der Gesetze. Daran ändert auch der letzte Halbsatz des entsprechenden Beschlusses der provisorischen

---

[55] *Duverger*: Constitutions, S. 48; vgl. den Text bei *Franz*: S. 372 ff.; ferner *Oestreich*: Die Grundrechte I, 1, S. 61.
[56] *Gusti*: S. 46, der auf die gleiche Regelung in der Verfassung Venezuelas hinweist.
[57] Vgl. im einzelnen die Texte bei *Hartung*: Entwicklung der Menschen- und Bürgerrechte; zur geschichtlichen Entwicklung ferner *Duverger*: Constitutions, S. 53 ff.
[58] Vgl. Präambel der Verfassung vom 4. Oktober 1958.
[59] s. die Texte bei *Ermacora*: Handbuch, S. 320/321.

Nationalversammlung 1918 nichts, da er sich nur auf die damalige Situation der verfügten Einstellungen und Postverbote bezieht. Entsprechend hat die Rechtsprechung des österreichischen Verfassungsgerichtshofes[60] alle mit Berufung auf Art. 13 StGG erlassenen Gesetze für zulässig erklärt, soweit sie nicht gegen den Beschluß der provisorischen Nationalversammlung, der im wesentlichen das Zensurverbot enthält, verstoßen und nicht einer Aufhebung des Grundrechts gleichkommen[61].

Für die Schweiz sieht Art. 55[62] der schweizerischen Bundesverfassung die Möglichkeit vor, durch Kantonal- oder Bundesgesetzgebung Bestimmungen über einen nicht zulässigen *Mißbrauch* der Pressefreiheit, in der die Meinungsfreiheit als enthalten anzusehen ist[63], zu treffen. Da man allen „nicht rechten Gebrauch" der Pressefreiheit als Mißbrauch bezeichnen kann, kommen als einschränkende Gesetze nicht nur Strafgesetze, sondern auch alle verwaltungsrechtlichen Polizeigesetze in Frage. Das schweizerische Bundesgericht ist heute der Auffassung, einer Prüfung der Frage, ob ein zulässigerweise einschränkendes Gesetz vorliegt, bei Bundesstrafrecht überhaupt enthoben zu sein. Solches Recht wird als eo ipso mit der Verfassungsgarantie übereinstimmend gewertet[64]. Das Bundesgericht legt damit die Verfassung dahin aus, daß der Gesetzgeber bestimmen könne, wann ein Mißbrauch (nicht rechter Gebrauch) der Pressefreiheit vorliegt[65].

6. Die deutsche Verfassungsgeschichte

Erst in der deutschen Verfassungsgeschichte findet sich zum erstenmal eine dem heutigen Schrankenwortlaut entsprechende Formulierung im Zusammenhang mit Meinung und Presse. In Art. 11 des Kommissionsentwurfes der Frankfurter Nationalversammlung heißt es:

---

[60] Erkenntnis 1207/1929; 2060/1950; 2283/1952; 2301/1952; 2987/1956; 3505/1959.

[61] Beschluß 157/60, Erkenntnis vom 16. 3. 1961; Beschluß 169/61, Erkenntnis vom 2. 12. 1961.

[62] Zu dem Zusammenhang zwischen französischer Deklaration und schweizerischer Verfassung vgl. *Spahn:* S. 105.

[63] So *Fleiner-Giacometti*, S. 164; Hier wird also nicht zwischen Pressefreiheit (öffentlicher Meinungsfreiheit) und privater Meinungsäußerungsfreiheit unterschieden (vgl. *Ridder:* Grundrechte II, S. 250, Fußn. 26).

[64] Bundesgericht 70, IV, 24; Zentralblatt 1947, S. 370; *Fleiner-Giacometti:* S. 371. Unter der Geltung des kantonalen Strafrechts hatte das Bundesgericht dagegen unter Betonung der besonderen Aufgabe der Presse eine Prüfung der Gesetze vorgenommen (vgl. BG 37, I, S. 377; *Fleiner-Giacometti:* S. 370, insbes. Fußn. 42).

[65] *Spahn:* S. 146, bejaht zwar Schranken bei mißbräuchlicher Anwendung durch Art. 5 Abs. 1 Schweiz. Bundesverf., legt sich aber für die Frage, wer die Schranken bestimmt, nicht fest.

34   Kap. II: Begriffsgeschichte

„Der Mißbrauch der Presse und Rede wird nach den *allgemeinen Landesgesetzen* bestraft. (Bis zur erfolgten Revision des Strafrechts bestimmt darüber ein besonderes transitorisches Gesetz.)[66]"

In der endgültigen Verfassung vom 28. März 1849[67] sind generelle Einschränkungsmöglichkeiten der Pressefreiheit durch ein Pressegesetz vorgesehen, wobei vorbeugende Maßnahmen, namentlich Zensurkonzessionen, Sicherheitsbestellungen, Staatsauflagen, Beschränkungen der Druckereien oder des Buchhandels, Postverbote oder andere Hemmungen des freien Verkehrs ausgeschlossen sind[68]. Entgegen den Warnungen *Mittermaiers* wurde es dagegen versäumt, die Freiheitssubstanz auch gegenüber gesetzgeberischen Zugriffen materiell abzusichern[69].

Hinsichtlich des Rechtscharakters der Pressefreiheit gilt folgendes: Die Pressefreiheit erscheint unter den Grundrechten und in unmittelbarem Zusammenhang mit der individuellen Meinungsfreiheit. Eine institutionelle Deutung, wie sie in der Zeit des Vormärz auf Grund mannigfacher Einflüsse aus Nordeuropa[70] und der deutschen Publizistik selbst[71] auch in die Staatslehre der ersten Hälfte des 19. Jahrhunderts Eingang gefunden hatte[72], ist deshalb nicht möglich. Allerdings deuten die negativ gefaßten Verbote an den Gesetzgeber auf die Garantie einer formellen Pressefreiheit und damit institutionelle Elemente hin.

Der Meinungsfreiheit setzt die Verfassung keine Schranke. Da ihre Schöpfer die Problematik der Schranken im Grundrechtsbereich kannten[73] und die Grundrechte den Gesetzgeber binden sollten (§ 130), muß daraus gefolgert werden, daß der Bereich der privaten Meinungsfreiheit vor jedweden Eingriffen geschützt sein sollte.

Die Preußischen Kammern hielten — anders als die oktroyierte Verfassung, die Art. 143 der Reichsverfassung fast wörtlich übernahm — die Privilegierung der Presse für zu weitgehend[74] und unterstellten

---

[66] Quelle: *Anschütz:* Preußische Verf., S. 511.

[67] Text bei *Hartung:* S. 82, 92, 93; vgl. auch die Übersicht über die verschiedenen Fassungen bei Franz *Schneider:* Pressefreiheitsgeschichte, S. 308.

[68] Ferner bestimmt Art. 130 der Verfassung: Grundrechte können nicht durch Gesetz eines Einzelstaates beschränkt werden, vgl. dazu *Planitz:* S. 614.

[69] F. *Schneider:* Pressefreiheitsgeschichte, S. 310.

[70] Näheres bei F. *Schneider:* Pressefreiheitsgeschichte, S. 167 f. und passim.

[71] *Czajka:* S. 39 ff.

[72] Vgl. vor allem *Aretin-Rotteck:* Bd. 3, S. 228 ff.; Rotteck zählt die Pressefreiheit neben Vereinigungsfreiheit, gemeindl. Selbstverwaltung, der Repräsentation des Volkes und weiteren Garantien (Bd. 3, S. 9 ff.) zu den „Garantien der Verfassung". Die eigentlichen Bürgerrechte werden dagegen als bürgerliche Freiheiten an anderer Stelle (Bd. 2, 2. Teil) behandelt.

[73] Vgl. §§ 130, 140, 141, 142, 145, 161 der RV.

[74] Ausführlich dazu *Anschütz:* Preuß. Verfassung, S. 489 ff.

sie einem allgemeinen Gesetzesvorbehalt[75]. Die Wissenschaft bezog diesen Gesetzesvorbehalt auch auf die in der Verfassung nicht beschränkte private Meinungsäußerungsfreiheit, indem man entweder dem einfachen Gesetz eine gegenüber der Verfassung abändernde Wirkung zusprach[76] oder den Sinn der Rechte der Preußen allein darin sah, die Gesetzmäßigkeit der Verwaltung auf bestimmten Gebieten zu sichern[77]. Folgerichtig wurde auch die Anwendbarkeit der polizeilichen Generalklausel (§ 10 II, 17 ALR) bejaht[78].

Art. 28 der Preußischen Verfassung legte fest, daß Vergehen, die durch Wort, Schrift, Druck oder bildliche Darstellung begangen werden, nach den *allgemeinen Strafgesetzen* zu bestrafen sind.

Anschütz, der sich als einziger unter den Kommentatoren zu dieser Schrankenformel äußerte[79], sieht darin das Verbot, Handlungen lediglich deshalb, weil sie durch Meinungsäußerung begangen werden, überhaupt oder härter bzw. milder zu bestrafen. Das Gleiche gelte für die Strafzumessung. Daß die Beschäftigung mit den „allgemeinen Strafgesetzen" im übrigen unterblieb, rührt daher, daß die Grundrechte in der Rechtswissenschaft weitgehend nur als politische Deklaration in einem historischen Augenblick verstanden wurden, ihnen aber nicht die Bedeutung subjektiver Rechte des einzelnen beigemessen wurde[80]. Soweit dies doch geschah, sprach man den Grundrechten die unmittelbar praktische Anwendbarkeit gegenüber der Exekutive ab[81]. Damit verlagerte sich die Beschäftigung mit den Schranken der Freiheit auf die Interpretation der Spezialgesetzgebung, die die Rechte der Preußen weitgehend aufhob[82].

---

[75] Vgl. Art. 27 der Preuß. Verfassung vom 31. 1. 1850, der lautet: „Jeder Preuße hat das Recht, durch Wort, Schrift, Druck und bildliche Darstellung seine Meinung frei zu äußern. Die Zensur darf nicht eingeführt werden; jede andere Beschränkung der Pressefreiheit nur im Wege der Gesetzgebung."

[76] *Arndt*: 7. Aufl., S. 372 mit Nachweisen.

[77] *Anschütz*: Preuß. Verfassung, S. 507, 96 f., 134 f., 140.

[78] *Anschütz*: a. a. O., S. 507.

[79] *Anschütz*: Preuß. Verfassung, S. 512. Keine Stellungnahme findet sich bei *Arndt*: Art. 28, Anm. 2; *Bornhak*: S. 294 f.; *Rönne-Zorn*: S. 250 ff.; *Schwartz*: S. 107.

[80] *Laband*: Staatsrecht, S. 151; *Bornhak*: S. 285 ff., 294 f.; *von Seydel*: S. 501; *Rönne-Zorn*: S. 150; weitere Nachweise bei *Meyer-Anschütz*: S. 954, Fußn. 2 a. E.

[81] Vgl. *Meyer-Anschütz*: S. 956, Fußn. 7 mit Nachweisen. Eine politische Bedeutung behielt gleichwohl insbesondere das Zensurverbot, wie der Kampf des Abgeordnetenhauses gegen die oktroyierte Presseverordnung vom 1. 6. 1863 zeigt, dazu *Berner*: S. 140 f.

[82] *Schwartz*: S. 48 ff. Eine Absonderung der Pressefreiheit von der individuellen Meinungsfreiheit erfolgt in der PrVerf. nicht. Das entspricht der Staatsrechtslehre der 2. Hälfte des 19. Jh. (vgl. *Bluntschli*: Allgem. Staatsrecht, S. 639).

Ähnliche Bestimmungen wie in Preußen, d. h. Abschaffung der Zensur, aber generelle Beschränkbarkeit der Meinungs- und Pressefreiheit durch einfache Gesetze, finden sich auch in den Verfassungen der anderen Staaten des Deutschen Bundes[83].

Die Reichsverfassung von 1871 enthält keine Grundrechte[84]. Der Bereich der Presse wurde jedoch im Jahre 1874 durch das Reichspressegesetz reichseinheitlich geregelt. Die Gründe dafür, daß damit die Befugnisse des Art. 4 Nr. 16 der Reichsverfassung relativ rasch wahrgenommen wurden, sind unterschiedlich. Einmal konnten die bis dahin bestehenden Partikulargesetze zur Regelung der Presse ihren Zweck niemals ganz erreichen, da das, was in einem deutschen Staat nicht gedruckt werden durfte, oft in einem anderen keiner Beschränkung unterlag[85]. Sodann wurde *Bismarck* durch einen Antrag des Zentrums und der Sozialdemokratischen Partei vom 19. März 1873, mit dem gleichzeitig der Entwurf eines Pressegesetzes vorgelegt wurde, zum Handeln gedrängt[86]. Schließlich mag insbesondere die Tatsache, daß seit der Gründung des Norddeutschen Bundes und in verstärktem Umfang seit der Reichsgründung die bisher oppositionellen Liberalen die nationale Politik Bismarcks befürworteten[87] und dieser gezwungen war, sich auf die nunmehr die Mehrheit bildenden Liberalen[88] zu stützen, die Regierung bewogen haben, den alten Wünschen des liberalen Bürgertums nach einem Gesetz über die Pressefreiheit nachzugeben.

Der Entwurf der Regierung enthielt dann allerdings weitgehende Beschränkungen repressiver Art. So lautete § 20 des Entwurfes:

„Wer in einer Druckschrift die Familie, das Eigentum, die allgemeine Wehrpflicht oder sonstige Grundlagen der staatlichen Ordnung in einer die Sittlichkeit, den Rechtssinn oder die Vaterlandsliebe untergrabenden Weise angreift oder Handlungen, welche das Gesetz als strafbar bezeichnet, als nachahmenswert, verdienstlich oder pflichtmäßig darstellt, oder Verhältnisse der bürgerlichen Gesellschaft in einer den öffentlichen Frieden gefährdenden Weise erörtert, wird mit Gefängnis oder Festungshaft bis zu 2 Jahren bestraft[89]."

---

[83] Vgl. § 28 der Verfassungsurkunde vom 25. 9. 1819 für Württemberg, abgedr. bei *Fricker:* S. 513; Art. 35 der Verfassungsurkunde des Großherzogtums Hessen vom 17. 12. 1820, abgedr. bei *van Calker:* S. 308; § 30 (Meinungsfreiheit) und § 31 (Presse und Buchhandel) der Neuen Landschaftsordnung für das Herzogtum Braunschweig vom 12. 10. 1832; § 5 (Presse) des Edikts über die Freiheit der Presse und des Buchhandels vom 4. 6. 1848 als Beilage III zu Titel IV, § 11 der Verfassungsurkunde des Reichs (Königreich Bayern) vom 26. 5. 1818.

[84] Ein entsprechender Antrag des Zentrums hatte keinen Erfolg, *Klöppel:* Verfassungsgeschichte, S. 281.

[85] *Berner:* S. 143.

[86] *Berner:* S. 144.

[87] *Klöppel:* Verfassungsgeschichte, S. 277 ff.

[88] *Klöppel:* Verfassungsgeschichte, S. 278.

[89] Quelle: *Bebel:* S. 285/286.

Solche und ähnliche Bestimmungen wurden weder von der durch den Reichstag eingerichteten Kommission noch vom Plenum gebilligt[90]. § 20 RPG in seiner endgültigen Fassung unterwarf die Presse den *allgemeinen Strafgesetzen*. Darunter verstand die Literatur die Strafgesetze schlechthin[91] unter Ausschluß der Vorschriften, die „Ausnahmevorschriften gegen die Presse" enthielt[92]. Verboten waren danach also nur solche Vorschriften des Landesgesetzgebers, die sich direkt gegen die Presse und nur gegen sie richteten, nicht aber solche, die die Meinungsäußerung schlechthin und damit auch die gedruckte Meinung in der Presse einschränkten[93]. Nur insoweit war auch die Presse gegenüber einer auf die polizeiliche Generalklausel gestützten Verordnung der Verwaltung geschützt (relative Polizeifestigkeit)[94].

Das Reichspressegesetz unterwarf die Presse ferner grundsätzlich der Gewerbeordnung (§ 4 RPG) und enthielt Sondervorschriften gegen die Presse in § 21 RPG, die die Möglichkeit geben sollten, die strafgerichtliche Sühne von Pressevergehen zu sichern[95].

Bei dieser beschränkten Gewährung einer formellen Pressefreiheit[96] durch einfaches Reichsgesetz verblieb es bis zum Inkrafttreten der Weimarer Reichsverfassung am 11. August 1919. Auf allen sonstigen Bereichen der Meinungsfreiheit galt das oft einschneidende[97] Landesrecht weiter.

Die Weimarer Verfassung enthielt dann in Art. 118 die Formel der „allgemeinen Gesetze", die in das Grundgesetz übernommen wurde.

B. Die deutschen Länderverfassungen nach 1945

Die Variationsbreite der Formulierungen, die die Geschichte der Schranken von Meinung und Presse zeigt, kehrt in den nach dem Zwei-

---

[90] *Bebel:* S. 304; vgl. dort auch seine Kritik an der endgültigen Fassung des RPG.
[91] *Häntzschel:* RPG § 20 Anm. 1; *Kitzinger:* RPG § 20, Anm. I.
[92] *Häntzschel:* RPG, § 1 Anm. 1.
[93] *Kitzinger:* RPG § 1 Anm. 2 a, S. 7; *Häntzschel:* RPG § 1 Anm. 1, S. 11.
[94] *Häntzschel:* RPG § 1 Anm. 4 a, S. 16; § 20 Anm. 1, S. 143; gegenüber auf die Generalklausel gestützten polizeilichen *Verfügungen* war der Schutz absolut, vgl. *Häntzschel:* HDStr. II, S. 657.
[95] *Häntzschel:* RPG § 20 Anm. 1 B.
[96] Zum Begriff der staatsgerichteten formellen Pressefreiheit *Häntzschel:* HDStr. II, S. 657; RPG § 1 Anm. 1; diese formelle Pressefreiheit war auch nach dem Inkrafttreten der WRV nur durch das RPG geschützt (Häntzschel. DJZ 1925, S. 1846).
[97] Vgl. *Anschütz:* Preuß. Verfassung, S. 501 f.; für die Theater- und Filmzensur *Noltenius:* S. 3 f.

ten Weltkrieg erlassenen deutschen Länderverfassungen wieder. Bemerkenswert eng wird in Art. 8 der Berliner Verfassung die Meinungsfreiheit nur innerhalb der Gesetze gewährleistet[98], wobei die Presse als Art der Meinungsäußerung angesehen wird. Dieser einfache Gesetzesvorbehalt erhält weitere Schranken durch die Fallgruppen, in denen die in der Verfassung gewährleistete Freiheit durch Meinungsäußerung bedroht oder verletzt wird (Art. 8 Abs. 1): eine Formulierung, die die Frage, wann durch Wahrnehmung der Meinungsfreiheit die sonstige verfassungsmäßige Freiheit verletzt wird, nicht beantwortet. Art. 24 der Verfassung von Berlin verbietet es weiter dem, der mißbräuchlich die Grundrechte angreift[99], sich auf Art. 8 der Verfassung zu berufen.

In Bremen (Art. 15) und Rheinland-Pfalz (Art. 9, 10) sind die „verfassungsmäßigen Grundrechte" bzw. die „verfassungsmäßigen Grundlagen des Gemeinschaftslebens" und der Jugendschutz als Grenze anerkannt worden[100].

Einen Wortlaut, der dem durch das Grundgesetz rezipierten Art. 137 Abs. 3 WRV nachgebildet ist („für alle geltendes Gesetz"), wiesen die Verfassungen von Württemberg-Baden (Art. 11, Verf. vom 28. 11. 1946) und Baden (Art. 10, Verf. vom 22. 5. 1947) auf. Dagegen kennt die Hessische Verf. (Art. 10, 11, 13, 17, 18) mit Ausnahme von Jugendschutzgesetzen keine generellen Schranken von Meinung und Presse. Auf den Schutz der Meinungsfreiheit kann sich jedoch derjenige nicht berufen, der den verfassungsmäßigen Zustand angreift oder gefährdet (Art. 17 Abs. 1). In solchen Fällen ist eine Endentscheidung durch den Staatsgerichtshof vorgesehen.

Schließlich enthält die Bayerische Verfassung allgemeine Einschränkungsmöglichkeiten durch Gesetz, wenn öffentliche Sicherheit, Sittlichkeit, Gesundheit und Wohlfahrt es zwingend erfordern (Art. 98), ferner die generelle Schranke von Schmutz- und Schundliteratur (Art. 110 Abs. 3) und die befristete Eingriffsmöglichkeit der Regierung bei drohender Gefährdung der öffentlichen Sicherheit und Ordnung (Art. 48 Abs. 1).

Beachtenswert ist bei den Bestimmungen der Länderverfassungen neben der unterschiedlich weiten Formulierung insbesondere die Verschiedenheit der Regelung im Hinblick auf generelle Schranken und

---

[98] Ebenso Art. 9 Abs. 2 der außer Kraft getretenen Verfassung von Württemberg-Hohenzollern.

[99] Text: Auf die Art. 8 ... darf sich nicht berufen, wer mißbräuchlich die Grundrechte angreift oder gefährdet, insbesondere wer nationalsozialistische oder andere totalitäre oder kriegerische Zwecke verfolgt.

[100] Rheinland-Pfalz hat daneben in Art. 4 eine Ehrschutzbestimmung und in Art. 133 eine Mißbrauchsbestimmung.

gesetzliche Einschränkungsmöglichkeiten. Letzteren kommt, solange und soweit der Gesetzgeber davon nicht Gebrauch gemacht hat, keine praktische Bedeutung zu.

C. Zusammenfassung

Der vorstehende Überblick (der auf Vollständigkeit keinen Anspruch erhebt) läßt sich wie folgt zusammenfassen:

Relativ selten wurde Meinung und Presse ein absoluter Schutz in der Weise eingeräumt, daß die Meinungsbildung schrankenlos und gegenüber allen anderen Werten privilegiert erfolgen konnte. Vielmehr hat man, insbesondere in Kontinentaleuropa, Meinung und Presse häufig den einfachen Gesetzen unterstellt. Dem ausdrücklichen Gesetzesvorbehalt ist es dabei gleichzuachten, wenn es die Verfassung dem Gesetzgeber überläßt, den Mißbrauch dieser Rechte oder die Rechte anderer als Grenze festzulegen.

Schließlich läßt sich eine Gruppe bilden, bei der in der Verfassung oder wenigstens in einfachen Gesetzen bestimmte Merkmale aufgestellt wurden, bei deren Vorliegen oder Nichtvorliegen keine Einschränkung der Freiheitsrechte stattfinden durfte. Hierher gehört die Formulierung der Paulskirchenverfassung und die — Ausnahmegesetze gegen die Presse ausschließende — Formel der „allgemeinen Strafgesetze" in Preußen.

Eine Sonderstellung nimmt die Frage der Zensur ein. Sie wurde in den Verfassungen des 19. Jahrhunderts in der Regel abgeschafft.

D. Die Entstehung der grundgesetzlichen Formel

Betrachtet man die Entstehungsgeschichte des Grundgesetzes, so zeigt sich, daß die Formel der „allgemeinen Gesetze" die weiteste Fassung der während der Beratungen des Parlamentarischen Rates zur Diskussion stehenden Vorschläge darstellt.

Lediglich in den Vorarbeiten des Verfassungskonventes von Herrenchiemsee war durch das Korrektiv der *allgemeinen Rechtsordnung* in Art. 21 Abs. 3 des Herrenchiemseer Entwurfs eine ebenso umfassende Einschränkungsmöglichkeit gegeben[101]. Dieses Korrektiv war vom zuständigen Ausschuß aber nur als „einstweilige Aushilfe" bezeichnet worden[102], da die letzten Stadien der Entwicklung, die darin bestünden,

---

[101] Anders und mißverständlich der Bericht über den Verfassungskonvent (S. 22) zur Pressefreiheit, der möglicherweise das RPG im Auge hatte, das die unbeschränkte Berichterstattung über das öffentliche Leben garantiert; mißverständlich auch *Matz:* JÖR 1, S. 79 unten.
[102] Vgl. S. 20 des Berichtes über den Verfassungskonvent.

daß nur noch die Verfassung selbst den Grundrechten Schranken auferlegen oder die Grundrechte auch durch Verfassungsgesetze nicht mehr abgeändert werden könnten, noch nicht erreicht seien. Andererseits sollte aber auch nicht jedes einfache Gesetz über ein Grundrecht hinweggehen können und Sondergesetze gegen die Substanz des Grundrechts unzulässig sein. In dem einschlägigen Art. 7 hatte der Verfassungskonvent keine Beschränkung von Presse und Meinung vorgesehen, vielmehr Beschränkungen des Rundfunkempfanges und des Bezuges von Druckerzeugnissen sowie eine Zensur ausdrücklich für unzulässig erklärt (Art. 7 Abs. 1 Satz 2 und Abs. 3).

Von einem generellen Vorbehalt der allgemeinen Rechtsordnung war im Parlamentarischen Rat nicht mehr die Rede. Der Fachausschuß für Grundrechte des Parlamentarischen Rates, der Grundsatzausschuß, sah zunächst vor, daß Presse- und Meinungsfreiheit neben Jugendschutz und persönlicher Ehre die Vorschriften der Strafgesetze als Grenze erhalten sollten (Art. 8 Abs. 4). Man war sich darüber einig, daß die verfassungsmäßig gegebenen Rechte stärker als das einfache Gesetz sein sollten und eine Einschränkung des Grundrechts nur im Einzelfall möglich sein dürfe[103]. Durch eine solche Konkretisierung der als vorverfassungsmäßig angesehenen Grundrechte wollte man ihnen den angemessenen rechtlichen Rang geben[104].

Es war dann *Thoma*, der in seiner „Kritischen Würdigung" die Formulierung „Vorschriften der Strafgesetze" für bedenklich hielt, da sie auf den ersten Blick jeder bundesgesetzlichen und sogar landesgesetzlichen Majorität bei geschickter Formulierung der Normen das Mittel in die Hand gebe, Presse- und Meinungsfreiheit zu unterdrücken[105]. Das Grundgesetz sollte nach Thoma aber gerade die Aufgabe erfüllen, die Freiheit der Presse gegenüber den mit einfacher Mehrheit beschlossenen Gesetzen und der Polizeigewalt zu schützen[106]. Offenbar auf die Befürchtungen Thomas hin[107], schlug nunmehr der Allgemeine Redaktionsausschuß mit der Begründung, es müsse vermieden werden, daß durch Schaffung spezieller Vorschriften eine bestimmte Meinungsäußerung oder bestimmte Arten von Meinungsäußerungen unter Strafe gestellt werden könnten[108], eine Begrenzung auf die *allgemeinen* Vorschriften

---

[103] JÖR NF 1, S. 43.
[104] JÖR NF 1, S. 42, Art. 1 des Entwurfes des Fachausschusses.
[105] *Thoma*: Kritische Würdigung, S. 20.
[106] *Thoma*: a. a. O., S. 19. Im Hinblick auf den Schutz der Wesensgehaltgarantie, die die Gerichte im Sinne der Idee des Grundgesetzes auslegen müßten, hält Thoma letztlich die Einschränkungen durch die Strafgesetze jedoch für tragbar.
[107] Vgl. JÖR NF S. 81 unten; Anm. 7 des Allgemeinen Redaktionsausschusses zu seinem Artikel 8.
[108] Anm. 7 des Redaktionsausschusses zu Art. 8; Entwürfe S. 18.

D. Entstehung der grundgesetzlichen Formel

der Strafgesetze vor. Dem schloß sich der Grundsatzausschuß an. In der Diskussion hatte vor allem von Mangoldt darauf hingewiesen, daß die auch im Verfassungsvorschlag der Deutschen Partei (Art. 23 und Art. 118 WRV) enthaltene Klausel der „allgemeinen Gesetze" nicht ausreichend sei, weil damit der Schutz der Verfassungsgüter so gut wie wertlos werde[109].

Die so erarbeitete Schrankenformulierung wurde vom Hauptausschuß in 1. Lesung angenommen. Gleichwohl sprach sich der Redaktionsausschuß, dem diese Fassung zugeleitet wurde, für die Grenze der „allgemeinen Gesetze" aus, da nur so ein Pressegesetz, das nicht nur strafrechtliche Bestimmungen enthielte, mit der Verfassung vereinbar sei. Weder Grundsatzausschuß noch der Hauptausschuß in der 2. Lesung ließen sich jedoch von dieser Argumentation überzeugen, zumal sie für Fälle des Mißbrauchs von Presse, Film und Funk eine Pressegesetzgebung ausdrücklich vorgesehen hatten[110]. Daraufhin sah sich der Redaktionsausschuß zu einer ausführlichen Begründung seiner Ansicht veranlaßt[111], ohne daß ihm der interfraktionelle Fünferausschuß und der Hauptausschuß in der dritten Lesung darin folgten. Der aus den Herren von Brentano, Zinn und Dehler bestehende Redaktionsausschuß, der gemäß Drucksache 268 des PR[112] die Vorschläge auf Formalien und eventuelle Lücken zu prüfen hatte[113], beharrte jedoch auf seiner Auffassung, der sich nunmehr der Hauptausschuß ohne besondere Erörterungen in seiner vierten Lesung und das Plenum anschlossen. Der Hauptausschuß, der im Rahmen der Ausschüsse die politische Entscheidung zu treffen hatte (Drucksache 268 PR Nr. 5), gab damit schließlich den Weg für die geltende weite Formulierung mit ihrer Vielzahl von Streitfragen frei.

Gleichwohl ergibt sich aus der Entstehungsgeschichte des grundgesetzlichen Begriffes folgendes:

Auch der Allgemeine Redaktionsausschuß, dessen weite Formulierung angenommen wurde, war lediglich bemüht, alle Gesetze, in denen er eine zulässige Beschränkung von Presse und Meinung sah, in die Grundrechtsbestimmung terminologisch einzubauen. Sämtliche Beteiligten

---

[109] JÖR NF 1, S. 83.

[110] Vgl. JÖR NF 1, S. 86; im Vorschlag des Allgemeinen Redaktionsausschusses fehlt eine solche Bestimmung.

[111] Die vorgelegte Fassung sei schlechthin zu eng. Sie ermögliche nicht den Erlaß von Gesetzen zur Wahrung von Amts-, Berufs- und Betriebsgeheimnissen. Diese Auffassung des Redaktionsausschusses ist deshalb unrichtig, weil derartige Fälle von der Lehre im Wege des freiwilligen Verzichts auf das Grundrecht gelöst wurden.

[112] JÖR NF 1, S. 10.

[113] Eine Lücke lag hier nicht vor. Vielmehr erstrebten die beteiligten Ausschüsse offenbar eine unterschiedliche inhaltliche Lösung.

waren somit bestrebt, durch die Schrankenformulierung Presse und Meinung eine besonders geschützte Stellung im Rahmen der Rechtsordnung einzuräumen. Davon, daß sich die Rechtsträger des Art. 5 Abs. 1 GG wie jeder andere behandeln lassen müßten und ihnen keine Privilegierung zustände, war nicht die Rede[114].

E. Abgrenzung der „allgemeinen Gesetze" vom Zensurverbot

Der geschichtliche Überblick gibt die Möglichkeit, das, was das Grundgesetz mit den „allgemeinen Gesetzen" meint, von weiteren Beschränkungen von Meinung und Presse, speziell dem Zensurbegriff, abzugrenzen.

Das Verbot der Zensur, das sich in fast allen Verfassungen des 19. Jahrhunderts findet, meint die Zensur im formellen Sinne, d. h. das Erfordernis einer vorherigen Genehmigung durch staatliche Stellen[115]. Das Grundgesetz hat dieses historisch gewachsene Verbot übernommen. Da mit den „allgemeinen Gesetzen" eine Formel eingefügt wurde, die den Inhalt und Umfang der Rechte des Art. 5 Abs. 1 GG trifft und daneben Art. 18 GG eine besondere Sanktion bei Grundrechtsmißbrauch vorsieht, läßt sich aus dem Zensurverbot der Verfassung ein materieller Zensurbegriff, der hierunter alle Beschränkungen des Prozesses der öffentlichen Meinungsbildung durch Entzug von Beiträgen im vor- und nachhinein faßt[116], nicht ableiten. Soweit „allgemeine Gesetze" in Frage stehen, gibt es keinen verfassungsrechtlichen Schutz der Rechte des Art. 5 Abs. 1, so daß auch kein Verstoß gegen ein Zensurverbot im materiellen Sinne vorliegen kann.

Bei *Noltenius*, die vor allem für einen materiellen Zensurbegriff eintritt[117], ergeben sich deshalb auch Überschneidungen mit ihrer Definition der „allgemeinen Gesetze". Wenn deren Sinn darin besteht, die Rechte des Art. 5 Abs. 1 GG mit den übrigen gesetzlich geschützten gesellschaftlichen Gütern in Einklang zu bringen[118], wäre auch eine zu diesem Zweck ergriffene Schutzmaßnahme, etwa in Form einer richterlichen Beschlagnahme, grundsätzlich zulässig[119]. Einem Zensurverbot im materiellen Sinne müßte sie widersprechen.

---

[114] So aber sieht nunmehr *Bettermann* den Sinn der grundgesetzlichen Vorschrift, JZ 1964, S. 604; s. u. Kap. IV B, 1.

[115] Vgl. *von Mangoldt-Klein:* Art. 5 Anm. VIII, 2; *Ridder:* Grundrechte II, S. 280; *Katholnigg,* NJW 1963, S. 892; *Kemper:* S. 74.

[116] *Noltenius:* S. 106 ff.; OLG Frankfurt NJW 1963, S. 112; *Katholnigg:* NJW 1963, S. 893.

[117] *Noltenius:* S. 106 ff.

[118] *Noltenius:* S. 142.

[119] Vgl. BVerfGE 20, S. 162 ff., wo die Beschlagnahme (zu Recht) nicht unter

E. Allgemeine Gesetze und Zensurverbot

Da eine Zensur nach allgemeinen Richtlinien oder Gesetzen zu prüfen pflegt, ist auch eine Abgrenzung, die in der Zensur die konkrete Prüfung und in den „allgemeinen Gesetzen" die generelle Schranke sieht[120], untauglich. Die Formel der „allgemeinen Gesetze" hat den Inhalt zulässiger Meinungsäußerung gleichgültig, wann und in welcher Weise sie nachgeprüft wird, im Auge. Deshalb werden von den „allgemeinen Gesetzen" auch nicht solche Beschränkungen erfaßt, die den Inhalt der Meinungsäußerung und die Funktion von Meinung und Presse im demokratischen Staat nicht ernstlich beeinträchtigen. Gemeint sind die formellen Beschränkungen der Pressegesetze, die dem Verleger die Abgabe von Freistücken an bestimmte öffentliche Bibliotheken, die Angabe des verantwortlichen Redakteurs im Impressum und ähnliches aufgeben. Auch die Ablieferung eines Pflichtexemplars an die Polizeibehörde, wie dies § 9 des RPG vorsah, betrifft demnach nicht das Problem der „allgemeinen Gesetze."

Daß schließlich die sogenannte Nachzensur, die von der herrschenden Meinung[121] nicht unter das Zensurverbot des Grundgesetzes gefaßt wird, zur Problematik der „allgemeinen Gesetze" gehört, zeigt schon deren Begriffsbestimmung. Es wird darunter der Inbegriff der Maßnahmen verstanden, die nach Begehung einer gesetzeswidrigen Handlung oder nach Eintritt eines polizeiwidrigen Zustandes geschehen, um die weitere Verbreitung der Schrift, mit der die Handlung begangen wurde oder die Aufführung des Theaterstückes, das die öffentliche Sicherheit und Ordnung gefährdet, entweder von bestimmten Änderungen des Inhalts abhängig zu machen oder zu verbieten[122]. Da die Rechte des Art. 5 Abs. 1 GG nur innerhalb des durch die „allgemeinen Gesetze" gezogenen Rahmens von der Verfassung garantiert sind, läßt sich nur aus der Auslegung dieses Begriffes entnehmen, welche Eingriffe im Wege einer „Nachzensur" zulässig sind oder nicht[123].

---

dem Gesichtspunkt der Zensur, sondern allein dem der „allgemeinen Gesetze" untersucht wird.

[120] So *Stern:* Der Politologe, Sommer 1963, S. 5 (10).
[121] *von Mangoldt-Klein:* Art. 5, Anm. VIII, 2; *Ridder:* Grundrechte II, S. 280; *Häntzschel:* HDStR II, S. 665; a. M. *Noltenius:* S. 108 f.; *Bergsträsser:* JÖR NF 1, S. 83.
[122] *Häntzschel:* HDStR II, S. 665.
[123] *Windsheimer:* Informationsfreiheit, S. 82.

Kapitel III

Kritische Betrachtung der Lehren der Weimarer Zeit

A. Vorbemerkung

Zur Weimarer Zeit wurden Meinungs- und Pressefreiheit[1] als Freiheitsverbürgungen i. S. eines status negativus angesehen[2]. Selbst dort, wo, wie bei *Smend*[3]. die gruppenbildende Funktion der Meinungsäußerung betont wurde, erfolgte keine Umfunktionierung des liberalen Freiheitsrechts[4]. Infolgedessen sah man die „allgemeinen Gesetze" als eine Formel an, durch die den Meinungsrechten Beschränkungen auferlegt wurden, deren Umfang allein durch die Interpretation dieser Formel bestimmt werden konnte.

Die Vielzahl der Bestimmungsversuche ergab sich damals wie heute vor allem daraus, daß das Merkmal des „Allgemeinen" fast beliebig variiert werden kann. Auch die einschlägigen Verfassungsbestimmungen enthalten, anders als etwa Art. 137 Abs. 3 WRV, der einen personellen Bezug hat, und Art. 19 Abs. 1 GG, der als Gegensatz den Einzelfall nennt, keinen Hinweis darauf, wie die logisch notwendige[5] besondere Bedeutung des „Allgemeinen" zu fassen ist[6]. Gleichwohl lassen sich für die Interpretation des Art. 5 Abs. 2 GG mit Bestimmtheit manche dieser Auffassungen ausscheiden, so etwa angesichts der Entstehungsgeschichte

---

[1] Die materielle Pressefreiheit war nur z. T. verfassungsrechtlich verbürgt, da in Art. 118 WRV die Presse nicht genannt war; vgl. *Häntzschel:* DJZ 1925, S. 1864; *Ridder:* Grundrechte II, S. 255.

[2] *Thoma:* Grundrechte und Grundpflichten I, S. 21; *Schmitt:* Verfassungslehre, S. 163, HDStR II, S. 590.

[3] *Smend:* VVdStRL 4, S. 50.

[4] *Scholler:* S. 180, spricht von Umbildung, *Ridder:* Grundrechte II, S. 259, von einer kollektiven Parallele zu den klassischen individuellen Freiheitsrechten; vgl. auch *Noltenius*, S. 139.

[5] *Scholler:* S. 388 mit Nachweis.

[6] Deshalb überzeugt *Kempers* Auffassung (S. 60), im Gegensatz zum allgemeinen Gesetz stehe das spezielle Gesetz und nicht das individuelle, wie in Art. 19 Abs. 1 GG, nicht. Auch Art. 5 Abs. 2 GG läßt es seinem Wortlaut nach zu, den Gegensatz zum allgemeinen Gesetz im individuellen zu erblicken. Im übrigen spricht gegen Kempers Auslegung seine Definition des Individualgesetzes (Art. 19 Abs. 1 GG), das sich auf Einzelpersonen oder individuell bestimmte Personen beziehen soll. Das Gesetz i. S. des Art. 19 Abs. 1 GG (Einzelfall) wäre danach gerade ein spezielles Gesetz.

des Art. 5 GG die, welche das Wörtchen „allgemein" als bloßes Redaktionsversehen abwertete[7]. Diejenigen, die unter den „allgemeinen Gesetzen" die für alle Deutschen geltenden Gesetze[8] oder die allgemeine und als dauernd gemeinte Normsetzung[9] verstanden, bewegten sich auf einer Linie, die heute als allgemeines Problem unter dem Stichwort „Maßnahmegesetze" behandelt wird. Die besondere Bedeutung des Allgemeinen als Beschränkung der Meinungsrechte ist damit nicht ausgeschöpft[10].

Aktuelle Bedeutung für die Bestimmung der „allgemeinen Gesetze" besitzen dagegen zwei Auffassungen der Weimarer Zeit: die von *Häntzschel* und *Rothenbücher* entwickelte einerseits und die von *Smend* auf der anderen Seite. Diese sollen im folgenden allein behandelt werden, zumal ausreichende Übersichten über die weiteren Deutungsversuche dieser Zeit vorliegen[11].

B. Die Auffassung Häntzschels und Rothenbüchers

Häntzschel hat sowohl für die „allgemeinen Gesetze" als auch für die nach seiner Auffassung unzulässigen Gesetze, das Sonderrecht gegen Meinung und Presse, inhaltliche Kriterien aufgestellt:

„Allgemeine Gesetze sind die Gesetze, die ohne Rücksicht auf die gerade herrschenden geistigen Strömungen, Anschauungen und Erkenntnisse das menschliche Leben in seiner Allgemeinheit regeln[12]."

Unter unzulässigem Sonderrecht hat man die Rechtssätze zu verstehen, die

„eine an sich erlaubte Handlung allein wegen ihrer geistigen Zielrichtung und der dadurch hervorgerufenen schädlichen Wirkung verbieten oder beschränken[13]."

Wenn Häntzschel die rein geistige Wirkung[14] der Meinungsrechte garantiert sehen will, stellt er also nicht, wie ihm vorgeworfen worden ist[15], lediglich formale Kriterien auf, sondern bezieht das Schutzobjekt

---

[7] PrOVG 77, S. 519 f.; dazu *Reisnecker*: S. 130 f. mit Nachweisen.
[8] *Vervier*: AÖR Bd. 6, S. 1 ff. (4, 6); KG Zeitungsverlag 1925, Nr. 7; vgl. schon von *Humboldt-Stein*: §§ 33, 34, S. 18; ablehnend *Smend*: VVdStRL 4, S. 51; *Häntzschel*: AÖR NF 10, S. 232.
[9] *Thoma*: Grundrechte und Grundpflichten I, S. 36.
[10] Im Ergebnis ebenso *Maunz-Dürig-Herzog*: Art. 5, Rdnr. 245—247.
[11] Vgl. *Reisnecker*: S. 130 ff.; *Füchtenbusch*: S. 60 ff.; *Kemper*: S. 59 ff.
[12] *Häntzschel*: HdStR II, S. 659.
[13] *Häntzschel*: HdStR II, S. 659/660.
[14] Formulierung von *Ridder*: Grundrechte II, S. 282.
[15] *Smend*: VVdStRL 4, S. 51; *Hellwig*, Grundrechte und Grundpflichten II, S. 24; anders aber *Scheuner*: VVdStRL 22, S. 80.

mit allen Verzweigungen in die Definition mit ein. Dem angeblichen Formalismus steht auch die Tatsache entgegen, daß sich die Versuche, das Sonderrecht durch Gliederung in inhaltlich bestimmte Gesetzesgruppen festzulegen, unter Bezugnahme auf Häntzschel entwickelt haben[16].

Rothenbüchers Formulierung unterscheidet sich von der Häntzschelschen inhaltlich nur im Hinblick auf die Gruppe der Sondergesetze. Danach soll ein Gesetz, das sich gegen die Äußerung *bestimmter* Meinungen richtet, verboten sein[17]; das Grundrecht sei gerade erkämpft gegen diejenigen, die eine Meinung wegen ihres konkreten Inhalts verboten hätten. Gegen diese Beschränkung der ursprünglichen Lehre Häntzschels ist einzuwenden, daß Eingriffe in Rechte des Art. 5 Abs. 1 GG ohne Rücksicht auf den Inhalt der Meinung einen noch größeren Freiheitsverlust bewirken und deshalb erst recht des verfassungsrechtlichen Verbotes bedürfen[18]. Dagegen entspricht das Verbot von „Richtungsgesetzen" gegen Meinung und Presse, das Häntzschel aus der Schranke der allgemeinen Gesetze folgert, sowohl dem, was man historisch unter ähnlichen Formeln (Art. 28 prVerf., § 20 RPG) verstand, wie auch der Entstehungsgeschichte des Grundgesetzes[19].

Die Problematik der Häntzschel'schen Auffassung beginnt dort, wo die geistige Zielrichtung der Meinung, um derentwillen der Freiheitsbereich eingerichtet sei, noch einmal in „ideelle Wirkung" und „Verletzung materieller Rechtsgüter" unterteilt wird[20]. Nach der Grundauffassung Häntzschels müssen auch Strafrechtsbestimmungen, wie die §§ 84, 92, 93, 100e, 103, 109d, 111, 166 StGB als Sonderrecht gegen Meinung bzw. Presse bezeichnet werden[21]. Diese Konsequenz will Häntzschel nicht ziehen; vielmehr meint er dort eine Grenze ziehen zu müssen, wo ein Übergang vom Gebiet des Überzeugens in das des unmittelbaren Handelns liegt und letzterem das Übergewicht zukommt. Ähnlich der amerikanischen „action-Lehre" zum 1. Amendment[22] sieht er diese Schwelle

---

[16] *Lerche:* Übermaß, S. 115, Grundrechte IV, 1, S. 474: Allgemeine Gesetze mit eingriffsgleicher Wirkung; *Bettermann:* JZ 1964, S. 603: Reflexmäßig treffende Gesetze.

[17] Ähnlich *Anschütz:* Kommentar, Art. 118 WRV, Anm. 3; BayrVerfGHE NF 4, II, S. 63 (76 ff.); RG JW 1930, S. 2139 f.; *von Mangoldt-Klein,* GG, Art. 5 Anm. IX 3 a.

[18] *Schüle:* Persönlichkeitsschutz, S. 64, sub. 4 a; vgl. auch *Smend:* VVdStRL 4, S. 53; *Löffler:* Presserecht, § 1 RPG, Rdnr. 37; *Häntzschel:* RPG, § 1 Anm. 9.

[19] Vgl. *Ridder:* Grundrechte II, S. 282; *Čopić:* Grundgesetz, S. 27, Fußn. 34.

[20] *Häntzschel,* HDStR II, S. 661.

[21] *Bettermann:* JZ 1964, S. 609.

[22] Dazu vgl. Roman *Schnur:* VVdStRL 22, S. 124, Fußn. 57; *Schwenk:* NJW 1962, S. 1322 ff.; W. E. *Hocking:* Freedom of the press, S. 122 ff.; *Brandwen:* S. 295; Justice William O. *Douglas* in: Königsberg State Bar of California, 366 US 36, 64 (1961) (dissenting opinion). Die Rede muß danach mit der Tat so eng verbunden sein, daß sie "has become a complex of speech and illegal action".

auch bereits bei Aufforderung und Anreizung zum Handeln überschritten[23]. Häntzschel übersieht nicht, daß auch diese Kategorisierung die Beleidigungstatbestände, die nach seiner Auffassung allgemeine Gesetze sind, nicht deckt. Er sieht sich deshalb zur Einführung einer weiteren Schranke gezwungen: des Maßes, das zur geistigen Überzeugung erforderlich ist[24]. Diese an der Effektivität der Meinungsäußerung ausgerichtete Begrenzung ist kaum überzeugend.

Andererseits führt auch die an Häntzschel geübte Kritik nicht weiter. Roman *Schnur* wirft Häntzschel vor, er habe dadurch, daß er einfache Gesetze von bestimmter Form (Anstiftung) oder bestimmtem Inhalt (Beleidigung) zulasse, dem Gesetzgeber eine Richtlinie gegeben, die a priori nicht bestünde. Da Häntzschel der Auffassung ist, daß die „allgemeinen Gesetze" auf der Linie der action-Lehre zu interpretieren seien, gibt für ihn die Verfassung selbst in Fällen der Anstiftung das von Schnur vermißte Leitbild. Die Problematik der Beleidigungsdelikte ist angesichts der Fassung des Art. 5 Abs. 2 GG insoweit [25] nicht mehr aktuell. Einen Beweis dafür, daß nach Häntzschels Lehre in einem von ihm angeführten Beispiel[26] die Bestrafung der Gotteslästerung (§ 166 StGB) verfassungsgemäß, eine Bestrafung desjenigen, der die Religion der Papuas verächtlich macht, jedoch bedenklich wäre, tritt Schnur gar nicht erst an, so daß seine „Widerlegung" der Häntzschel'schen Lehre kaum überzeugt[27]. Ähnlich fehl geht *Smends*[28] letztlich auf einem Aufsatz *Thomas*[29] beruhende Kritik, eine Einzelprüfung von Kriminalstrafrecht und Schranken der Pressefreiheit, wie sie Häntzschel fordert, sei deshalb unrichtig, weil die Kriminalstrafgesetze im Bewußtsein des Volkes lebendig seien und dem Schutz der Daseinsbedingungen der Gesellschaft überhaupt dienten. Wie die zahlreich erhobenen Zweifel anzeigen[30], ist dies für den Bereich des Staatsschutzrechts, zumindest was die Einzelausgestaltung der Bestimmungen betrifft, zweifelhaft, so daß eine Untersuchung jeder einzelnen Norm erforderlich scheint. Den pauschalen Vorwürfen, Häntzschels Lösung sei zu formal[31], steht ent-

---

[23] *Häntzschel:* HDStR II, S. 660, Fußn. 24.
[24] *Häntzschel:* a. a. O., S. 660, Fußn. 24.
[25] Zur Frage, ob die Beleidigungstatbestände des StGB durch den grundgesetzlich gesicherten Ehrschutz modifiziert werden, vgl. *Ridder:* JZ 1961, S. 539; ferner Wiener Vortrag, S. 21 ff.
[26] Das Beispiel stammt von *Smend:* VVdStRL 4, S. 58.
[27] *Schnur:* VVdStRL 22, S. 124 ff.
[28] *Smend:* VVdStRL 4, S. 52.
[29] *Thoma:* Verwaltungsrechtliche Abhandlungen, S. 214.
[30] Vgl. beispielhaft *Ridder* in: *Ridder-Heinitz:* S. 25; *Čopić:* Grundgesetz, S. 227 (228), 231, 238; *Willms:* S. 26 f.; *Richard Schmid* in: Die Zeit vom 4. 11. 1966, S. 32; 4. 3. 1966, S. 28.
[31] *Smend:* VVdStRL 4, S. 51; *Hellwig:* Grundrechte und Grundpflichten II, S. 24.

gegen, daß seine Deutung im Ergebnis freiheitlicher ist als die von Smend vertretene Gegenposition[32].

Die Mängel der Auffassung Häntzschels ergeben sich aus ihr selbst. Es bleibt dem Gesetzgeber möglich, eine Vielzahl von Vorschriften aufzustellen, die, obgleich „allgemeine Gesetze", die Presse in ihrem Kern treffen[33]. Ein Beispiel mag das verdeutlichen: Wenn ein Gesetz aus Sicherheitsgründen für Druckereibetriebe die Verwendung neuartiger Maschinen fordert und die Umstellung bei Vermeidung der Schließung innerhalb kurzer Fristen anordnet, kann es geschehen, daß ein solches im Hinblick auf die Betriebssicherheit ergangenes Gesetz den gesamten Pressebetrieb für eine bestimmte Zeit lahmlegt. Es sei unterstellt, daß dies auch der nicht zum Ausdruck gekommene Zweck des Gesetzes ist. Unter die von Häntzschel genannte Formel läßt sich der Fall nicht einordnen. Er zeigt, daß der Gesetzgeber es letztlich in der Hand hat, ob er sich Häntzschels Kategorien unterwerfen will oder nicht. Als ein weiteres von *Smend* angeführtes Beispiel[34] sei ein Gesetz genannt, das Angriffe jeder Art gegen die Reichsregierung unter besondere Strafe stellt. Nach Häntzschels Grundauffassung läge ein „allgemeines Gesetz" vor, weil nicht nur Meinung und Presse, sondern jeder Angriff in Form körperlicher Belästigung betroffen wäre.

C. Die Interpretation der „allgemeinen Gesetze" durch Smend

Smend[35] und ihm folgend *Hellwig*[36] interpretieren den Begriff der „allgemeinen Gesetze" aus einer geistesgeschichtlichen Gesamtschau der Grundrechte heraus. Da die Verfassung zu bestimmten geschichtlich bedingten Wertkonstellationen Stellung nehme, müsse die Auslegung eine entsprechende sein. Danach sind mit den „allgemeinen Gesetzen" die durch die Aufklärung entwickelten Werte, die konkurrierenden Rechte und Freiheiten der anderen — Sittlichkeit, öffentliche Ordnung, Staatssicherheit — gemeint.

Einer solchen Ausdeutung könnte zunächst der Wortlaut des Art. 5 Abs. 2 GG, der neben den allgemeinen Gesetzen im Unterschied zur

---

[32] *Anschütz:* WRV, Art. 118, S. 554, Fußn. 4.
[33] Vgl. die ähnliche Argumentation bei *Schnur:* VVdStRL 22, S. 125; *Hellwig:* Grundrechte und Grundpflichten II, S. 22; *Reisnecker:* S. 56.
[34] *Smend:* VVdStRL 4, S. 53.
[35] *Smend:* VVdStRL 4, S. 51 f.
[36] *Hellwig:* Grundrechte und Grundpflichten, S. 24; ebenso *Poetzsch-Heffter:* WRV, Art. 118, Anm. I, 3; *Huber:* AÖR NF 23, S. 20 ff.; *Westphalen-Fürstenberg:* S. 155 f.; *Koellreuter, Triepel, Kaufmann,* in: VVdStRL 4, S. 76 ff.; vgl. auch Eike *v. Hippel:* Grenzen und Wesensgehalt, S. 38.

WRV auch den Jugendschutz und das Recht der persönlichen Ehre nennt, widersprechen. Smends Aufassung zufolge, so meint *Bettermann*[37], seien auch persönliche Ehre und Jugendschutz höherrangige Werte. Der Verfassungsgeber hätte deshalb, wenn er der Smend'schen Auffassung habe folgen wollen, hinter die allgemeinen Gesetze das Wort „insbesondere" gesetzt. Wortlaut und Entstehungsgeschichte des Abs. 2, in den bis zur 3. Lesung des Hauptausschusses dieses Wort „insbesondere" eingefügt war[38], sprechen dem ersten Anschein nach für Bettermanns Auffassung. Man war sich bei Schaffung des Grundgesetzes jedoch ersichtlich nicht darüber klar, wie man den Begriff der „allgemeinen Gesetze" im einzelnen zu deuten hatte[39]. Deshalb kann man daraus, daß das Wörtchen „insbesondere" ohne besonderen Grund schließlich gestrichen wurde, nicht schließen, der Verfassungsgeber habe sich gegen die Smend'sche Auslegung ausgesprochen.

Smends Deduktion enthält entgegen Bettermanns Vorwurf[40] auch keinen Zirkelschluß. Denn es ist nicht so, daß seine Begriffsbestimmung nur dadurch erfolgen könnte, daß ein die Rechtsfolge rechtfertigender Tatbestand vorliegt[41]. Bei Smend ist als Tatbestandsmerkmal das Vorliegen eines wichtigen gesellschaftlichen Gutes, das einen höheren Rang als die Meinungsfreiheit hat, vorausgesetzt. Daß ein solches Gut das Grundrecht einschränke, ist aber nicht notwendige Folge der Höherrangigkeit, sondern beruht auf der Entscheidung des Verfassungsgebers, wie sie Smend in den „allgemeinen Gesetzen" erblickt.

Gegen Smend ist jedoch folgendes einzuwenden: Smend geht davon aus, daß eine allgemeine Schranke der Grundrechtsausübung stets anerkannt und nur immer von neuem anders formuliert worden sei[42]. Die Geschichte der Schranken von Meinung und Presse ist jedoch weit differenzierter, insbesondere gibt es auch Fälle absoluter Privilegierung[43]. Auf die Formulierung der Menschenrechte von 1789, auf die sich Smend beruft[44], folgte bald die Jakobinische Verfassung, die zu jener Gruppe gehört. Von einer „materiellen Allgemeinheit der Aufklärung", die, wie schon immer, so auch heute dem Grundrecht Schranken setze[45], kann man deshalb nicht sprechen.

---

[37] *Bettermann:* JZ 1964, S. 603; ebenso *Kemper:* S. 62.
[38] Vgl. JÖR NF 1, S. 73 ff.
[39] s. o. Kap. II, D.
[40] *Bettermann:* JZ 1964, S. 602; vgl. auch *Kemper:* S. 62.
[41] So *Smend* selbst: VVdStRL 4, S. 52 u. *Bettermann:* JZ 1964, S. 662; sowie *Kemper:* S. 62.
[42] *Smend:* VVdStRL 4, S. 51 unten.
[43] s. o. Kap. II A, 2, 4.
[44] *Smend:* VVdStRL 4, S. 52, Fußnote 1.
[45] *Smend:* VVdStRL 4, S. 51/52.

Schwerer als eine fragwürdige historische Sicht wiegen unter der Geltung des Grundgesetzes, das durch Art. 1 Abs. 3 GG den höheren Verfassungsrechtsrang im Verhältnis zum einfachen Gesetz eindeutig festgelegt hat[46], methodische Bedenken. Smend definiert, „allgemeine Gesetze" lägen dann vor, wenn das in den Gesetzen geschützte gesellschaftliche Gut wichtiger sei als die Meinungsfreiheit[47]. Er spricht sich also für eine Abwägung der durch einfache Gesetze geschützten Güter mit Meinungs- und Pressefreiheit aus. Gemeint muß auch hier das gesellschaftliche Gut sein, das in der verfassungsrechtlichen Verbürgung steckt. Denn eine Abwägung inhomogener, nämlich legalisierter und außerjuristischer Werte, ist nicht möglich.

Smend nimmt damit eine Wertung vor, die sich völlig im außerrechtlichen Raum bewegt, um dann das Ergebnis wieder in den verfassungsrechtlichen Bereich hereinzuholen. Das wichtige Verfassungsgut der Meinungs- und Pressefreiheit verträgt es jedoch nicht, als ein gesellschaftliches Gut unter anderen einer objektiven abstrakten Güterabwägung unterzogen zu werden. Durch den herausgehobenen gesetzlichen Rang, den auch Smend anerkennt[48], soll gerade klargestellt werden, daß ein grundsätzlicher Vorrang gegenüber den in einfachen Gesetzen geschützten Gütern besteht. Zwar ist *Triepel*, der Smends methodisches Vorgehen unterstützt[49], zuzugeben, daß es sich im Grundrechtsbereich oft um nichts anderes als legalisierte Wertungen handelt. Die Abwägung gesetzlich festgelegter Werturteile bleibt aber stets an die vom Gesetzgeber festgelegten Rangverhältnisse gebunden, d. h. es können nur Rechtsgüter abgewogen werden, die nach der objektiven Wertordnung der Verfassung als gleichrangig anzusehen sind[50]. Folgt man Smends Auffassung, hätte es der Verfassungsgeber versäumt, zwischen den widerstreitenden Interessen zu entscheiden[51], d. h. eine Rangordnung der Rechtsgüter zu bestimmen; in Wahrheit hat er jedoch die Verfas-

---

[46] *Leibholz-Rinck:* vor Art. 1—19, Rdnr. 4.

[47] *Smend:* VVdStRL 4, S. 52.

[48] Vgl. *Thoma:* Die Grundrechte und Grundpflichten I, S. 43, Fußnote 32. In der Weimarer Zeit war der höhere gesetzliche Rang der Verfassung durchaus anerkannt, streitig war nur die Frage des richterlichen Prüfungsrechts, das von den Gerichten (RGZ 111, S. 320 ff., Reichsversorgungsgericht Bd. 4, S. 168 ff.) bejaht wurde (vgl. *Thoma:* a. a. O., *von Hippel:* HDStR II, S. 552).

[49] *Triepel:* VVdStRL 4, S. 40; ähnlich *Scheuner:* VVdStRL 22, S. 80.

[50] Eike *von Hippel*, S. 40: Nicht der Charakter des nicht isoliert zu sehenden Freiheitsrechts, sondern allein die Verfassungsqualität verbietet eine Abwägung im Smend'schen Sinne. Eine ähnliche Argumentation klingt im neuesten Spiegel-Urteil des BundesverfGer. (BVerfGE 20, S. 162 ff.) an, wenn es dort im Zusammenhang mit der Problematik der „allgemeinen Gesetze" heißt (S. 176): Rechtsgüter anderer, wie der Allgemeinheit, die der Pressefreiheit *im Range mindestens* gleichkommen, müssen auch von ihr geachtet werden.

[51] *Bettermann:* JZ 1964, S. 602.

sungsqualität von Meinungs- und Pressefreiheit bestimmt, die nicht über den Umweg des gesellschaftlichen Gutes beseitigt werden kann, und eine Einschränkung bzw. (immanente) Schranke durch die „allgemeinen Gesetze" formuliert. Diese Gruppe von Gesetzen definiert Smend nicht[52].

Smends Auffassung selbst in der Weise auszudeuten, daß nur verfassungsmäßig gesicherte Güter mit Meinungs- und Pressefreiheit abgewogen werden könnten, ist nicht möglich[53]. Denn Smend zählt die Strafgesetze schlechthin[54] und das Gebiet der öffentlichen Sicherheit und Ordnung[55], also alle Polizeiverordnungen, die durch § 14 PVG gedeckt sind, zu den „allgemeinen Gesetzen". Daß dieses Recht insgesamt von der Verfassung gefordert sei, kann man nicht behaupten.

In ihrer gegen Smend gerichteten Kritik hat die Lehre seit der Weimarer Zeit[56] immer wieder auf die Gefahr der Relativierung, die in der Güterabwägungslehre liegt, hingewiesen[57, 58]. Der Verfassungsgeber habe eine so wichtige Abwägungsfrage kaum dem schwankenden Urteil von Gesetzgebung, Verwaltung und Rechtsprechung überlassen wollen[59]; die formale Struktur des auf Rechtssicherheit zielenden Grundgesetzes weise auf das Gegenteil hin[60]. Zudem bestehe die Gefahr, daß in der jeweiligen Entscheidung die Auffassung Smends generell dargelegt werde, aber nur dazu diene, den rein dezisionistischen Entscheid abzusichern, und damit zu einer Leerformel herabsinke[61]. Diese Bedenken

---

[52] *Kemper*: S. 62.
[53] So aber *Schnur*: VVdStRL 22, S. 125.
[54] *Smend*: VVdStRL 4, S. 52 im Anschluß an *Thoma*: Verwaltungsrechtliche Abhandlungen, S. 214. Man muß hier jedoch Smend gegen seine eigene allzu weite Schlußfolgerung in Schutz nehmen, durch die dem Gesetzgeber Tür und Tor zur Pönalisierung von Meinungen geöffnet würde. Entscheidend ist nach Smend, ob das im Strafgesetz enthaltene gesellschaftliche Gut wichtiger ist als das der Meinungsäußerung.
[55] *Smend*: VVdStRL 4, S. 52.
[56] *Häntzschel*: HDStR II, S. 661; *Gebhard*: WRV, Art. 118, Anm. 5 d; *Schmitt*: Verfassungslehre, S. 167.
[57] *Ridder*: Grundrechte II, S. 282; *Bettermann*: JZ 1964, S. 602; *Jellinek*: VVdStRL 4, S. 83; *Lerche*: Übermaß, S. 150; *Füchtenbusch*: S. 64 f.; *Copić*: Grundgesetz, S. 23 f.; *Kemper*: S. 62.
[58] Nicht überzeugend ist das aus Häntzschels Auffassung von *Reisnecker* (S. 138) gegen Smend hergeleitete Argument, solange der Kampf der Meinungen mit rein ideellen Mitteln infrage stehe, könne überhaupt keine Güterabwägung stattfinden. Denn eine Grenzziehung zwischen rein geistigem Bereich und gleichzeitiger Verletzung oder unmittelbarer Gefährdung fremder Rechte, ist schon im Ansatz problematisch, s. o., S. 46 f.; ferner *Schnur*: VVdStRL 22, S. 125.
[59] *Ridder*: Grundrechte II, S. 282; *Füchtenbusch*: S. 63.
[60] *Lerche*: Grundrechte IV 1, S. 474.
[61] *Schnur* VVdStRL 22, S. 127—128; *Anschütz* (WRV, S. 504, Fußn. 4) meint, die Lösung Smends trage im Gegensatz zu Häntzschels Formel den Keim einer weniger freiheitlichen Lösung in sich.

könnten, soweit sie nicht aus grundsätzlichen Vorbehalten gegenüber der Ideologie des Juristenstandes[62] herrühren, durch eine verfeinerte Grundrechtsdogmatik und Präjudizienrechtsprechung weitgehend ausgeräumt werden. Es bleibt der Einwand, daß eine abstrakte Güterabwägungslehre im Sinne Smends die rangmäßigen Unterschiede von Verfassungsnorm und einfachem Recht generell auflöst.

---

[62] So bei *Čopić:* Grundgesetz, S. 25.

Kapitel IV

Kritische Betrachtung der heutigen Lehrmeinungen

A. Einleitung und Übersicht

Unter der Geltung des Grundgesetzes ist die Lehre zum Begriff der „allgemeinen Gesetze" von der Frage geprägt, ob allen oder wenigstens einem Teil der Freiheiten des Art. 5 Abs. 1 GG eine andere Funktion als die des liberalen Freiheitsrechts zugesprochen werden muß und folglich auch die generellen Schranken des Art. 5 Abs. 2 GG eine andere Bedeutung erhalten.

Es lassen sich zwei Gruppen bilden, die diese Frage bejahen. Die erste unterscheidet zwischen privater Meinungsäußerung, für die keine von der bisherigen Interpretation abweichende Meinung vertreten wird, und Beiträgen zum Prozeß der öffentlichen Meinungsbildung, wo Meinungs- und Pressefreiheit plebiszitäre Wirkungen zukommen. Hier erhalten sie eine aktive Funktion[1] in Form eines status politicus[2]. Als Vertreter dieser Lehre sind *Ridder*[3], *Čopić*[4] und — eingeschränkt — *Noltenius*[5] zu nennen.

Die zweite Gruppe, zu der insbesondere *Hamel*[6], *Häberle*[7], *Reisnecker*[8] und z. T. *Scheuner*[9] zu zählen sind, setzt an die Stelle des status negativus, der nur ein Freisein vom allmächtig gedachten Staat auf bestimmten Bereichen bedeutet, das gemeinschaftsbezogene Grundrecht des Grundgesetzes[10]. Die Einteilung in Rechte des status negativus, activus und positivus, in Instituts- und institutionelle Garantien bezeichnet sie

---

[1] *Ridder:* Grundrechte II, S. 259; vgl. auch *Scholler:* S. 190; *Mallmann:* S. 19.
[2] *Ridder:* JZ 1960, S. 451; *Čopić:* Grundgesetz, S. 98 und passim; *Noltenius:* S. 92/93; vgl. auch *Schüle:* Persönlichkeitsschutz, S. 19.
[3] *Ridder:* Grundrechte II, S. 252 ff. (259).
[4] *Čopić:* Grundgesetz, S. 31.
[5] *Noltenius:* S. 91 ff. (93).
[6] *Hamel:* S. 20 und passim.
[7] *Häberle:* Wesensgehaltgarantie, S. 51 u. passim.
[8] *Reisnecker:* S. 113 ff., vgl. auch *Giese*, 4. Aufl., S. 11 f.; *Hesse:* Grundzüge, S. 110 ff.
[9] *Scheuner:* VVdStRL 22, S. 40 ff.
[10] *Hamel:* S. 20.

als verfehlt. Jedes Grundrecht wird, ruhend in Art. 1 GG, zum Institut der Verfassung. Seine Schranken bestimmen sich im Hinblick auf die Erfordernisse der Gemeinschaft[11]. Die im einzelnen unterschiedlichen Lösungen bewegen sich von einer vorsichtigen Limitierung der Freiheitsrechte unter Verwertung auch der Gedanken *Häntzschels* bei *Scheuner* bis zu einer Reduzierung auf die grundgesetzliche Garantie des Wesensgehalts bei *Häberle*[12].

Im Gegensatz zu diesen Lehrmeinungen betont eine dritte Gruppe den Charakter des Art. 5 Abs. 1 GG als negatives Freiheitsrecht[13]. Sie schließt sich bei der Auslegung der „allgemeinen Gesetze" den Auffassungen der Weimarer Zeit an[14] und bedarf deshalb keiner weiteren Behandlung oder kommt, wie *Schnur*[15], zu einer Lösung, die auf die rechtliche Bedeutungslosigkeit der allgemeinen Gesetze hinausläuft. Zu dieser Gruppe zählen auch *Kemper*, *Bettermann* und *Lerche*, die ohne z. T. ihre Auffassung von den Rechten des Art. 5 Abs. 1 ausdrücklich darzulegen[16], die Lehren der Weimarer Zeit zu einer eigenen Inhaltsbestimmung fortentwickeln. Ihre Auffassung soll zunächst behandelt werden.

B. Die Auffassungen von Kemper, Bettermann und Lerche als Fortentwicklung der Lehren der Weimarer Zeit

1. Kemper, Bettermann

Kemper und *Bettermann*[17] sehen in der Formel der allgemeinen Gesetze einen Ausdruck des Gleichheitssatzes. Die Presse sei den gleichen allgemeinen Bedingungen unterworfen wie jede andere Betätigung im Staate auch[18]. Daraus zieht Bettermann folgerichtig den Schluß, daß

---

[11] *Hamel*: S. 20 f., 41.

[12] *Scheuner*: VVdStRL 22, S. 80 ff.; *Häberle*: Wesensgehaltgarantie, S. 51 und passim.

[13] *Kemper*: S. 25; *Schnur*: VVdStRL 22, S. 101; *Stern*: Der Politologe, Sommer 1963, S. 5 (6); *von Mangoldt-Klein*: Vorbemerkung A III, Art. 5, Anm. II, 3.

[14] *Von Mangoldt-Klein*: Art. 5, Anm. II, 3; *Wernicke* in BK, Art. 5, Anm. II, 2 b; *Füchtenbusch*: S. 79; *Hesse*: Grundzüge, S. 152 (mit modifizierter Grundrechtsauffassung); *Giese*: 4. Aufl., Anm. 6 zu Art. 5 mit leicht abgewandelter eigener Formel.

[15] *Schnur*: VVdStRL 22, S. 130 ff.

[16] Nämlich *Bettermann* (vgl. JZ 1964, S. 601 ff.) und *Lerche* (Grundrechte IV, 1, S. 474 ff.), wenngleich bei *Lerche* ein Zug zum Institutionellen besteht (vgl. Übermaß, S. 94, 320 f., 61 ff.). In Rechtsprobleme des Werbefernsehens spricht sich Lerche für eine „institutionelle oder doch quasiinstitutionelle Garantie der Pressefreiheit" aus.

[17] *Kemper*: S. 67, 88, 89; *Bettermann*: JZ 1964, S. 604; vgl. auch *Wilke*: S. 89, Fußn. 5.

[18] *Bettermann*: JZ 1964, S. 604; *Kemper*: S. 67.

Besonderheiten von Presse und Meinung auch Sonderrecht für ihren Bereich zulassen und fordern[19]. Dieses Sonderrecht könne, um Diskriminierungen der Presse zu vermeiden, begünstigender Natur sein[20]. Es könnten aber auch belastende Vorschriften ergehen, da die „allgemeinen Gesetze" nur eine Privilegierung der Presse, nicht aber eine beschwerende Sonderbehandlung verhindern wollten[21].

Kemper und Bettermann verkehren Häntzschels Auffassung, von der sie ausgehen, in ihr Gegenteil. Dem Gedanken der im Allgemeinen steckenden Gleichheit wird dort nämlich nur dann Beachtung geschenkt, wenn sich die Grundrechtsträger nicht im speziellen Kommunikationsbereich, den das Grundrecht gewährleistet, bewegen[22]. Wie die Entstehungsgeschichte des Grundrechts zeigt, sollten Meinung und Presse durch die „allgemeinen Gesetze" eine Privilegierung erhalten. Eine grundrechtsfreundliche Auslegung sollte gesichert werden[23]. Es ist deshalb nicht Sinn dieser Formel, gleichheitsverletzende Gesetze zu verbieten[24], die schon durch Art. 3 GG untersagt sind. Der Auffassung Kempers und Bettermanns steht insbesondere die hervorragende Bedeutung der Freiheiten des Art. 5 Abs. 1 GG für das Funktionieren eines demokratischen Staates westlicher Prägung[25] entgegen. Sie ist schlicht pressefeindlich[26]. Ihre Fragwürdigkeit zeigt sich auch dann, wenn in der Verfassung nicht limitierten Rechten, etwa Art. 4 Abs. 1 GG, in diesem Sinne interpretierte allgemeine Gesetze als Schranken gesetzt werden, wie dies Bettermann tut[27]. Die Durchschlagskraft des Gleichheitssatzes zerstört dann auch die besondere Privilegierung derartiger Freiheiten. Das differenzierte Schrankensystem der Grundrechte zeigt, daß das nicht richtig sein kann[28]. Die Antinomie zwischen grundrechtlicher Freiheit und allgemeiner Rechtsordnung, die Kemper und Bettermann mit den „allgemeinen Gesetzen" lösen wollen, ist eine Frage der Überschneidung und Kollision von Grundrechten[29].

---

[19] Beispiele *Bettermanns* (a. a. O., S. 611): besondere Vorschriften der Pressegesetze und Strafbestimmungen im Staatsschutzrecht (einschränkend jedoch für bestimmte Spezialregelungen).
[20] *Bettermann*: JZ 1964, S. 610, führt das Beispiel der kurzen Verjährung der Pressedelikte an (vgl. z. B. § 25 Pressegesetz NRW).
[21] *Bettermann*: JZ 1964, S. 609.
[22] *Häntzschel*: HDStR II, S. 659; vgl. auch *Čopić*: Grundgesetz, S. 27.
[23] *Ridder*: Grundrechte II, S. 282; *Čopić*: Grundgesetz, S. 27, Fußn. 27.
[24] *Schnur*: VVdStRL 22, S. 125, Fußn. 60 a. E.
[25] dazu BVerfGE 7, S. 198 ff.
[26] *Čopić*: Grundgesetz, S. 27, Fußn. 34.
[27] *Bettermann*: JZ 1964, S. 604.
[28] Für die Freiheit der Kunst ebenso *Ridder*: Freiheit der Kunst, S. 12; *Erbel*: S. 117; ferner *Rüfner*: Der Staat 1968, S. 56, Fußn. 96, der im übrigen *Bettermann* folgt; a. A. *Knies*: S. 257 ff.
[29] Ebenso *Erbel*: S. 140 ff., wenn er die strafrechtlichen Schranken der Kunstfreiheit nicht aus den „allgemeinen Gesetzen", sondern aus Art. 2 Abs. 1 GG herleitet; a. A. z. T. *Rüfner*: Der Staat 1968, S. 54 ff.

2. Lerche

Lerche stellt für den Begriff der „allgemeinen Gesetze" zunächst die positive Forderung auf, allgemeine Gesetze könnten nur Reflexgesetze, d. h. die Rechtsgüter des Art. 5 Abs. 1 berührende und nicht sie verfolgende Gesetze sein[30]. Damit knüpft er an die Gedanken Häntzschels an. Er geht darüber hinaus, wenn er den Charakter des Allgemeinen auch dann leugnet, wenn das Ausmaß der reflexiven Berührung einem direkten Eingriff in das Recht gleichzuachten ist (eingriffsgleiche mittelbare Beschränkung). Ein weiteres Kriterium, das in erster Linie aus dem zu beurteilenden Gesetz zu entnehmen sei, bestehe darin, daß „allgemeine Gesetze", anders als etwa die Schrankenbestimmungen in Art. 11 Abs. 2, 13 Abs. 4 GG, nur reflexive Gesetze ohne individualisierenden Charakter sein könnten. Das bedeutet, daß nach Lerches Auffassung ein Gesetz dann nicht allgemein ist, wenn in dem einfachen Gesetz die Rechte des Art. 5 Abs. 1 GG und ein spezielles schutzwürdiges Gut gegenübergestellt werden und letzterem der Vorrang eingeräumt wird. Das grundrechtliche Rechtsgut erhalte dann stets das Übergewicht[31]. Schließlich müsse ein allgemeines Gesetz Rechtsgüter schützen, die allgemein anzuerkennenden (gültigen) Vorstellungen entsprächen[32].

Betrachtet man zunächst das von Lerche herangezogene Merkmal der Eingriffsgleichheit, so zeigt sich, daß eine solche Parallele zum verfassungsrechtlichen Vermögensschutz[33] nicht zu einer Bestimmung der „allgemeinen Gesetze" beitragen kann[34]. Meinungsbeschränkende Gesetze treffen in der Regel die oder eine „Allgemeinheit" von Informationsmedien, so daß sich die Anwendung einer Sonderopfertheorie verbietet. Auch das Begriffspaar Sozialpflichtigkeit — Privatnützigkeit (*Reinhardt*) läßt sich hier nicht anwenden. Während nämlich die privaten Vermögensrechte vom einzelnen im Hinblick auf die Vorteile, die sie bieten, betrachtet werden[35], geht den Meinungsrechten eine „Privatnützigkeit" weitgehend ab. Ist dies, wie bei der Verlegerfreiheit, anders, führt die Anwendung des Kriteriums zu einer Wertung des Gehaltes, den man Art. 5 Abs. 1 GG zuspricht. Die allgemeinen Gesetze laufen leer. Das gleiche gilt dann, wenn man die reflexiven Gesetze daraufhin über-

---

[30] *Lerche:* Grundrechte, IV, 1, S. 474 sub aa; Übermaß, S. 115.

[31] *Lerche:* Grundrechte IV, 1, S. 475.

[32] *Lerche:* Grundrechte IV, 1, S. 475.

[33] *Lerche* zieht ausdrücklich diese Parallele in Grundrechte IV, 1, S. 476; vgl. auch Übermaß, S. 115.

[34] Einen Überblick über die zur Bestimmung des enteignungsgleichen Eingriffs vertretenen und im folgenden herangezogenen Theorien gibt *H. J. Wolff:* Verwaltungsrecht I, S. 428 ff.

[35] Vgl. *Renner:* Rechtsinstitute des Privatrechts, S. 79, 81.

prüft, was — ihre Gültigkeit unterstellt — vom Grundrecht übrigbleibt oder wie schwer sie sich auf die Rechte des Art. 5 Abs. 1 GG auswirken.

Der Auffassung Lerches, individualisierende Gesetze könnten keine zulässige Meinungsbeschränkung sein, steht entgegen, daß der Gesichtspunkt des Allgemeinen in einem Individualgesetz die gleiche Bedeutung haben kann wie in einem Gesetz, dem es nicht speziell um Freiheiten des Art. 5 Abs. 1 GG geht. So wäre, um ein Beispiel zu nennen, ein Gesetz, das aus bautechnischen Gründen den weiteren Betrieb eines Senders untersagt, in gleicher Weise allgemein, wie wenn es Gebäude irgendwelcher Art beträfe. Ferner spricht der Aufbau verschieden abgestufter Gesetzesvorbehalte bei Grundrechten — von der Einschränkungsmöglichkeit in bestimmten Fällen (Art. 11 Abs. 2, Art. 13 Abs. 3 GG) über eine allgemein gefaßte Schranke (Art. 5 Abs. 2 GG) bis zum allgemeinen Gesetzesvorbehalt (Art. 10 Satz 2 GG) — dafür, daß das individualisierende Gesetz andere, nämlich geringere Eingriffsmöglichkeiten bietet als das allgemeine Gesetz.

In der Forderung schließlich, das Reflexivgesetz müsse allgemeingültige Vorstellungen spiegeln, steckt das Ergebnis einer bereits stattgefundenen Abwägung der Rechtsgüter des Art. 5 Abs. 1 GG mit denen des Reflexivgesetzes; anders gewendet: die in einer Formel *Kaufmanns*[36] ausgedrückte Auffassung *Smends*, die den Rang des Verfassungsgesetzes unberücksichtigt läßt[37].

C. Systematische Bezugspunkte der „allgemeinen Gesetze", insbesondere zu Art. 140 GG i. V. Art. 137 Abs. 3 WRV

Führt die Betonung des Gleichheitsgedankens und *Lerches* eklektizistischer Vorschlag nicht zu einer überzeugenden Inhaltsbestimmung der „allgemeinen Gesetze", liegt es nahe, nach weiteren Bezugspunkten im System der Verfassung zu suchen.

Art. 19 Abs. 1 GG („das Gesetz muß *allgemein* und nicht nur für den Einzelfall gelten") führt nicht weiter, da es bei Art. 5 GG in erster Linie um die Frage geht, inwieweit Gesetze, die die Rechte des Abs. 1 einschränken, überhaupt zulässig sind. Auch eine vor allem von *Klein*[38] und

---

[36] *Kaufmann:* VVdStRL 4, S. 81.
[37] s. o. Kap. III, C; zu der Möglichkeit, *Häntzschels* und *Smends* Auffassungen in einer Formel zusammenzufassen, worauf *Lerches* Lehre hinausläuft, vgl. bereits *Ridder:* Grundrechte II, S. 282.
[38] *von Mangoldt-Klein:* Vorbem. B X, S. 107 ff.; Vorbem. B XV, S. 120 ff.; daneben vgl. *Scheuner:* DÖV 1956, S. 65 ff. (69 ff.); für die ältere Lehre den Überblick bei *Lerche:* Übermaß, S. 100 f.

Lerche[39] neu belebte Schrankensystematik im Grundrechtsbereich, nach der die „allgemeinen Gesetze" eine „verfassungsmittelbare Vorbehaltsschranke"[40] bzw. „grundrechtsprägende Normen"[41] darstellen, kann, da sie im wesentlichen[42] nur verschiedene Arten von Gesetzesvorbehalten aufgliedert, keine konkrete Hilfe geben.

Dagegen bedarf der Hinweis[43] auf die *für alle geltenden Gesetze*, denen auf Grund des rezipierten Art. 137 Abs. 3 WRV die Religionsgesellschaften bei der selbständigen Ordnung und Verwaltung ihrer Angelegenheiten unterworfen sind, einer eingehenderen Behandlung. Denn auch dort soll ein Bezirk, der sich nach der Vorstellung des Verfassungsgebers frei entfalten können soll[44], der als Komplementärinstitut[45] zur Religionsfreiheit des Art. 4 GG gedacht werden kann, in das allgemeine Normengefüge eingebaut werden.

Die Religionsgesellschaften besitzen jedoch eine eigenständige, nicht vom Staat abgeleitete Gewalt[46], sie sind nicht dem Staat untergeordnete Verbände[47], sondern ihm koordiniert[48] und damit aus seiner Allumfassenheit entlassen. Diese — hinsichtlich der eigenständigen kirchlichen Gewalt unbestrittene[49] — Stellung der Religionsgesellschaften beeinflußt die Interpretation des „für alle geltenden Gesetzes".

Teilweise wird vertreten, die Formel sei überhaupt hinfällig und nicht Bestandteil des Grundgesetzes geworden[50], eine Auffassung, die ange-

---

[39] *Lerche*: Übermaß, S. 98 ff.

[40] *von Mangoldt-Klein*: Art. 5, Anm. IX, 3.

[41] *Lerche*: Übermaß, S. 112, 114.

[42] Daß die *Grundrechtsprägung* als eine „Bauform der Begrenzung" im Gegensatz zum *Eingriff* steht (*Lerche*: Übermaß, S. 99, 185 ff.), stellt in der Folge keinen Unterschied dar: garantiert ist, was vom Grundrecht nach Determination oder Einschränkung übrigbleibt (ebenso *von Mangoldt-Klein*: Vorbem. B XV 1 b, S. 122).

[43] Vgl. etwa *Bettermann*: JZ 1964, S. 604: *Hamel*: S. 46; *Krüger*: DÖV 1961, S. 727; *Quaritsch*: Der Staat 1962, S. 294; H. *Weber*: JUS 1967, S. 433 (440).

[44] *Ridder*: Staatslexikon 4, Spalte 1023; *Hering*: S. 88.

[45] Dazu vgl. Carl *Schmitt*: Verfassungsrechtliche Aufsätze, S. 173 (speziell zur Presse als Komplementärinstitut); zum Begriff des Komplementärinstituts vgl. *Renner*: S. 200 ff.

[46] H. *Weber*: Religionsgemeinschaften, S. 33, 35; *Quaritsch*: Der Staat 1962, S. 320; *Hesse*: Rechtsschutz, S. 78; *Ebers*: S. 388.

[47] *Anschütz*: WRV, zu Art. 137, Ziff. 4.

[48] *Ridder*: Staatslexikon 4, Spalte 1027; *Hesse*: Rechtsschutz, S. 70 ff. (74 ff.); a. A. *Weber*: Religionsgemeinschaften, S. 35 ff.; *Krüger*: DÖV 1961, S. 727.

[49] *Weber*, a. a. O., S. 35 ff.; *Krüger*: DÖV 1961, S. 727 u. *Quaritsch*: Der Staat, S. 296 ff. sprechen sich lediglich gegen eine Koordinierung von Kirche und Staat aus.

[50] *Holtkotten* in BK, Art. 140 GG, Anm. II, 3; weitere Angaben bei *Weber*: a. a. O., S. 35, Fußn. 22.

C. Systematische Bezugspunkte der „allgemeinen Gesetze"

sichts des klaren Verfassungswortlautes und der notwendigen Verschränkung zweier eigenständiger Gewalten in einem Herrschaftsbereich für Art. 137 Abs. 3 WRV und erst recht für Art. 5 Abs. 2 GG abzulehnen ist.

Eine weitverbreitete Auffassung knüpft an Johannes *Heckel*[51] an und versteht unter dem „für alle geltenden Gesetz" nur ein von der bürgerlichen Gesellschaft als unentbehrlich angesehenes Gesetz. Der Bundesgerichtshof hat diese Grenze noch weiter hinausgeschoben und spricht von „Normen elementaren Charakters" und „für unseren sozialen Rechtsstaat unabdingbaren Postulaten"[52]. Geht man Heckels Deutung nach, so zeigt sich, daß sie einer historisch-soziologischen Untersuchung des Verhältnisses Staat — Kirche entspringt. „Allgemeines Recht" oder „bürgerliches Gesetz", denen die Kirche im 19. Jahrhundert unterworfen worden sei, hätten sie einerseits vor ungedecktem Verwaltungshandeln geschützt[53], seien aber andererseits Ausdruck der dem Staate zugeschriebenen cura religionis gewesen. Zur Zeit des Kulturkampfes habe sich diese Auffassung als untauglich erwiesen. Die Formulierung der Weimarer Verfassung sei deshalb als Abkehr vom Prinzip des allgemeinen Gesetzes, als Hinwendung zu einer Schranke, die an die bürgerliche Gesellschaft selbst appelliere[54], zu verstehen.

Diese Darstellung Heckels wird durch die Entstehungsgeschichte des Art. 137 Abs. 3 WRV bestätigt. Entgegen dem Entwurf von *Preuss* und dem Antrag von *Kahl*, die sich für die überkommene Formel der „allgemeinen Gesetze" aussprachen, sowie dem Antrag von *Meerfeld*, der einen allgemeinen Gesetzesvorbehalt befürwortete, wurde damals die noch heute gültige Fassung gewählt[55]. Dieser Wortlaut sollte erklärtermaßen verhindern, daß unter dem Mantel der „allgemeinen Gesetze" wieder weitgehende Eingriffe in die kirchliche Selbstverwaltung versucht würden[56].

---

[51] *Heckel:* Verwaltungsarchiv 37, S. 284; Festschrift *Kaufmann:* S. 99/100; *Hesse:* Rechtsschutz, S. 139; BGHZ 22, S. 383 (387); 34, S. 372 (373 ff.) = JZ 1961, S. 449 ff. mit Anm. *Hesse;* VG Hannover/Hildesheim, NJW 1963, S. 2338.

[52] BGHZ 34, S. 372 ff.; Eine Übersicht über die im Anschluß an *Heckel* entstandenen Auffassungen gibt *Hering:* S. 88 ff.

[53] *Heckel* in Besprechung von Walter *Göbell:* Die rheinisch-westfälische Kirchenordnung. ZRG, 67. Bd. Kanonische Abt. 36 (1950), S. 469 ff. (481); vgl. auch Heckel, Festschrift *Kaufmann,* S. 99: Die Formel der „allgemeinen Gesetze" tauchte zuerst in § 147 der RV von 1849 auf.

[54] *Heckel:* Festschrift Kaufmann, S. 100.

[55] VA 206, 208.

[56] Vgl. *Mausbach:* Kulturfragen, S. 647; Rechtsstellung, S. 135 ff.; J. *Schmitt:* Kirchliche Selbstverwaltung, S. 92 ff.; *Beyerle:* S. 159; *Lilienthal:* S. 16 ff.; *Stier-Somlo:* Reichs- u. Landesstaatsrecht, S. 498; *Ebers:* Grundrechte u. Grundpflichten II, S. 399; a. A. H. *Weber:* Religionsgemeinschaften, S. 49, Fußn. 40.

Da Heckel dem „für alle geltenden Gesetz" ausdrücklich eine andere Bedeutung als den „allgemeinen Gesetzen" zuschreibt, würde eine Übertragung seiner Formel auf Art. 5 Abs. 2 GG seiner eigenen Auffassung widersprechen[57]. Sie läßt sich auch aus folgenden Gründen nicht vertreten: Heckels Auffassung stützt sich auf die Eigenständigkeit der Religionsgesellschaften[58], die es zu schützen gilt. Die Meinungsrechte einschließlich der Presse und des Rundfunks besitzen jedoch keinen eigenrechtlichen Bereich. Allein der Rundfunk ordnet in der Form öffentlich-rechtlicher Anstalten seine eigenen Angelegenheiten selbständig nach Satzung und Gesetz. Aber auch diese Befugnis ist mit der ursprünglichen Kirchengewalt nicht vergleichbar. Zudem ist die Formel Heckels unpraktikabel, weil sich mit ihr kaum die Bindung an Zollgesetze, Bau- und Verkehrsvorschriften begründen ließe[59], deren Charakter als „allgemeine Gesetze" man nicht in Frage stellen kann.

Den gleichen grundsätzlichen Bedenken steht eine Übertragung der Auffassungen entgegen, die in dem „für alle geltenden Gesetz" das Gebot des Aushandelns der Beschränkungen der Religionsgesellschaften, das Prinzip einer *freiwilligen* Unterwerfung unter die Erfordernisse der staatlichen Gemeinschaft sehen wollen[60]. Die Grundlagen und der Grund der Koordinierung, die das Ausmaß der Verbindlichkeit der Religionsgesellschaften bestimmen sollen[61], finden bei den Meinungsrechten nichts Entsprechendes, weil es dort im staatsrechtlichen Sinne keine Koordinierung gibt.

Schließlich ist die Lehre zu untersuchen, die zwischen einem innerkirchlichen Bereich, in den der Staat nicht hineinzureden habe, und der Betätigung im Außenbereich gesellschaftlichen Zusammenwirkens unterscheidet[62]. Der innerkirchliche Bereich ist danach dem staatlichen Gesetz verschlossen. Das läßt sich allein unter Hinweis auf die Garantie des Selbstbestimmungsrechts der Religionsgemeinschaften und die abso-

---

[57] So ausdrücklich *Heckel:* Festschrift *Kaufmann:* S. 100; Verwaltungsarchiv 37, S. 284.

[58] Das tritt besonders klar bei *Scheuner:* ZevKR 3, S. 357, der sich *Heckel* anschließt, hervor.

[59] *Hering:* S. 94; H. *Weber:* Religionsgemeinschaften, S. 39.

[60] So etwa *Hesse:* Rechtsschutz, S. 70 ff. (74 f.); *Ridder:* Staatslexikon 4, Spalte 1028; weitere Nachweise bei *Hering:* S. 89, *Weber:* Religionsgemeinschaften, S. 36.

[61] *Ridder:* Staatslexikon 4, Spalte 1028.

[62] *Mikat:* Die Grundrechte IV, 1, S. 175 ff. (178); *Weber:* a. a. O., S. 38 mit weiteren Nachweisen ebendort, Fußn. 34. Daß das „für alle geltende Gesetz" vor dem innerkirchlichen Bereich haltzumachen hat, hat Weber (a. a. O., S. 38) unter Hinweis auf die Garantie des Selbstbestimmungsrechts der Religionsgemeinschaften und Art. 4 Abs. 1 GG überzeugend gegen *Hering* (S. 93) und *Hesse* (Rechtsschutz, S. 92) nachgewiesen.

lute Garantie des Art. 4 GG begründen[63]. Begründung und Folge erlauben auch hier keine Parallele zu Art. 5 Abs. 2 GG.

Eine Deutung der „allgemeinen Gesetze" im Systemzusammenhang mit Art. 140 GG i. V. Art. 137 Abs. 3 WRV ist deshalb nicht möglich[64].

D. Die Auffassung Schnurs

Unter denen, die den Charakter der Rechte des Art. 5 Abs. 1 GG als Freiheitsrechte des Individuums betonen, ist *Schnur* deshalb besonders zu nennen, weil er die bisherigen Versuche, die „allgemeinen Gesetze" zu bestimmen, als nicht zutreffend oder als Leerformeln herausstellt[65], selbst jedoch darauf verzichtet, diese Formel inhaltlich auszufüllen. Vielmehr meint er, die Leitvorstellung der Verfassung von den Schranken speziell der Pressefreiheit aus der geschichtlichen Situation[66] und dem vorkonstitutionellen Gesetzesrecht[67] entwickeln zu können. Es komme dabei nur auf die Ermittlung des Kerns der Idee der Pressefreiheit an, weil dem Gesetzgeber genügend Bewegungsfreiheit für die Ausgestaltung der Rechtsordnung gelassen werden müsse[68]. Damit ist an die Stelle der „allgemeinen Gesetze" die Bestimmung des Wesensgehaltes des Grundrechtes getreten[69].

Schon der Ausgangspunkt Schnurs steht mit dem Grundgesetz nicht in Einklang. Eine grundsätzliche[70] Vermutung, der Verfassungsgeber habe den Regelungsmodus der vorkonstitutionellen Gesetze und damit auch deren Beschränkungen in seine Leitbild- und Kernvorstellung von der Pressefreiheit aufgenommen, hebt Art. 123 GG auf. Denn dort ist vorausgesetzt, daß sich die übrigen Artikel ohne eine generelle Bezugnahme auf vorkonstitutionelles Recht bestimmen lassen. Nach

---

[63] Vgl. *Weber:* Religionsgemeinschaften, S. 38.

[64] Auch in der Weimarer Zeit wurden keine Beziehungen zwischen den Schranken der Art. 137 Abs. 3 WRV und Art. 118 WRV gesehen, zumal die h. L. im Falle des Art. 137 Abs. 3 WRV auch den Erlaß von besonderen, nur für die Religionsgesellschaften oder einzelne von ihnen bestimmten Gesetzen (*Anschütz:* WRV Art. 137, Anm. 5; einschränkend J. *Schmitt* AÖR 42, S. 1 ff.; *Ebers:* Grundrechte und Grundpflichten II, S. 400) und die Staatsaufsicht über die Kirchen (vgl. *Schön:* Verwaltungsarchiv 29, S. 20) für zulässig erachtete, während man derartige Einwirkungen gegenüber der Presse gerade ablehnte (*Anschütz:* WRV Art. 118, Anm. 3).

[65] *Schnur:* VVdStRL 22, S. 122 ff.

[66] *Schnur:* a. a. O., S. 130.

[67] *Schnur:* a. a. O., S. 131 ff., 153.

[68] *Schnur:* VVdStRL 22, S. 131.

[69] *Schnur:* a. a. O., S. 157, Leitsatz II, 1, S. 200; *Leisner:* VVdStRL 22, S. 179/180.

[70] Im Einzelfall will *Schnur* die Sperrfunktion des Art. 123 GG erhalten, ohne dies näher auszuführen, vgl. S. 133, Fußn. 81, S. 200.

Schnurs Auffassung wäre das Grundrecht der Pressefreiheit nur nach Maßgabe des vorkonstitutionellen Rechts gewährleistet[71]. Sein Hinweis auf *Lerche*[72] geht fehl. Denn dieser stellt allein auf die unterverfassungsrechtlichen vorkonstitutionellen *Berechtigungen* ab, die zusammengenommen und auf ihren Grundgehalt reduziert das unbedingt geschützte Institut ergeben sollen[73].

Der Reduzierung des Grundrechts auf den Wesensgehalt widersprechen die verschieden formulierten Schranken und Eingriffsmöglichkeiten im Grundrechtsteil der Verfassung bis hin zur Wesensgehaltgarantie des Art. 19 Abs. 2 GG[74]. Zudem wird hier eine aus der Verfassung zu entnehmende Schranke der Freiheit aus ihr selbst interpretiert, eine Methode, gegen die sich Schnur an anderer Stelle selbst wendet[75], weil sie den Freiheitscharakter der grundrechtlichen Betätigung selbst aufgebe. Wenn Schnur schließlich als Bestandteil des Wesensgehalts auch Normen bezeichnet, die von der Verfassung zugelassene Gemeinschaftsgüter gegen die Pressefreiheit schützen[76], entfernt er sich nicht nur von seiner individualrechtlichen Grundposition, indem er auch Beschränkungen in den Wesensgehalt einbezieht[77], sondern formuliert diesen auch auf ein Mindestmaß des Gemeinverträglichen herab. Denn die Verfassung läßt alle Gesetze zu, die Gemeinschaftsgüter schützen, wenn man die Freiheitsrechte des einzelnen außer acht läßt. Welche Gemeinschaftsgüter den Vorrang vor der Pressefreiheit haben sollen, ist aber gerade die Frage, die die Verfassung mit den „allgemeinen Gesetzen" lösen will[78].

E. Die Rechte des Art. 5 Abs. 1 GG als politische Bürgerrechte

1. Ridder

Die Umwandlung eines Teils der Rechte des Art. 5 Abs. 1 GG in politische Bürgerrechte hat am konsequentesten *Ridder*[79] durchgeführt. Die

---

[71] Kritisch zu derartigen Rezeptionsgedanken *Kemper:* S. 68; *Leisner:* Gesetzmäßigkeit, S. 38 f.
[72] *Schnur:* VVdStRL 22, S. 200.
[73] *Lerche:* Übermaß, S. 243.
[74] *Leisner:* VVdStRL 22, S. 179/180; *Čopić:* Grundgesetz, S. 29.
[75] *Schnur:* VVdStRL 22, S. 104, Fußn. 9.
[76] *Schnur:* VVdStRL 22, S. 157, Leitsatz II, 1.
[77] Unverständlich deshalb *Schnur:* VVdStRL 22, S. 200, wenn er sich gegen die Bestimmung des Wesensgehaltes als *substanzhaftes* Recht wendet. Der Wesensgehalt eines Rechtes wird notwendig „Institut" und „substanzhaft", wenn er auch freiheitsbeschränkende Normen enthält.
[78] *Häntzschel:* HDStR II, S. 659.
[79] *Ridder:* Grundrechte II, S. 249 ff.; Wiener Vortrag, S. 15, 18; Staatslexikon, Bd. 7, Sp. 546.

E. Politische Bürgerrechte

Presse[80] und die anderen Media des politischen Prozesses der öffentlichen Meinungsbildung werden in eine direkte Verbindung zu Art. 21 GG gebracht, der die Grundnorm der öffentlichen Meinungsfreiheit enthalte[81]; sie werden institutionalisiert[82] und erfüllen eine öffentliche Aufgabe[83]. Das hat zur Folge, daß eine Meinungsäußerung in einem Presseorgan sich nicht auf den Schutz der individuellen Meinungsfreiheit berufen kann[84], d. h. ein wesentlicher Teil der sogen. materiellen Pressefreiheit[85] nur im Rahmen der Funktion der Presse im politischen Prozeß garantiert ist. Die Presse und die anderen Teile der öffentlichen Meinungsfreiheit sind weiterhin an Art. 21 Abs. 2 Satz 1 GG gebunden[86], d. h. nur insoweit von der Verfassung garantiert, als sie nicht darauf ausgehen, die freiheitliche demokratische Grundordnung zu beeinträchtigen oder zu beseitigen oder den Bestand der Bundesrepublik Deutschland zu gefährden. Nimmt man Ridders Ausdruck von der „institutionellen öffentlichen Meinungsfreiheit"[87] und dem „institutionellen Charakter der Pressefreiheit"[88] hinzu, kann der Eindruck entstehen, daß hier im Sinne einer institutionellen Garantie, wie sie Carl *Schmitt* beschrieben hat[89], etwas in einfachen Gesetzen Umschriebenes und Begrenztes verfassungsrechtlich gesichert werden solle. Damit wäre über die „allgemeinen Gesetze" hinaus ein ganzer Normenkomplex auch einschränkenden Rechts in die Verfassung hineinzulesen. Daß Ridder, der heute den Gebrauch des Wortes „institutionell" als „unglückselig" bezeichnet[90], solche Folgen gerade vermeiden will, zeigen seine verschiedenen Stellungnahmen zum Begriff der „allgemeinen Gesetze", die sich in der

---

[80] In Grundrechte II, S. 257 u. passim ist nur von der *politischen* Presse die Rede, in VVdStRL 22, S. 175 will *Ridder* auch den nichtpolitischen Teil mit einbeziehen.

[81] *Ridder*: Grundrechte II, S. 257; Staatsgeheimnis, S. 34; zurückhaltender in Wiener Vortrag, S. 18.

[82] *Ridder*: Grundrechte II, S. 257; Wiener Vortrag, S. 16.

[83] *Ridder*: a. a. O., S. 258; Wiener Vortrag, S. 8 u. passim; Das Recht auf Information, S. 33.

[84] *Ridder*: a. a. O., S. 259.

[85] Eine Beschreibung des Gesamtinhaltes der materiellen Pressefreiheit gibt *Kemper*: S. 31 ff.

[86] *Ridder*: Grundrechte II, S. 257, Fußn. 53, S. 261; In NPL 1967, S. 8, Fußn. 32 bemerkt Ridder in Abwehr positivistischer Einwände (beispielhaft *Forsthoff*: Festschrift Carl *Schmitt*: S. 49 f.), daß er den Art. 21 GG nur als „ein Paradigma des freiheitlich-demokratischen Strukturgebots für bestimmte *„gesellschaftliche politische Gebilde"* betrachtet wissen wolle.

[87] *Ridder*: Grundrechte II, S. 257.

[88] *Ridder*: Staatsgeheimnis, S. 34.

[89] C. *Schmitt*: Verfassungsrechtliche Aufsätze, S. 144 ff. (167 ff.); Verfassungslehre. S. 170; für das GG vgl. die Rezeption von *Abel*: a. a. O.; ferner *Stern*: Funktionsgerechte Finanzierung, S. 25 ff.

[90] *Ridder*: VVdStRL 22, S. 175; vgl. auch JZ 1960, S. 451.

Linie der Auffassungen der Weimarer Zeit halten[91], und seine Warnung vor einer durch „aufdringliche öffentliche Fürsorge" allzu objektivierten Freiheit[92].

„Allgemeine Gesetze" sind danach solche, die „nicht die rein geistige Wirkung der freien Meinungsäußerung inhibieren"[93], die sich „nicht nur im Schutzbereich des Grundrechts auswirken" und „in deren Anwendungsbereich nicht überwiegend die Presse liegt"[94], die „nicht die Pressefreiheit in ihrer Funktionsgerechtigkeit in einer freiheitlichen Demokratie in Mitleidenschaft ziehen"[95]. Die in der zeitlichen Reihenfolge ihrer Äußerung angegebenen Definitionen zeigen als Ausgangspunkt eine Häntzschels Auffassung nahestehende Bestimmung, die dann um das Kriterium des Anwendungsbereiches des Gesetzes erweitert wird. Dem ist zuzustimmen, da man dadurch dem Mangel der reinen Sonderrechtslehre, jeder Formulierungskunst des Gesetzgebers hilflos ausgeliefert zu sein, entgehen kann.

Schließlich bietet Ridder — speziell für das Grundrecht der Presse — eine an dessen Gehalt und Funktion gemessene Definition an. Der Begriff der „allgemeinen Gesetze" verliert jedoch jede Bedeutung, wenn man nicht ihn, sondern eine Substanz des Grundrechts der freien Presse aus ihrem soziologischen Stellenwert in einer freiheitlichen Demokratie heraus bestimmt, die dann keiner Einschränkung unterliegt oder, wie es an anderer Stelle heißt[96], ihre Begrenzung nach ihren eigenen inneren Gesetzen findet. Ferner läßt sich kein Unterschied zwischen dem von Ridder herausgearbeiteten Schutzbereich des Grundrechts und seinem Wesensgehalt, wie Ridder ihn sieht[97], entdecken, so daß seiner Auffas-

---

[91] *Ridder:* Grundrechte II, S. 282 f.; JZ 1961, S. 596; Staatsgeheimnis, S. 36; VVdStRL 22, S. 174; vgl. auch JZ 1960, S. 451; Allerdings seien Einwirkungen des status politicus-Charakters des Grundrechts auf dessen Grenzen unumgänglich (JZ 1960, S. 451); ebenso *Scholler:* S. 191.

[92] *Ridder:* Grundrechte II, S. 261.

[93] *Ridder:* Grundrechte II, S. 282.

[94] *Ridder:* JZ 1961, S. 539.

[95] *Ridder:* Staatsgeheimnis, S. 37.

[96] *Ridder:* Wiener Vortrag, S. 23; vgl. auch S. 21 a. a. O., wo Ridder ausführt, „die Presse sei ja ohnehin durch die Positivierung der Freiheit von der Aufgabe her begrenzt".

[97] Vgl. *Ridder:* Grundrechte II, S. 283; Wiener Vortrag, S. 19 u. passim; Die Auffassung Ridders ergibt sich folgerichtig aus der Stellung der Presse innerhalb der politischen Gesamtverfassung einer freiheitlichen Demokratie, wie Ridder sie sieht. Danach ist die freie Presse ein Teil der politisch aktiven Gesellschaft, die dem „staatlichen" Teil des politischen Lebens als Gegengewicht (vgl. Wiener Vortrag, S. 13; Staatslexikon, Bd. 7, Sp. 547) als Regulator und ständiges plebiszitäres Element (Wiener Vortrag, S. 16) gegenübersteht. Der Inhalt des status politicus der freien Presse folgt aus der jeweiligen politischen Notwendigkeit; der Gesetzgeber kann darüber nicht befinden (Wiener Vortrag, S. 19, 23).

E. Politische Bürgerrechte 65

sung die bereits gegenüber *Schnur* geltend gemachten Einwände[98] entgegenstehen.

Auch seine grundsätzliche Deutung der Pressefreiheit und der anderen Teile der öffentlichen Meinungsbildung — wenn auch nicht des gesamten Prozesses der öffentlichen Meinungsfreiheit[99] — ist, soweit sie den Rechten des Art. 5 Abs. 1 GG immanente Schranken setzt und damit den Weg einer Prüfung an den Schranken der „allgemeinen Gesetze" überhaupt nicht eröffnet, bedenklich[100]. „Öffentliche Aufgabe" und Institutionalisierung der Presse führen allzu leicht zur Inpflichtnahme durch den Staat[101]. Dem Grundgesetz, das insoweit auch als Reaktion auf das Schriftleitergesetz und ähnliche Erscheinungen der NS-Zeit zu denken ist[102], lassen sich solche Möglichkeiten nicht entnehmen[103]. Es bleibt deshalb dunkel, welche Grenzen Ridder, der sich ebenfalls gegen jede Instrumentalisierung der Medien der öffentlichen Meinungsbildung durch den Staat wehrt[104], der Äußerung in der Presse im Gegensatz zur individuellen ziehen soll. Soll ein Gesetz zulässig sein, das der Presseäußerung und -berichterstattung aufgibt, vollständig und wahrhaftig zu sein[105]? Wenn ja, wer soll die Sanktionen verhängen und überprüfen?

---

[98] s. o. Kap. IV, D.
[99] *Ridder:* JZ 1960, S. 450; vgl. auch VVdStRL 22, S. 175.
[100] Im einzelnen kann auf den theoretischen Hintergrund und die grundsätzliche Bedeutung der Auffassung *Ridders* nicht eingegangen werden, vgl. dazu *Scholler:* Person und Öffentlichkeit, S. 189 ff. und passim; teilweise auch Kap. VI, B und D dieser Arbeit; ferner *Noltenius:* S. 96.
[101] *Schnur:* VVdStRL 22, S. 114 ff.; *Stern:* Funktionsgerechte Finanzierung, S. 27; *Rehbinder:* Öffentliche Aufgabe u. NJW 1963, S. 1388; *Forsthoff:* DÖV 1963, S. 634. Diese Gefahr besteht auch dann, wenn die „öffentliche Aufgabe" durch die Verfassung selbst verrechtlicht wird (so *Ridder:* Wiener Vortrag, S. 8 f., 18). Auch dann unterliegt die Aufgaben- und Pflichtbindung der Presse der Ausgestaltungsbefugnis der einfachen Gesetzgebers, wenn auch im Rahmen der Verfassung, und führt angesichts der Breite verfassungskonformer Interpretationsmöglichkeit allzu leicht zu der von Ridder abgelehnten (Wiener Vortrag, S. 8, 19) Direktion durch das Regime (vgl. auch die Bedenken von *Meyn:* NPL 1967, S. 293). Anders wäre dies nur, wenn, wie Ridder später vorgeschlagen hat (Das Recht auf Information, S. 33), die öffentliche Aufgabe der Presse vom Gesetzgeber lediglich *anerkannt* würde. Doch sind die Landespressegesetze, nachdem sie der Presse eine öffentliche Aufgabe zugeschrieben haben, einen anderen verhängnisvollen (*Ridder:* Das Recht auf Information, S. 33) Weg gegangen.
[102] So *Ridder* selbst: DÖV 1963, S. 327.
[103] Bedenkl. *Löffler:* Verf.auftrag, S. 4, der von der Presse als 4. Gewalt spricht. *Ridder* ist im Gegensatz zu der hier vertretenen Auffassung der Meinung, daß die totalitären Erfahrungen dazu zwängen, die „gesellschaftlichen Emanationen und Gruppierungen von öffentlicher Meinung" immer stärker zu verrechtlichen, um das notwendige Spannungsverhältnis gegenüber der staatlichen Macht zu wahren (Staatslexikon Bd. 7, Sp. 545). Dies den politischen Erfordernissen entsprechende Ergebnis könne auch aus dem Grundgesetz herausgelesen werden (Wiener Vortrag, S. 16).
[104] *Ridder:* Grundrechte II, S. 282; Wiener Vortrag, S. 19.
[105] Dazu (bedenklich) *Schnur:* VVdStRL 22, S. 112.

Die Begrenzung der Pressefreiheit ähnlich[106] Art. 21 Abs. 2 Satz 1 GG ließe sich nur durchführen, wenn das Grundgesetz eine generelle Pflicht verfassungstreuer Betätigung für alle Bürger und gesellschaftlichen Institutionen enthielte. Die Verfassung hat aber nur in einzelnen Fällen (Art. 5 Abs. 3 Satz 2, Art. 14 Abs. 2 GG) derartige Pflichten aufgestellt; Art. 79 Abs. 3 GG, der den Kern der Verfassung und damit im wesentlichen auch die in Art. 21 Abs. 2 Satz 1 genannte freiheitliche demokratische Grundordnung garantiert, richtet sich nur an den Verfassungsgeber.

2. Čopić

Die gegenüber Ridder erhobenen Bedenken entfallen z. T. bei der Auffassung von Čopić. Dieser lehrt, daß vor Durchführung eines von der Verfassung vorgesehenen „Notstandsverfahrens" — hier des Art. 18 GG — eine verfassungsfeindlichen Zielen dienende Grundrechtsbetätigung im Rahmen des Art. 5 Abs. 1 GG Rechtsinhaltsverwirklichung politischer Grundrechte und folglich rechtmäßiges grundrechtsgeschütztes Tun sei[107]. Daß diese Auffassung auf dem Boden eines liberalistischen, bürgerlich-rechtsstaatlichen Grundrechtsverständnisses steht, ist Čopić, der sich ausdrücklich auf Carl *Schmitt* bezieht[108], nicht verborgen. Dem steht aber entgegen, daß er im Zusammenhang mit Art. 5 Abs. 1 GG von einem politischen Grundrecht und einer institutionellen Garantie spricht und die generellen Schranken in Artikel 5 Abs. 2 GG aus sozialwissenschaftlicher Sicht der Grundrechtsbegrenzungen deutet[109]. Durch die „allgemeinen Gesetze" verbotenes Sonderrecht gegen Meinungs- und Pressefreiheit liegt nach Čopić dann vor, wenn die Grundrechte zugunsten von Werten eingeengt werden, die selbst zur Sphäre des „sozial-kulturellen Überbaues" gehören und die im Interesse der streitbaren Demokratie, der konkreten Herrschaftsverfassung, verteidigt werden sollen[110]. Über diese Ausgangsformulierung geht er noch hinaus, wenn er die Unvereinbarkeit der §§ 91[111], 93[112], 95, 96 (außer Abs. 2), 97 StGB[113] mit Art. 5 GG darauf stützt, daß die Meinungsfreiheit nur zum Schutze der in Art. 5 Abs. 2 genannten Rechtsgüter (persönliche Ehre und Jugendschutz) in Form von Sondergesetzen eingeschränkt werden dürfe. Das würde bedeuten, daß jedes zum Schutz anderer Rechtsgüter die Meinungsfreiheit

---

[106] Vgl. Fußn. 86 (S. 63).
[107] Čopić: Grundgesetz, S. 98/99.
[108] Čopić: a. a. O., S. 97, Fußn. 51 und passim.
[109] Čopić: a. a. O., S. 23/24.
[110] Čopić: a. a. O., S. 23 f.
[111] Čopić: Grundgesetz, S. 227 (jetzt § 89 StGB).
[112] Čopić: a. a. O., S. 238 (jetzt § 86 StGB).
[113] Čopić: a. a. O., S. 253 (jetzt §§ 90, 90 a, 90 b StGB).

direkt beschränkende Gesetz unzulässig wäre. Denkt man an den Minderheitenschutz (Art. 3 Abs. 3 GG) und andere von der Verfassung selbst genannte Güter, zeigt sich, daß dies nicht richtig sein kann. Dagegen bietet die Ausgangsformel von Čopić eine inhaltlich hinreichend bestimmte Handhabe, die der Bedeutung der Meinungsrechte in einer Repräsentativdemokratie gerecht wird.

Zu fragen ist jedoch, ob hier nicht soziologische Erkenntnisse dogmatisiert und unter der Hand in Verfassungsauslegung verwandelt werden[114]. Das soll an dem eigentlichen Thema von Čopićs Arbeit, dem politischen Strafrecht, nachgeprüft werden. Nach Čopićs Auffassung erfolgen hier geradezu exemplarisch zum Schutz von Rechtswerten, deren Schutzwürdigkeit umstritten ist, Einschränkungen der Freiheit[115]. Eine Norm des politischen Strafrechts, die auf Art. 5 Abs. 1 GG als „zentrales Kollisionsgrundrecht"[116] weist, sei deshalb verfassungswidrig. Der Staatsschutz der freiheitlichen Demokratie kann jedoch nicht nur als Mittel zur Erhaltung der Macht gesehen werden, er dient — zumindest auch — der Bewahrung des Rechtes, das ein solcher Staat bietet, der Abwehr „illegitimen Machtstrebens"[117]. In jeder Verfassung ist eine „immanente Notstandsschranke" enthalten[118], die dem Staatsschutz Raum gibt. Diese Schranke ist zwar weniger einschneidend, wenn es sich um Bestimmungen des erweiterten Staatsschutzes handelt, auch darf der Meinungsprozeß insgesamt nicht Schaden leiden[119]; ihr Bestehen zwingt aber dazu, Čopićs Entweder-oder-These für die verfassungsrechtliche Betrachtung zu modifizieren. An Hand der einzelnen Norm muß untersucht werden, ob dem Staatsschutz eine größere Schutzwürdigkeit als den Meinungsrechten zukommt oder deren Beschränkungen nicht gerechtfertigt sind[120]. Bei einer solchen Betrachtungsweise, die Čopić ausdrücklich ablehnt[121], kann seine Formel jedoch keine Hilfe geben.

3. Noltenius

Noltenius schließlich, die als eigentlichen Gegenstand des Art. 5 Abs. 1 GG die öffentliche Meinung als Integrationsprozeß bezeichnet[122],

---

[114] Vgl. den kritischen Hinweis von *Willms*: Staatsschutz, S. 38.
[115] *Čopić*: Grundgesetz, S. 24.
[116] *Čopić*: a. a. O., S. 243.
[117] *Willms*: Staatsschutz, S. 13 ff., S. 37, Fußn. 7; vgl. dazu auch *Güde*: S. 9.
[118] So die Formulierung von *Ridder*: Staatsgeheimnis, S. 38.
[119] *Ridder*: Staatsgeheimnis, S. 38.
[120] Näheres s. u. Kap. VII, C, 2.
[121] *Čopić* (Grundgesetz, S. 25) wendet sich gegen jede Methode, die untersucht, welches Rechtsgut wichtiger als die Meinungsfreiheit sei, da die Gefahren der Relativierung zu groß seien.
[122] *Noltenius*: S. 105.

sich jedoch gegen deren Institutionalisierung und Trennung von der individuellen Meinungsfreiheit wendet[123], versteht unter den „allgemeinen Gesetzen" solche Vorschriften, die das Grundrecht der Meinungsfreiheit in die übrigen das politische und öffentliche Leben konstituierenden Vorgänge einfügen[124]. Als Recht auf politische Teilhabe[125] besitze die Meinungsfreiheit von vornherein Schranken, es gebe deshalb keine wichtigeren Güter als die Meinungsfreiheit, sondern nur gleichrangige[126]. Noltenius wird einerseits dem Verfassungsrechtscharakter des Art. 5 Abs. 1 GG nicht gerecht, andererseits läßt sie eine Bestimmung der „allgemeinen Gesetze" vermissen. Nach Noltenius ist die Meinungsfreiheit unbeschränkt, jedoch nur nach ihrem Funktionszweck für das Ganze garantiert. Wie sich dieser bestimmen läßt, bleibt offen. Insbesondere die private Äußerung einer Meinung, die für den Gesamtprozeß keine Bedeutung haben würde, bleibt ohne Schutz. Mit dem Verfassungswortlaut läßt sich das kaum vereinbaren. Die „allgemeinen Gesetze" sind eine von der Verfassung genannte Normengruppe und deshalb etwas anderes als das „Funktionieren" der Rechte des Art. 5 Abs. 1 GG.

F. Allgemeine Gesetze als „immanente Schranken"

1. Allgemeine Theorien

Der Grundrechtsauffassung der letzten hier zu behandelnden Gruppe, die den Begriff der „allgemeinen Gesetze" in unterschiedlicher Weise mit einer dem Grundrecht immanenten Gemeinschaftsbindung verknüpft, liegt die Vorstellung zugrunde, die Rechte des Art. 5 Abs. 1 GG enthielten wie alle Grundrechte eine objektive Seite[127], sie seien als Institute zu denken[128], weil ihr Wesensgehalt, das Menschenrecht, Grundlage der Gemeinschaft sei und sie einen freiheitlich ausgestalteten Lebensbereich gewährleisten sollten[129]. Bei der Grundrechtsinterpretation seien deshalb die institutionellen Elemente der Grundrechte, die sich bei der Presse zu einer „institutionellen Garantie" verdichteten, zu berücksichtigen[130].

---

[123] *Noltenius:* S. 94 ff.
[124] *Noltenius:* S. 140.
[125] *Noltenius:* S. 139.
[126] *Noltenius:* S. 141.
[127] *Scheuner:* VVdStRL 22, S. 33 und passim; *Hesse:* Grundzüge, S. 111 f.
[128] *Hamel:* S. 18, 20; vgl. auch *Wintrich:* Problematik, S. 7 ff.
[129] *Häberle:* Wesensgehaltgarantie, S. 70 f.
[130] *Scheuner:* VVdStRL 22, S. 33 ff., 69 ff.

F. 1. Allgemeine Gesetze als „immanente Schranken"

Diese Auffassung wird z. T. bis in ihre philosophischen Grundlagen, die Vorstellung von einer „gemeinschaftsgebundenen Person", verfolgt[131]. Es ist zwar richtig, daß sich Freiheit immer als Prozeß und Kampf „gegen etwas" entfaltet[132]. Das besagt aber nicht, daß dem Freiheitsträger durch das Recht ein ebensolcher Zwang aufgebürdet werden muß. Vielmehr kann es gerade dessen Aufgabe sein, den im gesellschaftlichen Leben begründeten Kampf zu mildern oder seine Notwendigkeit ganz zu nehmen.

Wenn *Hegel* Freiheit nur in Bindung an eine sittliche Pflicht möglich sein läßt[133], sieht er die Freiheit im Rahmen vor- und außerrechtlicher Systeme; rechtlich relevante sittliche Pflichten können aber nur Gesetze und sonstige Rechtsquellen aufrichten. Selbst wenn es heute im außerrechtlichen Bereich allgemeingültige sittliche Vorstellungen gibt, die der einzelne theoretisch anerkennt, kann die Normativwissenschaft des Rechts diese nur dann berücksichtigen, wenn das Gesetz Lücken enthält oder durch eben diese außerrechtlichen Normen ausfüllungsbedürftig ist und einen Rückgriff erfordert. Zur Grundlage einer Grundrechtsschrankenlehre können sie nicht dienen. Freiheit im Recht und Freiheit in der menschlichen Gemeinschaft können also nicht gleichgesetzt werden[134]. Das methodisch vom Recht zu trennende Moment des „in der Gemeinschaft Lebens", das existenzielle[135] und — inhaltlich verschieden interpretierbare — ethische Bezüge hat [136], ergibt eine Beschränkung von Rechten nur, wenn etwa Generalklauseln auf das „allgemeine sittliche Empfinden"[137], die „allgemeinen Vorstellungen und Anschauungen"[138] verweisen. Auch der Gesetzgeber, der das Leben in der menschlichen Gemeinschaft wertend ordnet, berücksichtigt die außer-

---

[131] *Reisnecker:* S. 116; *Scheuner:* VVdStRL 22, S. 41; *Geiger:* Die Wandlung der Grundrechte.

[132] *Jaspers:* Philosophie Bd. 2, S. 193, 195; Die Behauptung, daß absolute Freiheit Gegensätze in sich selbst trage, ist m. E. zu abstrakt gedacht; sie berücksichtigt nicht den Willen des Menschen. Richtig ist, daß Verwirklichung der Freiheit kein freies Herumtreiben im Raum, sondern zielgerichtete Persönlichkeitsentfaltung ist.

[133] *Hegel:* Philosophie des Rechts, §§ 149, 153—157; vgl. *Scheuner:* VVdStRL 22, S. 41; *Jaspers:* Philosophie Bd. 2, S. 194, weist gerade darauf hin, daß Hegel den Gedanken der absoluten Freiheit am vollkommensten entwickelt hat.

[134] So aber *Scheuner:* VVdStRL 22, S. 41; ähnlich *Häberle:* Wesensgehaltgarantie, S. 57 oben.

[135] *Heidegger:* Sein und Zeit, S. 123.

[136] So findet sich in der ev. Theologie die Vorstellung, daß nicht nur die Gemeinschaft der Kirche Christi, sondern alle Menschen in eine über den ontischen Bezug hinausgehende Gemeinschaft einbezogen seien (vgl. dazu K. *Barth:* Die kirchliche Dogmatik, III, 4, S. 127 ff., 320 ff.; Otto *Weber:* S. 53 ff.; K. *Barth:* Kirchl. Dogmatik, ausgew. v. H. *Gollwitzer:* S. 180).

[137] z. B. Art. 2 GG, §§ 138, 242, 826 BGB.

[138] z. B. Handelsbräuche, § 359 HGB.

rechtlichen Vorstellungen; insbesondere im Bereich der Jurisdiktion und Verordnungsgebung entsteht im Laufe der Zeit ein Wechselspiel gegenseitiger Beeinflussung; aber im Prinzip wird nach den Rechtssätzen und nicht den gesellschaftlichen Vorstellungen entschieden. Das ist deshalb richtig, weil es verhindert, daß Einzelpersonen, denen besondere Macht durch das Volk verliehen ist, in die gesellschaftliche Sphäre eingreifen, indem sie zur Erweiterung ihrer Befugnisse auf „Gemeinschaftsbindungen" und „gesellschaftliche Werte" zurückgreifen, die allein ihr Vorgehen rechtfertigen könnten, in der Verfassung aber keine Stütze finden[139].

Eine entgegengesetzte Auffassung ergibt sich auch nicht aus der Rechtsprechung des Bundesverfassungsgerichts zum Menschenbild des GG[140]. Denn das Gericht leitet sein Menschenbild, das nicht als das eines isolierten souveränen Individuums, sondern in der Gemeinschaftsgebundenheit der Person zu sehen sei, aus einer Gesamtsicht der Art. 1, 2, 12, 14, 15, 19 und 20 GG ab und nicht aus vorrechtlichen Erwägungen[141]. Entsprechend wird etwa in der Entscheidung des Bundesverfassungsgerichts, Bd. 12, S. 1 ff. zu Art. 4 GG die Glaubensfreiheit nicht durch gesellschaftliche Verhältnisse und eine Gemeinschaftsbindung im vorverfassungsrechtlichen Bereich eingegrenzt, sondern im Wege typischer Verfassungsauslegung der verfassungsrechtlich garantierte Begriff der Glaubensbetätigung bestimmt. Hier kann man nicht einwenden, daß das Gericht die in der menschlichen Gemeinschaft bestehenden Freiheitsgrenzen unter der Hand als Verfassungsinterpretation aufnimmt. Denn es besteht mehr als ein Unterschied der Reihenfolge darin, ob man die verfassungsmäßigen Freiheiten mit Hilfe des Verfassungswortlauts und der in den Grundrechten festgelegten Reihe von Wertmaßstäben für die gesamte Rechtsordnung interpretiert oder, von einem Kern des Grundrechts ausgehend, ohne Rücksicht darauf, ob es Gesetzesvorbehalte enthält oder nicht[142], unter Benutzung der Maßstäbe der technisch vorrechtlichen Gemeinschaftsgebundenheit in die allgemeine Rechtsordnung

---

[139] Es paßt deshalb nicht zueinander, wenn *Scheuner* (VVdStRL 22, S. 3 ff.) sich zur liberalen Grundrechtsauffassung bekennt und doch Staat und Gesellschaft nicht nur ineinander integriert sieht, sondern den gesellschaftlichen Prozeß mit dem staatlichen unter Vorrang des staatlichen verwebt.

[140] Vgl. BVerfGE 4, S. 15/16 (Investitionshilfeurteil); 5, S. 204; 12, S. 51.

[141] Zudem ist fraglich, ob diese im Rahmen der später aufgegebenen (BVerfGE 6, S. 32 ff., Elfesurteil) Zumutbarkeitsklausel (Art. 2 Abs. 1 GG) entwickelten Vorstellungen noch Bestand haben können (*Wintrich*: Problematik, S. 25).

[142] *Scheuner*: VVdStRL 22, S. 80: Die Frage der Einpassung in die allgemeine Rechtsordnung ist nicht mit Hinweis auf die Verfassungskraft des Grundrechts zu lösen.

F. 1. Allgemeine Gesetze als „immanente Schranken"

einfügt. Auch durch die Rechtsprechung zu Art. 2 Abs. 1 GG[143] hat das Bundesverfassungsgericht den Gefahren der Aushöhlung der Einzelfreiheitsrechte durch allgemeine Rechtsordnung und Sittengesetz eine Schranke vorschieben wollen[144]. Durch die Beschränkung der Schrankentrias des Art. 2 Abs. 1 GG auf die als allgemeine Handlungsfreiheit ausgelegte Freiheit der Persönlichkeitsentfaltung hat es die speziellen Grundrechtsbestimmungen radikal verselbständigt[145] und eine Schrankensystematik unterstützt.

An dieser Stelle braucht nicht geklärt zu werden, ob es keine Freiheit des „Tun und Lassen Könnens", was man will, entsprechend dem ursprünglichen Wortlaut des Art. 2 Abs. 1 GG[146], eine „Robinson-Freiheit" (*Dürig*) gibt und die hier vertretene Grundrechtsauffassung von einer Fiktion ausgeht; denn es handelt sich hierbei nur um ein „Modell", zu dem die geschriebene Verfassung zwingt[147]. Auch droht nicht ein Absinken in ein Anspruchssystem im Sinne zivilistischer Überlegungen des 19. Jahrhunderts[148]; vielmehr können auch ohne eine Institutionalisierung aller Grundrechte, die die Gefahr der Relativierung in sich trägt, diese in ihrer Bedeutung für Gesellschaft und Staat gewürdigt werden[149]. Auf Art. 5 Abs. 1 und 2 GG bezogen bedeutet dies, daß zwar ein Aufbau des geschützten Bereiches, nicht aber des Maßes und der Grenzen des Schutzes aus den Bedingungen, die sich der menschlichen Person in der Gesellschaft stellen, erfolgen kann. Es geht nicht darum, das Grundrecht in die allgemeine Rechtsordnung einzufügen, sondern die Zuständigkeit des Gesetzgebers in der dem Verfassungswortlaut und Gehalt des Art. 5 Abs. 1 und 2 GG entsprechenden Weise zu bestimmen[150].

Begründet wird die Auffassung vom Institutscharakter der Grundrechte auch aus der Verfassung selbst. Aus Art. 1 Abs. 1 und 2 GG ergebe sich im Unterschied zur Weimarer Verfassung, daß die Menschenrechte als Grundlage der Gemeinschaft dem Staat vorgegeben seien, daß damit eine Ordnung bestehe, die der Staat hinzunehmen, anzuerkennen und zu schützen habe[151]. Schließlich ist der Versuch unternommen worden, die

---

[143] BVerfGE 6, S. 32 ff.; JZ 1957, S. 167; 10, S. 89 (102); S. 354 (363); 16, S. 286 (304); vgl. dazu *Roemer*: S. 547 ff.
[144] So ausdrücklich *Wintrich*: Problematik, S. 27.
[145] *Wintrich*: a. a. O., S. 31.
[146] Vgl. JÖR NF 1, S. 55 ff.
[147] Die Auffassung trägt deshalb keine „anarchistischen Züge".
[148] So aber *Scheuner*: VVdStRL 22, S. 44.
[149] Das gesteht *Scheuner*: VVdStRL 22, S. 70 weitgehend zu.
[150] Vgl. auch *Čopić*: Grundgesetz, S. 29, der von der eigentümlichen rechtsbegrifflichen Struktur der „allgemeinen Gesetze" spricht.
[151] *Hamel*: S. 16, 20 und passim; ähnlich *Reisnecker*, S. 118 ff.; *Wintrich*: Problematik, S. 13 f.; *Maunz-Dürig*: Art. 1 Abs. 1 Rdnr. 5, ohne weitergehende Folgerungen für den Grundrechtscharakter zu ziehen.

objektive Bedeutung jedes subjektiven Rechts für ein institutionelles Grundrechtsverständnis fruchtbar zu machen[152].

Es ist hier nicht der Ort, den theoretischen Hintergrund und die grundsätzliche Bedeutung der Auffassungen, die allen Grundrechten einen Institutscharakter zusprechen, im einzelnen darzulegen[153]. Immerhin ist es fraglich, ob Art. 1 GG, der nach herrschender Lehre kein Grundrecht im eigentlichen Sinne ist[154], sich vielmehr in den nachfolgenden Artikeln 2 bis 19 GG aktualisiert[155], die Grundrechte derart umfunktionieren kann, daß ihr Institutscharakter in den Vordergrund tritt. Das Bundesverfassungsgericht, das ebenfalls Art. 1 Abs. 1 GG als höchsten Rechtswert der Verfassung ansieht[156] und von einer objektiven Wertordnung der Verfassung spricht[157], sowie andere Vertreter dieser Meinung[158] ziehen einen solchen Schluß nicht. Die in Satz 2 des Art. 1 Abs. 1 GG aufgestellte Schutzverpflichtung des Staates spricht zwar dafür, daß der Menschenrechtsgehalt der Grundrechte vom Staat *gewährleistet* werden soll, ihnen also ein institutioneller Gehalt zukomme. Die gleiche Verpflichtung kann man aber auch aus der Garantie des Wesensgehaltes (Art. 19 Abs. 2 GG) herleiten, wenn man darin die Gewähr erblickt, daß die der Allgemeinheit gegebenen Freiheitsgarantien nicht praktisch wegfallen[159].

Für die spezielle Problematik der Grundrechtsbeschränkungen gibt eine allgemeine institutionelle Sicht der Grundrechte nichts her. Bei *Hamel* und *Reisnecker* einerseits und bei *Häberle* andererseits werden nicht die „allgemeinen Gesetze" interpretiert, sondern der uneinschränkbare

---

[152] *Häberle:* S. 73 ff., der sich auf *Hauriou* und *Kaufmann* beruft; vgl. aber auch *Ehmke:* Wirtschaft und Verfassung, S. 39 f.; *Duverger:* Institutions, S. 213.

[153] Carl *Schmitt* (Verfassungsrechtl. Aufsätze, S. 172) bezeichnet die institutionelle Sicht als eine Kategorie des rechtswissenschaftlichen Denkens überhaupt. Auch in der Soziologie ist eine institutionelle Sicht der Grundrechte weit verbreitet (vgl. die Hinweise von *Luhmann:* S. 72 und passim; *Kröger:* Neue Politische Literatur 1965, S. 408; C. *Schmitt:* Verfassungsrechtl. Aufsätze, S. 172; Peter *Schneider:* Pressefreiheit, S. 53). Wenn der Staat nur ein Untersystem der Gesellschaft und nicht deren Kontrollsystem ist (*Lipset:* Soziologie, S. 16 f.; *Luhmann:* S. 29 f.), besteht der Sinn der Grundrechte nicht im Freisein vom Staate, sondern in der „Selbstdarstellung" der einzelnen Mitglieder in der umfassenden gesellschaftl. Sphäre. Dies rechtlich zu ermöglichen, wäre die Aufgabe der Grundrechtsinstitute.

[154] *von Mangoldt-Klein:* Art. 1, Anm. III, 2; *Maunz-Dürig:* Art. 1 Abs. 1 Rdnr. 4, jew. m. weit. Nachw.

[155] *Maunz-Dürig:* Art. 1 Abs. 1 Rdnr. 7, 8.

[156] BVerfGE 12, S. 53.

[157] BVerfGE 2, S. 12; 5, S. 134 ff.; 197 ff.; 6, S. 40 f.; 7, S. 205.

[158] *Maunz-Dürig:* Art. 1 Abs. 1 Rdnr. 3 ff.; von Mangoldt-Klein, Vorbem. B II—B XII.

[159] Vgl. die ähnlich lautende Formulierung bei *Leibholz-Rinck:* Art. 19 Rdnr. 4; ablehnend von *Mangoldt-Klein:* Art. 19, Anm. V, 1.

Menschenrechtsgehalt bzw. Wesensgehalt der Grundrechte. Die „allgemeinen Gesetze" sind nur ein Beleg dafür, daß dies und nichts anderes von der Verfassung garantiert werde.

2. Hamel und Reisnecker

So bezeichnet *Hamel*[160] die einzelnen Schranken und Einschränkungen der Grundrechte als mit der Garantie des Grundrechts in logischem Widerspruch stehend. Wenn die Ausübung einer Funktion der Freiheit der Person wesenhaft sei, könne der Staat sie nicht beschränken, sondern nur die Güter bestimmen, die als Gemeinschaftsforderung sowieso den Vorrang vor dem Grundrecht hätten[161]. Unter diesem Gesichtspunkt seien Art. 5 GG sowohl Schranken gesetzt wie auch Einschränkungen zum Schutz übergeordneter Rechtsgüter zulässig[162]. Auch bei *Reisnecker* erschöpft sich der Inhalt des Art. 5 Abs. 1 GG in seinem Menschenwürdegehalt[163]. Allgemein seien alle Gesetze, die Werte schützten, deren Beachtung durch den einzelnen für ein geordnetes Zusammenleben der Menschen erforderlich sei[164]. Eine Güterabwägung mit den Rechten des Art. 5 Abs. 1 GG sei weder notwendig noch zulässig[165], da die Gemeinschaftswerte von vornherein das Grundrecht konstituierten[166].

Die von Hamel und Reisnecker vertretene Auffassung löst die abgestuften Schrankenvorbehalte des Grundgesetzes völlig auf. Sie sind nicht nur überflüssig, sondern erscheinen im Lichte des Art. 1 GG als verfassungswidrige Verfassungsnormen. Theoretisch ist dies zwar denkbar, kommt aber bei einem freiheitlich demokratischen Verfassungsgeber einer „praktischen Unmöglichkeit gleich"[167]. Hinsichtlich der Grundrechtsschranken wird übersehen, daß das Grundgesetz durch die verschiedene Ausgestaltung eine Graduierung im Wertschutz schafft[168], die man nicht mit Hilfe der allgemeinen Norm wieder beseitigen kann.

---

[160] *Hamel:* S. 41.
[161] *Hamel:* S. 41 f.
[162] *Hamel:* S. 49.
[163] *Reisnecker:* S. 162.
[164] *Reisnecker:* S. 163.
[165] *Reisnecker:* S. 166.
[166] Eine Güterabwägung läßt *Reisnecker* gleichwohl im einzelnen Fall bei der Frage zu, ob ein Rechtsgut bei Ausübung der Meinungsfreiheit in *rechtswidriger* Weise verletzt wird (a. a. O., S. 167 ff.). Hierbei sei die Bedeutung des Rechts der Meinungsfreiheit in einer freiheitlichen Demokratie zu beachten (S. 170). Damit wird jedoch lediglich die 2. Stufe des Vorgehens des Bundesverfassungsgerichts von den „allgemeinen Gesetzen" weg in die Rechtswidrigkeit verlagert. (Zur Kritik dieser Auffassung s. u. Kap. V, A.)
[167] BVerfGE 3, S. 225 (233); vgl. auch BGHZ 11, S. 34 (40 ff.); *Maunz-Dürig:* Art. 1 Abs. 2 Rdnr. 82 mit Nachweisen aus der Lehre.
[168] *Maunz-Dürig:* Art. 1 Abs. 2, Rdnr. 86, Fußn. 3.

Die Garantien des Art. 5 Abs. 1 GG decken sich auch nicht mit dem Menschenrechtsgehalt dieser Rechte. Die menschenrechtliche Grenze etwa der Informationsfreiheit verliefe, *Dürig* folgend[169], dort, wo der Mensch ohne Ausweichmöglichkeiten einer Informationsquelle ausgeliefert ist. Nach dem Wortlaut des Art. 5 Abs. 1 GG sollen dagegen alle allgemein zugänglichen Quellen ungehindert zur Verfügung stehen. Daß die Allgemeinheit der Gesetze den Sinn haben sollte, diesen weiten Bereich auf den beschriebenen Rest einzuschränken, ist kaum einzusehen[170].

Hamel und Reisnecker setzen an die Stelle der Formel der „allgemeinen Gesetze" die noch unbestimmtere der Menschenwürde. Sie erlaubt unter dem Signum des Schutzes der Gemeinschaftsordnung allzu leicht die Unterdrückung der freien Meinung und Presse. Schließlich kann Art. 1 GG als ethische oder — wenn man will — naturrechtliche[171] Generalnorm nicht an die Stelle einer Interpretation der Grundrechte treten, da diese zumindest auch als Individualrechte gemeint sind und „rechtsbegriffliche Strukturen"[172] haben.

3. Die Auffassung Häberles und das Verhältnis der Grundrechtsschranken zu Art. 19 Abs. 2 GG

Häberle bezeichnet die „allgemeinen Gesetze" als typischen Ausdruck der allen Grundrechten immanenten (= wesensmäßigen) Schranken[173]. Garantiert sei allein der Wesensgehalt des Grundrechts, der durch Güterabwägung zu ermitteln sei[174]. Die einzelnen Schrankenbestimmungen der Verfassung zeigten lediglich an, welche Werte typischerweise im Bereich des jeweiligen Grundrechts eine Rolle spielten[175]. Um dem — hier bereits gegenüber *Smend* geltend gemachten — Vorwurf, die Verfassungsqualität der Grundrechte zu mißachten, zu entgehen, will Häberle nur verfassungsmäßige Gesetze[176], Vorschriften, die sich aus

---

[169] *Dürig:* AÖR 81, S. 139.

[170] Auch Reisnecker möchte im konkreten Fall nicht zu diesem Ergebnis gelangen, wenn er (S. 161) Meinungsnivellierungen von Staats wegen für unzulässig hält.

[171] Ein Streit um die Begriffe für diese Wertfundierung ist weitgehend unfruchtbar, so *Maunz-Dürig:* Art. 1 Abs. 1, Rdnr. 15, Fußn. 2; vgl. ferner *von Mangoldt-Klein:* Art. 1 Anm. III.

[172] Čopić: Grundgesetz, S. 29.

[173] *Häberle:* Wesensgehaltgarantie, S. 31 ff., 51.

[174] *Häberle:* a. a. O., S. 234: Art. 19 Abs. 2 ist lediglich eine Verfassungsnorm deklaratorischen Charakters.

[175] *Häberle:* a. a. O., S. 37.

[176] *Häberle:* a. a. O., S. 37.

F. 3. Allgemeine Gesetze und Wesensgehaltgarantie

dem „Ganzen der Verfassung", ihrem „objektiven Wertsystem" entnehmen ließen[177], für eine Güterabwägung zulassen. Tatsächlich fließen bei ihm jedoch, wenn er die sittliche Gebundenheit und Gemeinschaftsbezogenheit jeder Freiheit betont[178], eine Vielzahl nicht verfassungskräftiger Vorschriften in die Grundrechte ein. So seien die besonderen Gewaltverhältnisse als „integrierende Bestandteile der materiellen Allgemeinheit des verfassungsrechtlichen Wertsystems" allgemeine Grenzen der Grundrechte[179]. Einen Verfassungsrechtsatz dieses Inhalts gibt es nicht[180], und es ist gerade fraglich, ob nicht umgekehrt die Grundrechte die besonderen „Gewalt"-verhältnisse begrenzen[181].

Auch das Strafrecht faßt Häberle als eine Konsequenz grundrechtlicher Freiheit auf, wie sie der sittlich gebundenen Person zukomme[182]. Damit wird ein Großteil der im Hinblick auf Art. 5 Abs. 1 GG strittigen einfachen Gesetze ohne weiteres für verfassungsgemäß erklärt. Es ist auch zweifelhaft, ob zum Begriff der menschlichen Person, an die sich das Grundgesetz wendet, die Wertbezogenheit gehört[183]. Zwar erhält der Personenbegriff, mit dem sich in neuerer Zeit vor allem *Scheler* beschäftigt hat[184], zusehends wertbezogene — und auf der anderen Seite psychologische — Züge in der Weise, daß der Person eine bewußte, vernünftig ergriffene Freiheit eignet[185]. Würde man den Adressaten des Grundgesetzes jedoch solcherart Grenzen ziehen, käme man etwa für Kinder, die grundsätzlich als Träger von Grundrechten angesehen werden müssen[186], in unüberwindliche Schwierigkeiten.

Selbst wenn man anderer Auffassung ist, ergibt sich die schwer zu lösende Aufgabe, die zu den Rechten des Art. 5 Abs. 1 GG gehörenden sittlichen Bestandteile zu bestimmen. In Art. 2 GG ist der Rechtswissenschaft diese Forderung gestellt. Es wäre aber gefährlich, diesen oder einen ähnlich schillernden Begriff jedem Einzelgrundrecht zu unter-

---

[177] *Häberle:* a. a. O., S. 39 ff.
[178] *Häberle:* a. a. O., S. 25, 27, 31 ff. und passim.
[179] *Häberle:* Wesensgehaltgarantie, S. 36.
[180] *Čopić:* Grundgesetz, S. 26.
[181] *Čopić:* a. a. O., S. 26; Ekkehart *Stein:* Recht des Kindes, S. 37 mit Nachweisen (Fußn. 79).
[182] *Häberle,* Wesensgehaltgarantie, S. 26, 27 und passim.
[183] Vgl. dazu *Häberle,* a. a. O., S. 206 ff.; ähnlich schon *Reisnecker:* S. 117 ff.
[184] Max *Scheler:* Jahrb. für Philosophie und phänomenologische Forschung II, S. 242 ff.; vgl. ferner die historische Übersicht bei *Reisnecker:* S. 115 f.
[185] Vgl. in dieser Richtung auch *Geiger:* Grundrechte und Rechtsprechung, S. 21 und passim, ferner *Hamel:* S. 30: Die „Persönlichkeit" ist nach deutscher Auffassung nicht das Individuum der französischen Revolutionsideologie.
[186] *Perschel:* Meinungsfreiheit, S. 9 ff., 80 ff., setzt die Grundrechtsfähigkeit des Kindes voraus; ebenso Kuhn, S. 9 ff., 280, S. 4, Fußn. 1; E. *Stein:* Recht des Kindes, S. 31.

legen[187]. Zudem muß mit *Luhmann*[188] bezweifelt werden, ob eine wertorientierte und damit unscharfe Determinierung, die von außen in die grundrechtliche Freiheit hineinprojiziert wird, zu einer Umgrenzung des dem einfachen Gesetzgeber eröffneten bzw. verschlossenen Bereiches dienen kann.

Häberle begründet seine Auffassung vor allem damit, daß Inhalt und Grenzen der Grundrechte aus der „Totalität des verfassungsrechtlichen Wertsystems zu bestimmen seien, auf die jedes Grundrecht wesensmäßig hingeordnet sei"[189]. Daraus folgt jedoch nicht, daß die wesensmäßigen Grenzen der Grundrechte deren einzige seien. Denn es läßt sich ein Wertsystem denken, welches das eine Grundrecht auch in seinen Randbezirken, das andere nur in seinem Kern in dieses Gefüge einbaut. Wesensgehalt und Grundrechtsschranken sind zudem nicht gegenseitig ersetzbare Größen. Sie liegen auf verschiedenen Ebenen. Während das Verbot, den Wesensgehalt der Grundrechte anzutasten (Art. 19 Abs. 2 GG) die Grundrechte als Bestandteile einer objektiven freiheitlichen Ordnung sichert, betreffen die einzelnen Grundrechtseinschränkungen den Schutz des einzelnen Grundrechtsträgers. Letzteres ergibt sich unmittelbar aus dem Charakter der Grundrechte als Freiheitsrechte[190].

Dagegen ist die Bedeutung des Art. 19 Abs. 2 GG umstritten, so daß es insoweit einer weiteren Begründung bedarf. Die der hier vertretenen entgegengesetzte Auffassung bezieht Art. 19 Abs. 2 GG allein oder jedenfalls auch auf die Einzelperson, die eines ihrer Freiheitsrechte geltend macht[191]. Ein Großteil der nach dem Grundgesetz zulässigen Einschränkungen hebt jedoch in Einzelfällen die Grundrechte des einzelnen völlig auf. So besteht keine Freiheit der Person (Art. 2 Abs. 2 GG) beim Strafgefangenen, keine Freizügigkeit (Art. 11 GG) des Bundeswehrsoldaten im Dienst. Die sog. subjektive Theorie müßte deshalb zur Verfassungswidrigkeit der entsprechenden Normen und damit zu ganz unsinnigen Ergebnissen führen[192]. Hier dürfte der innere Grund für die Rechtsprechung des Bundesgerichtshofes liegen, der in Art. 19 Abs. 2 GG das verfassungsrechtliche Gebot der Verhältnismäßigkeit des Eingriffs erblickt[193].

---

[187] Im einzelnen s. u. Kap. VII B, C.
[188] *Luhmann:* Institutionen, S. 213 ff.
[189] *Häberle:* Wesensgehaltgarantie, S. 51.
[190] Auch *Häberle* selbst erkennt „subjektive Grundrechte" an, a. a. O., S. 98.
[191] Vgl. *Giese:* DRiZ 1951, S. 192; Herbert *Krüger:* DÖV 1955, S. 597; weitere Nachweise bei *Jäckel:* S. 68, Fußn. 35.
[192] *Lerche:* Übermaß, S. 237; *Jäckel:* S. 114.
[193] BGHSt 4, S. 357, BGH DÖV 1955, S. 730; BGH Gutachten vom 28. 4. 1952 = DVBl. 1953, S. 471 ff.; OVG Lüneburg, DVBl. 1955, S. 187/88; OLG Köln, NJW 1953, S. 1846; dazu vgl. *Zippelius:* DVBl. 1956, S. 353 ff.; *von Krauss:* S. 51; *Lerche:* Übermaß, S. 37 f.

F. 3. Allgemeine Gesetze und Wesensgehaltgarantie

Auch diese Auffassung ist bedenklich. Der Wesensgehalt, der durch einen leichten aber unverhältnismäßigen Eingriff verletzt wird, nicht aber durch einen schweren aber verhältnismäßigen, wird dadurch zu einem „wesenlosen Phantom"[194]. Angesichts des Wortes „antasten", das auf einen absoluten Bereich hindeutet[195], ist fraglich, ob ein solch relativierter Wesensbegriff in Art. 19 Abs. 2 GG verwendet werden kann. Ebenso wenig leuchtet es ein, daß der Grundsatz der Verhältnismäßigkeit, den andere aus Art. 3 GG, Art. 1 Abs. 1 oder Art. 20 GG herleiten[196], gerade in Art. 19 Abs. 2 GG zu lokalisieren sein soll. Wie *Jäckel* im einzelnen aufgezeigt hat[197], ist die Entwicklung des Gebotes der Verhältnismäßigkeit als Verfassungsrechtssatz von Art. 19 Abs. 2 GG völlig unabhängig. In der Rechtsprechung des Bundesverfassungsgerichts wird Art. 19 Abs. 2 GG in diesem Zusammenhang nirgendwo erwähnt[198]. Eine Übereinstimmung von Wesensgehalt i. S. des Art. 19 Abs. 2 GG und Übermaßverbot läßt sich demnach kaum begründen.

Einen anderen Weg ist *Dürig* gegangen, indem er versucht, Wesensgehalt und Menschenrechtsgehalt (Art. 1 Abs. 1 GG) des Grundrechts gleichzusetzen[199]. Dem widerspricht zunächst die unterschiedliche Formulierung in Art. 1 GG und Art. 19 GG. Dürigs Auffassung hätte sodann zur Folge, daß der Wesensgehalt auf ein menschenrechtliches Substrat der Grundrechte verkürzt wird. Schließlich würde bei den Grundrechten, die man nicht als Menschenrechte bezeichnen kann[200], Art. 19 GG nach Dürigs These nicht eingreifen können. Auch eine modifizierte subjektive Theorie bietet also keine überzeugenden Ergebnisse.

Es bleibt eine Auffassung, die die Wesensgehaltsgarantie objektiviert, und prüft, welche Bedeutung das Grundrecht nach der Einschränkung noch in der Reihe der Freiheitsrechte und für das soziale Leben besitzt[201]. Die Wesensgehaltsgarantie erhält damit gleichsam eine institutionelle Bedeutung für den Grundrechtskatalog als Bestandsgarantie der Grundrechte[202]. Der vom Bundesverfassungsgericht geforderte abso-

---

[194] *Jäckel:* S. 77.
[195] Herbert *Krüger:* DÖV 1955, S. 598.
[196] Vgl. BVerfGE 7, S. 406/407; *Forsthoff:* Jellinek Gedächtnisschrift, S. 234 f.; *Dürig:* AÖR 81, S. 146.
[197] *Jäckel:* S. 77.
[198] Vgl. BVerfGE 7, S. 377 (406 f.); 8, S. 71 (80); 13, S. 97 (114 f.); 15, S. 226 (234); 17, S. 108 (117); 306 (314).
[199] Zuerst in ZgesStWiss 109, S. 326 ff., zurückhaltender in *Maunz-Dürig:* Art. 79 Rdnr. 42; vgl. ferner *Wintrich:* Festschrift Apelt, S. 7.
[200] Dazu *Dürig* selbst ZgesStWiss 109, S. 329.
[201] Vgl. ähnlich *von Mangoldt-Klein:* Art. 19, Anm. V, 5; *Häberle:* Wesensgehaltgarantie, S. 68 u. passim.
[202] *Jäckel:* S. 111 ff.; ähnlich *Häberle:* Wesensgehaltgarantie, S. 236 f.

lute Schutz der Grundrechte[203] ist dadurch gewährleistet. Art. 19 Abs. 2 GG bildet eine objektive Grenze aller die Grundrechte berührenden Gesetze und steht im Gegensatz zu den „allgemeinen Gesetzen", die die Freiheit des einzelnen Grundrechtsträgers schützen.

Wenn Häberle gleichwohl Einzelfreiheiten und objektiven Wesensgehalt unter der gleichen Kategorie des Institutionellen betrachtet[204] und hier einheitliche Wertprinzipien der Verfassung zum Ausdruck gelangt sieht[205], überbetont er das verfassungsrechtliche Wertsystem[206]. Angesichts seiner Lückenhaftigkeit kann man darin nicht die einzige umfassende Auslegungsnorm des Grundrechtsteils der Verfassung sehen[207].

Auf die erhebliche Gefahr der Verkürzung privater und staatsbürgerlicher Freiheit, die in Häberles Auffassung enthalten ist[208], muß, wie es bereits gegenüber *Hamel* und *Reisnecker* geschehen ist, hingewiesen werden. Mit *Lerches* Worten: Die Variabilität des Freiheitsbegriffes darf nicht in den Freiheitsbegriff der Grundrechte selbst hineingepackt werden[209]. Hier dürfte auch einer der Gründe liegen, die das Bundesverfassungsgericht in seiner Rechtsprechung zu Art. 2 Abs. 1 GG bewogen haben, sich ausdrücklich gegen den von *Peters* vertretenen wertbezogenen Persönlichkeitsbegriff[210] zu wenden[211].

Mit Häberles Auffassung lösen sich zwar fast alle Probleme, sie widerspricht aber jeder systematischen Interpretation und damit Wortlaut, Sinn und Entstehungsgeschichte der Grundrechte; ihr kann deshalb nicht gefolgt werden.

4. Die Auffassung Scheuners

Schließlich bedarf die Auffassung *Scheuners* einer besonderen Behandlung, weil dieser auf der einen Seite betont, daß die Grundrechte nur begrenzte Sachbereiche schützten[212], sie eine objektiv-rechtliche (in-

---

[203] BVerfGE 7, S. 377 (411).
[204] *Häberle:* Wesensgehaltgarantie, S. 96 ff. u. S. 236 ff.
[205] *Häberle:* Wesensgehaltgarantie, S. 234.
[206] Zum ganzheitlichen Wertdenken vgl. die kritischen Bemerkungen bei *Ridder* und *Stein:* DÖV 1963, S. 367, Anm. 29.
[207] *Scheuner:* VVdStRL 22, S. 42 ff., 47 ff.;vgl. dazu den Diskussionsbeitrag von *Dürig:* VVdStRL 22, S. 195 f.
[208] *Čopić:* Grundgesetz, S. 28; *Scheuner:* VVdStRL 22, S. 51, Fußn. 145 hält die Ansichten *Häberles* in manchem für zu weitgehend.
[209] *Lerche:* Übermaß, S. 116.
[210] *Peters:* Festschrift Laun, S. 669 ff.
[211] BVerfGE 6, S. 32, 36 ff.
[212] *Scheuner:* VVdStRL 22, S. 80, 45 ff.

stitutionelle) Seite aufwiesen[213] und die Grenze ihrer Tragkraft vom Kern des Grundrechts her zu entwickeln sei[214], wobei dem Gesetzgeber in der Regel ein weiter Raum gestalterischer Freiheit verbleibe[215], andererseits jedoch die „allgemeinen Gesetze" in herkömmlicher Weise mit Hilfe der Formel *Häntzschels*[216] und, da diese Formel nicht ausreiche, insbesondere einer allgemeinen Güterabwägung i. S. *Smends* bestimmen will[217]. Bei der Abwägung sei zu berücksichtigen, ob Kern- oder Randbereiche der Rechte des Art. 5 Abs. 1 GG in Frage stünden[218].

Meinungs- und Pressefreiheit müssen also hier eine doppelte Hürde übersteigen, um grundrechtlichen Schutz genießen zu können: die der immanenten Schranken und die der „allgemeinen Gesetze". Das steht, wie Scheuner selbst zugibt[219], dem Gedanken einer weitgehenden „Grundrechtseffektivität" entgegen.

Die immanenten Schranken entwickelt Scheuner auf der Grundlage der im Rahmen dieses Kapitels bereits behandelten Vorstellungen[220], verweist zur Begründung einer institutionellen Garantie der Presse jedoch auf deren politische Funktion im demokratischen Staat[221] und ganz allgemein auf die historische Entwicklung der Freiheitsrechte. Gerade diese ist aber auch einer anderen Deutung fähig, wenn man bedenkt, daß bereits in Art. 4 der französischen Verfassung von 1791 die naturrechtliche Vorstellung einer möglichst weiten und absoluten Freiheit formuliert worden ist[222]. Daß dieser Art. gleichzeitig auf das einfache Gesetz verweist, das diese Rechte festlegen soll, ist eher mit dem Vertrauen in den Gesetzgeber, er werde die auftretenden Konfliktsfälle in richtiger Weise lösen, zu erklären, als mit der Kapitulation vor einer allzu weiten Formel[223]. Erst recht kann man die Formel der französischen Aufklärung angesichts des klaren Verfassungswortlautes nicht in einen

---

[213] *Scheuner:* a. a. O., S. 56 ff.
[214] *Scheuner:* a. a. O., S. 50.
[215] *Scheuner:* a. a. O., S. 40.
[216] *Scheuner:* a. a. O., S. 80.
[217] *Scheuner:* a. a. O., S. 81.
[218] *Scheuner:* a. a. O., S. 81.
[219] *Scheuner:* a. a. O., S. 54.
[220] *Scheuner:* a. a. O., S. 40 ff. behandelt Gemeinschaftsgebundenheit und Menschenbild; S. 54 nimmt er auf den fundamentalen Sinn der Menschenrechte Bezug.
[221] *Scheuner:* VVdStRL 22, S. 65 ff. (67, 71).
[222] Zu Art. 4 der Verfassung von 1791 und der Deklaration von 1789 s. o. Kap. II A, 4; vgl. auch die ähnliche Formulierung in Art. 6 der Konventsverfassung von 1793.
[223] Im letzteren Sinne *Scheuner:* VVdStRL 22, S. 42.

vorgesellschaftlichen Raum verweisen[224]. Bei Scheuners Auffassung wird auch nicht klar, wie die Unterscheidung zwischen immanenten Schranken und Beschränkungen i. S. des Art. 5 Abs. 2 GG praktisch zu treffen ist. Er selbst sieht Maßnahmen zur Bekämpfung verfassungsfeindlicher und strafbarer Bestrebungen einmal als immanente Schranken an[225], ein andermal als „allgemeine Gesetze", soweit sie zum Schutze des Staates notwendig seien[226]. Die Unsicherheit darüber, was durch Art. 5 Abs. 1 GG grundsätzlich geschützt ist, führt zur weiteren Relativierung des Grundrechtes. Der Deutung der „allgemeinen Gesetze" mit Hilfe der Güterabwägung steht die Verfassungskraft der Grundrechte entgegen[227].

G. Der Gesetzesbegriff

Im Gegensatz zur Beschäftigung mit der Bedeutung des „Allgemeinen" hat die Frage des Gesetzesbegriffes in Art. 5 Abs. 2 GG stets ein Schattendasein geführt[228]. In der Weimarer Zeit vertrat man durchgehend die Auffassung, in Art. 118 WRV sei das Gesetz im materiellen Sinne gemeint[229]. Soweit dies nicht ausdrücklich gesagt wurde, kann man es daraus entnehmen, daß die auf Grund der Ermächtigungsgrundlage des § 14 PVG ergehenden Polizeiverordnungen als „allgemeine Gesetze" bezeichnet wurden[230].

Unter der Geltung des Grundgesetzes unterteilt die herrschende Meinung die grundrechtlichen Gesetzesvorbehalte ohne inhaltliche Bezüge in solche, die materielle und solche, die formelle Gesetze meinen. Während sie sich bei Eingriffen in Freiheit und Eigentum wie auch bei Art. 8 Abs. 2, Art. 13 Abs. 3, Art. 16 Abs. 1 Satz 2 und Art. 19 Abs. 1 Satz 1 GG für den terminus technicus des formellen Gesetzes ausspricht[231], neigt sie bei Art. 5 Abs. 2 GG dazu, jeden abstrakten generellen Rechtssatz (Gesetz im materiellen Sinne) allein an der Schranke des „Allgemeinen" zu

---

[224] So aber *Scheuner*: VVdStRL 22, S. 42, Fußn. 121; anderer Ansicht *Hamel*: S. 30, wenn er darin den spezifisch französischen Begriff vom Individuum erblickt.
[225] *Scheuner*: Recht — Staat — Wirtschaft IV, S. 107, 93.
[226] *Scheuner*: VVdStRL 22, S. 81.
[227] Vgl. im einzelnen Kap. III, C.
[228] *Reisnecker*: S. 173.
[229] *Anschütz*: WRV, Art. 118, Anm. 4 d (S. 556); *Häntzschel*: AöR NF 10, S. 236; *Hellwig*: Grundrechte und Grundpflichten, S. 19.
[230] *Smend*: VVdStRL 4, S. 52; PrOVG 78, S. 264.
[231] *von Mangoldt-Klein*: Art. 14, Anm. VII, 7 b; Art. 2, Anm. VII, 1 mit weiteren Nachweisen; *Wernicke* in BK, Erl. II, 2 a zu Art. 10; *Giese*: Grundgesetz, Erl. II 7 zu Art. 2; LVG Hannover DVBl. 1955, S. 328/29; a. M. *Jellinek*: DVBl. 1951, S. 284 für Art. 14 GG (auch ungeschriebene Rechtssätze).

G. Der Gesetzesbegriff

messen[232]. In Wahrheit ist diese Frage nicht isoliert zu lösen, sondern hängt weitgehend von der Bedeutung, die man den Rechten des Art. 5 Abs. 1 GG und der generellen Schrankenformel des Art. 5 Abs. 2 GG gibt, ab[233].

Sieht man etwa die „allgemeinen Gesetze" nur als deklaratorische Schranke an[234] und in Art. 5 Abs. 1 GG den Schutz des nicht einschränkbaren Menschenrechts der Meinungsfreiheit verbürgt[235], so kommt es nicht darauf an, ob ein förmliches Gesetz oder eine Rechtsverordnung die wesensmäßigen Beschränkungen der Meinungsbetätigung ausspricht[236]. Art. 5 Abs. 1 GG wird, wenn die immanenten Begrenzungen nicht überschritten werden, nicht berührt. Auch dort, wo allein der Wesensgehalt der Rechte des Art. 5 Abs. 1 GG als von der Verfassung garantiert angesehen wird[237], ist es ohne Belang, ob in den Randbereichen durch formelles Gesetz oder Normen minderen Rechtsranges die Freiheiten des Art. 5 Abs. 1 GG beschränkt werden.

Dagegen hat man aus einer institutionellen Garantie der Pressefreiheit den Schluß gezogen, diese Freiheit sei polizeifest und damit auch nicht durch auf die Generalklausel gestützte Polizeiverordnungen einschränkbar[238]. Dieser Schluß ist nicht zwingend[239], es sei denn, man würde den formellen Schutz der Pressefreiheit, wie ihn das RPG bot, in Art. 5 Abs. 1 GG transponieren[240].

Soweit der negatorische Charakter der Rechte des Art. 5 Abs. 1 GG betont wird[241], spricht die Parallele zu den übrigen bei Grundrechten genannten Einschränkungsmöglichkeiten, bei denen die herrschende Meinung den formellen Gesetzesbegriff vertritt, dafür, auch hier entsprechend zu entscheiden. Jedenfalls kann diese Auffassung wegen des Institutscharakters des Art. 14 GG[242] keinen Vergleich zu den Schranken

---

[232] *von Mangoldt-Klein*: Art. 5, Anm. IX, 3 a; *Kemper*: S. 68; *Reisnecker*: S. 173 ff.; *Ridder*: JZ 1953, S. 249; *Drews-Wacke*: 6. Aufl. S. 59; BVerfGE 20, S. 176 spricht im Zusammenhang mit den „allgemeinen Gesetzen" von „allgemeiner Rechtsordnung".
[233] Ebenso *Reisnecker*: S. 173 ff.
[234] *Hamel*: S. 41; *Häberle*: Wesensgehaltgarantie, S. 51 ff.; *Reisnecker*: S. 174.
[235] *Reisnecker*: S. 174 und passim.
[236] So folgerichtig *Reisnecker*: S. 174.
[237] *Schnur*: VVdStRL 22, S. 157 II, 1; *Häberle*: Wesensgehaltgarantie, S. 234.
[238] *Löffler*: NJW 1960, S. 29 (30).
[239] So hat *Ridder* (Grundrechte II, S. 281/282 und JZ 1953, S. 249) die polizeiliche Generalklausel als „allgemeines Gesetz" bezeichnet.
[240] Das geschieht bei *Löffler*: Presserecht § 1 RPG, Rdnr. 19 und DÖV 1958, S. 897; *Schnur*: VVdStRL 22, S. 131 ff., S. 157 sub II, 3; vgl. auch *Ridder*: VVdStRL 22, S. 175; *Ćopić*: Grundgesetz, S. 34/35.
[241] *Kemper*: S. 26; *Schnur*: VVdStRL 22, S. 101 und die Fußn. 13 Zitierten.
[242] *Hesse*: Grundzüge, S. 167.

des Eigentums in Art. 14 Abs. 1 Satz 2 GG, der materielle Gesetze meint[243], ziehen[244].

Schließlich hat man versucht, „Gesetze" i. S. des Art. 5 Abs. 2 GG nicht lediglich formell mit der Begründung auszulegen, bei dem Streit um den Begriff der „allgemeinen Gesetze" gehe es um den Inhalt und nicht um den Urheber der Gesetze[245]. Das ist deshalb nicht überzeugend, weil es auch sonst bei der Einschränkung von Grundrechten um Vorschriften geht, die zum Schutze bestimmter Rechtsgüter (vgl. Art. 13 Abs. 3 GG) oder zum Ausschluß bestimmter Folgen (vgl. Art. 16 Abs. 1 GG) erlassen werden und demnach inhaltlich bestimmt sind.

---

[243] BVerfGE 8, S. 71 (79); *Hamann:* Art. 14, Anm. B 4 a; *Abraham* in BK Art. 14, Anm. II, 4.
[244] Unrichtig *Kemper:* S. 68.
[245] P. *Schneider:* ROW 1957, S. 144 (146); *Kemper:* S. 68.

Kapitel V

Die Rechtsprechung zum Begriff der „allgemeinen Gesetze"

Während in der Weimarer Zeit die Gerichte nach anfänglicher Unsicherheit[1] der damals herrschenden Auffassung *Häntzschels* folgten[2] und dessen Formel benutzten, ohne deren Nachteile abstrakt oder im konkreten Fall zu überdenken, hat die Rechtsprechung der Nachkriegszeit zum Teil nach Lösungen gesucht, die der Bedeutung von Meinung und Presse für den Prozeß der öffentlichen Meinungsbildung und die Demokratie schlechthin gerecht werden sollten[3].

A. Kritische Betrachtung der Rechtsprechung des Bundesverfassungsgerichts

Das Bundesverfassungsgericht, das die individualrechtliche Seite der Grundrechte als die wesentliche ansieht[4], hat seine grundlegende Auffassung zum Begriff der „allgemeinen Gesetze" im sog. Lüth-Urteil[5] in einem lehrbuchartigen Vorspann niedergelegt. In einem ersten Schritt der Katalogisierung der Normen setzt es die Formulierungen *Häntzschels* und *Smends* und die Rechtsgüterschutzformel *Gieses*[6] hintereinander und erklärt diese unter Hinweis auf die Ausleger des Grundgesetzes für richtig. An diese Stufe der abstrakten Bestimmung der Norm schließt das Gericht einen zweiten Schritt an, der auf eine Abwägung im Einzelfall hinausläuft. Ist ein Gesetz als „allgemeines" und damit zulässiges Gesetz bestimmt, soll die Bedeutung des Grundrechts gegenüber dem Wert des im „allgemeinen Gesetz" geschützten Rechtsgutes unter Beachtung aller Umstände des Einzelfalles abgewogen wer-

---

[1] PrOVG Bd. 77, S. 512 ff. (519 f.); BayOLG DJZ 1923, Spalte 504.
[2] RG JW 1930, S. 2139 f.; PrOVG Bd. 83, S. 208 ff.
[3] Vgl. die dahingehenden Ausführungen in BVerfGE 7, S. 208; 12, S. 225; 5, S. 134 ff., 205.
[4] *Leibholz-Rinck:* vor Art. 1, Rdnr. 2; *Reissmüller:* JZ 1960, S. 529.
[5] BVerfGE 7, S. 198 (206 ff.).
[6] *Giese:* 4. Aufl., Art. 5, Anm. II, 6: Gesetze sind alle Rechtsgüterschutzgesetze.

den[7]. Dahinter steht die Absicht, aus der Dynamik des Art. 5 Abs. 1 heraus eine weitere Beschränkung der Schrankengesetze zu erreichen[8].

Dieser Weg des Prozedierens wird allerdings in der konkreten Entscheidung nur unvollkommen angewandt. Während zunächst gesagt wird, daß auch Vorschriften des BGB „allgemeine Gesetze" sein können, ohne daß präzisiert würde, welche Normen hiermit gemeint sind[9], wird dies ohne weitere Begründung und Subsumtion jedenfalls für die Vorschriften, die die Ehre und andere wesentliche Güter der menschlichen Persönlichkeit schützen sollen, insbesondere § 826 BGB, bejaht[10]. § 826 BGB schützt aber nicht nur Ehre und Persönlichkeitsgüter, sondern *alle* Rechte und Güter gegen sittenwidrige Angriffe. Die zweite Stufe, die Güterabwägung im Einzelfall, behandelt das Gericht für den zur Entscheidung stehenden Boykott dagegen ausführlicher. Umstände und Intentionen im Einzelfall und allgemeine politische Erwägungen werden herangezogen. Hier liegt der Schwerpunkt der konkreten Entscheidung[11].

Ähnlich wie im Lüth-Urteil hat das Bundesverfassungsgericht auch im sog. Schmid-Spiegel-Beschluß, in dem es um die Normen der §§ 185 ff., 193 StGB geht, die Frage der „allgemeinen Gesetze" behandelt und gelöst[12]. Dagegen lassen es die Formulierungen in jüngeren Entscheidungen möglich erscheinen[13], daß das Gericht von seiner zweistufigen Methode abrücken und zu einer einheitlichen konkreten Güterabwägung gelangen will. So heißt es im ersten Spiegel-Beschluß[14], es sei zwischen den Erfordernissen einer freien Presse und denen der Strafverfolgung

---

[7] BVerfGE 7, S. 212 unten, 215 oben.

[8] Der Wortlaut der Entscheidung ist nicht ganz eindeutig. Während auf S. 208/209 der Eindruck entsteht, daß das Gericht die Verbindlichkeit einer Auslegung der „allgemeinen Gesetze" durch die anderen Gerichte ablehnt und davon ausgeht, daß nur eine *abstrakte* Bestimmung zu erfolgen hat, ergibt sich erst auf S. 210 unten und insbesondere S. 212, daß in einer zweiten Stufe eine „Güterabwägung" im Einzelfall durch den Richter vorgenommen werden muß. *Nipperdeys* Vorwurf (DVBl. 1958, S. 448), das BVerfG schränke unzulässigerweise *Gieses* Formel für den Begriff der allgemeinen Gesetze (s. Fußnote 6) auf „Gemeinschaftswerte" ein, trifft aber, jedenfalls im Ergebnis, das BVerfG nicht, da es auf S. 210 und auch in der konkreten Entscheidung die Verletzung eines individuellen Rechtsgutes genügen läßt (*Bettermann*: JZ 1964, S. 602). Begründete Kritik an der vom BVerfG gewählten Formulierung; „Die dem *Wortlaut* nach einschränkenden Gesetze müssen selbst unter Umständen wieder eingeschränkt werden", übt dagegen *Schmidt-Leichner* (NJW 1961, S. 819).

[9] BVerfGE 7, S. 212.

[10] BVerfG a. a. O., S. 212 unten, S. 214.

[11] BVerfG a. a. O., S. 215—230.

[12] BVerfGE 12, S. 113 ff.

[13] BVerfGE 15, S. 78; 15, S. 225.

[14] BVerfGE 15, S. 78.

abzuwägen, in der einstweiligen Anordnung vom 18.12.1962[15], es bedürfe einer Abwägung zwischen den Erfordernissen einer freien Presse und denen der Strafverfolgung bei jeder strafprozessualen Maßnahme[16]. Da in diesen Beschlüssen direkt oder mittelbar die früheren Entscheidungen des Gerichtes zitiert werden[17], kann es sich dabei aber auch um eine Kurzformel für die bis dahin vertretene Auffassung handeln. Dafür spricht, daß im neuesten Spiegel-Teilurteil[18] unter Bezugnahme auf das Lüth-Urteil eine längere Auseinandersetzung mit der Frage erfolgt, ob die §§ 99, 100 StGB „allgemeine Gesetze" seien[19]. Allerdings wird dort nicht mehr die alte klassifizierende Formel angewandt, sondern im Ergebnis darauf abgestellt, daß sowohl Staatssicherheitsvorschriften als auch die Pressetätigkeit der Erhaltung des Bestandes der Bundesrepublik Deutschland — im recht verstandenen Sinne — dienen sollen. Das Interesse an Staatssicherheit und die Pressefreiheit seien deshalb „keine sich ausschließenden Gegensätze, sondern einander zugeordnet". Mag man hierin Anzeichen einer Auflösung der in früheren Urteilen als abstrakt bestimmbar hingestellten „allgemeinen Gesetze" oder eine neue Sicht der Einordnung der im Verfassungsleben i. S. von nicht organisierter Verfassungswirklichkeit stehenden Presse in die geschriebene Rechtsordnung sehen, die neuen Formulierungen des Bundesverfassungsgerichts zeigen jedenfalls, daß von einer gefestigten Rechtsprechung im Bereich des Art. 5 Abs. 2 GG nicht die Rede sein kann[20].

Die Auffassung des Bundesverfassungsgerichts, wie sie durch das Lüth-Urteil begründet wurde, ist im Schrifttum zumeist auf Kritik gestoßen[21]. Diese vermag zum Teil jedoch nicht zu überzeugen. Wenn

---

[15] BVerfGE 15, S. 223 ff.

[16] Vgl. auch BVerfGE 21, S. 239 ff. (243); 271 ff. (281); anders die Entscheidung BVerfGE 11, S. 234 ff. Dort erfolgt bei der Prüfung, ob die Bestimmungen des GjS nach Art. 5 Abs. 2 GG zulässig sind, kein Rekurs auf die Dynamik des Art. 5 Abs. 1 GG (so richtig *Schwenk*: NJW 1962, S. 1322).

[17] Vgl. BVerfGE 15, S. 78 und 15, S. 225. Die letzte Entscheidung verweist auf die erste im 15. Band, wo wiederum BVerfGE 7, S. 198 (208 ff.); 10, 118 (121); 12, S. 113 (130) ausdrücklich zitiert sind.

[18] BVerfGE 20, S. 162 ff.

[19] BVerfG a. a. O., S. 176 ff.

[20] Vgl. neuestens das Urteil zu § 37 Abs. 2 Satz 3 AVAVG (BVerfGE 21, S. 271 ff. = NJW 1967, S. 976 f.; JUS 1967, S. 326), das ein Gesetz für verfassungswidrig hält, „dessen Verbot nur die Presse trifft" (a. a. O., S. 280). Dagegen liegt im Spiegel-Teilurteil (BVerfGE 20, S. 162 ff.) — einschließlich der in das Urteil aufgenommenen dissenting opinion der einen Hälfte der Richter — der Schwerpunkt auf der methodisch 2. Stufe des Lüth-Urteils, der Abwägung der einzelnen Strafverfolgungsmaßnahmen am Gehalt des Art. 5 Abs. 1 GG.

[21] *Nipperdey*: DVBl. 1958, S. 448 ff.; *Bettermann*: JZ 1964, S. 602; *Schwenk*: NJW 1962, S. 1321 ff.; zustimmend dagegen *Dürig*: DÖV 1958, S. 194 ff.; im wesentlichen auch *Maunz-Dürig-Herzog*: Art. 5 Rdnr. 249 ff.

Nipperdey[22], der von der Auffassung ausgeht, Art. 5 Abs. 1 GG enthalte in erster Linie individuelle Rechte des einzelnen und besitze weniger eine wertbildende Funktion für das Gemeinschaftsleben, dem Bundesverfassungsgericht vorwirft, es lasse nur durch wichtigere *Gemeinschaftswerte* eine Einschränkung des Grundrechts zu, so richtet sich dieser Angriff eher gegen Smend als gegen das Bundesverfassungsgericht. Denn dieses läßt — wie Nipperdey — allgemeine Gesetze auch zum Schutz individueller Rechtsgüter eintreten[23].

Auch bei *Bettermann*[24] vermißt man eine differenzierte Stellungnahme, wenn dort die Auffassung des Bundesverfassungsgerichts als Variante der *Smend'schen* Lehre verstanden und mit entsprechenden Argumenten abgetan wird. Im Unterschied zu Smend will das Gericht insbesondere der Bedeutung der Meinungsäußerungsfreiheit für die Demokratie und der Presse als Faktor der öffentlichen Meinung gerecht werden[25]. Es spricht von einer „institutionellen Eigenständigkeit der Presse"[26]. Der anfechtbare Weg nochmaliger konkreter Güterabwägung ist nur ein Vehikel, um die Effektivität des Grundrechts zu erreichen. Von dieser Absicht ist das Gericht ersichtlich getragen, so daß die logische Folge seiner Methode, die Einschränkung der als allgemein erkannten Gesetze, zwar möglicherweise ein untaugliches Mittel ist, es aber nicht in die unmittelbare Nähe Smends rücken kann.

Schließlich treffen *Schwenks* Angriffe[27] das Bundesverfassungsgericht nicht. Auch wenn man der Lösung des Gerichts folgt, braucht Art. 19 Abs. 2 GG, den Schwenk als die einzig mögliche „Begrenzung der Begrenzung des Grundrechts" ansieht[28], nicht leerzulaufen. Denn die vom Bundesverfassungsgericht vorgenommene Korrektur der „allgemeinen Gesetze" durch Güterabwägung im Einzelfall hat eine andere Richtung als die von Schwenk eingeschlagene, die auf den durch den Wesensgehalt angezeigten letzten unantastbaren Bereich menschlicher Freiheit[29] zielt. Das Gericht will mit Hilfe der Dynamik des Art. 5 Abs. 1 GG den Freiheitsbereich selbst noch in den Bereich der „allgemeinen Gesetze" vortreiben, während Art. 19 Abs. 2, wenn man dessen Auslegung durch das

---

[22] *Nipperdey:* DVBl. 1958, S. 448.
[23] BVerfGE 7, S. 209 unten und Fußn. 8.
[24] *Bettermann:* JZ 1964, S. 602 links, S. 604 rechts.
[25] Vgl. die gewichtigen Sätze in BVerfGE 7, S. 198 ff. (208).
[26] BVerfGE 10, S. 118 (121); Allerdings soll dieser Ausdruck dem Gericht terminologisch „herausgerutscht sein". (*Stern:* Funktionsgerechte Finanzierung, S. 24, Fußn. 65).
[27] *Schwenk:* NJW 1962, S. 1321 ff.
[28] Vgl. ähnlich BGH NJW 1964, S. 29 (31), Blinkfüer-Urteil.
[29] Vgl. BVerfGE 6, S. 41.

Gericht folgt[30], den Anspruch auf Mindestfreiheit garantieren soll, gleichgültig, ob das einfache Gesetz als allgemeines oder schon unter dem Gesichtspunkt des Art. 5 Abs. 2 GG unzulässiges Sondergesetz zu betrachten ist[31].

Gegenüber der Auffassung des Bundesverfassungsgerichts sind jedoch im Hinblick auf Ergebnis und Vorgehen folgende Einwände geltend zu machen: Zunächst erscheint es nicht angängig, wenn das Bundesverfassungsgericht auf der ersten Stufe seiner Interpretation sich Häntzschels und Smends Formel in einer Weise bedient, als müßten sie zum gleichen Ergebnis führen. Nach Häntzschels Auffassung muß ein Gesetz, das sich gegen eine bestimmte Meinung, eine Art der Meinungsäußerung usw. richtet, notwendig als „besonderes" Gesetz Art. 5 Abs. 1 GG zuwiderlaufen; nach Smends Meinung ist das dann nicht der Fall, wenn das Verbot der Meinungsäußerung wegen eines höherrangigen Rechtsgutes erfolgt ist. Auch die größere Relativität der Smend'schen Meinung verbietet es, beide Auffassungen als ergebnisgleich zu behandeln[32].

Sodann sind Stufen 1 und 2 des verfassungsgerichtlichen Prozedierens insofern widersprüchlich, als es nach der in der ersten Stufe übernommenen Smend'schen Meinung darauf ankommt, ob die im einfachen Gesetz geschützten Güter Gemeinschaftswerte, schutzwürdige Werte der Allgemeinheit sind. Ein individuelles Rechtsgut soll den Freiheitsbereich des Art. 5 Abs. 1 GG dagegen nicht einschränken. Das Bundesverfassungsgericht will jedoch (auf der zweiten Stufe) gerade auch eine Abwägung der individuellen Rechtsgüter, der Umstände des Einzelfalles mit Art. 5 Abs. 1 GG zulassen[33].

Abgesehen von dieser an der mangelnden Klarheit der Entscheidungen ansetzenden Kritik, widerspricht das Vorgehen des Gerichtes aber auch dem insoweit eindeutigen Verfassungswortlaut[34]. Dieser läßt eine nochmalige Abwägung der einmal als „allgemeines Gesetz" bestimmten Vorschrift mit Art. 5 Abs. 1 GG unter Berücksichtigung der Umstände des Einzelfalles nicht zu[35]. Vielmehr ist die Schrankenziehung abstrakt. Nach Auffassung des Verfassungsgebers ist die „Höherwertigkeit des Art. 5 Abs. 1 GG mithin gegeben, wenn ein allgemeines Gesetz vor-

---

[30] Vgl. BVerfGE 2, S. 285; *Giese:* 7. Aufl., Art. 19, Anm. 4.

[31] Dieses Verhältnis von „allgemeinen Gesetzen" und Art. 19 Abs. 2 GG verkennen *Maunz-Dürig-Herzog:* Art. 5, Rdnr. 254.

[32] s. im einzelnen Kap. III B, C.

[33] *Nipperdey:* DVBl. 1958, S. 448; *Maunz-Dürig-Herzog:* Art. 5, Rdnr. 252.

[34] Ebenso *Nipperdey:* DVBl. 1958, S. 449; *Lerche:* Übermaß, S. 150; *Bettermann:* JZ 1964, S. 602; *Ridder:* JZ 1961, S. 538; *Schmidt-Leichner:* NJW 1961, S. 819.

[35] *Lerche:* Übermaß, S. 150 und die in Fußn. 33 Genannten.

liegt"[36]. Selbst wenn eine Begriffsbestimmung in abstracto unüberwindliche Schwierigkeiten bereiten sollte, verbietet sich eine Auffassung, wie die des Bundesverfassungsgerichts, die über den Wortlaut des Art. 5 Abs. 1 GG hinaus eine weitere nicht verfassungsrechtlich begründbare Grenzlinie zieht[37].

Schließlich geht das Gericht, indem es Art. 5 Abs. 1 GG zur Bestimmung des zulässigen Eingriffes heranzieht, den gleichen methodischen Irrweg, wie es ihn mit der Abwägung der verfassungsmäßigen Gesetze auch am Wertgehalt des Art. 2 Abs. 1 GG[38] beschritten hat. In Art. 5 GG ist der Raum der Freiheit das Terrain, das sich innerhalb der durch Art. 5 Abs. 2 GG gezogenen Grenzen befindet. Diese Grenzen (oder Schranken) kann man nicht mit Hilfe dessen bestimmen, was durch Ermittlung der Schranken erst festgelegt werden kann. Nichts anderes tut das Bundesverfassungsgericht jedoch durch seine Abwägung auf der zweiten Stufe. Für diese Stufe kann man schließlich mit *Schmidt-Leichner*[39] argumentieren, daß dem Integrationsprozeß, den das Grundrecht aus seiner übergeordneten Funktion in Gang setzt, niederrangiges Recht stets weichen müsse, so daß sich eine Abwägung im konkreten Fall erübrige.

Schwenks Kritik an der Wechselwirkungslehre des Bundesverfassungsgerichts und sein Hinweis auf Art. 19 Abs. 2 GG als Schrankenschranke deuten auf den letzten Einwand gegenüber dieser Rechtsprechung hin. Da sich sowohl die zweite Stufe der Güterabwägung als auch die Wesensgehaltsgarantie des Art. 19 Abs. 2 GG formal als Begrenzung der „allgemeinen Gesetze" darstellen — wenn auch der Intention nach gleichsam auf dem oberen und unteren Ende einer Stufenleiter — besteht die Gefahr, daß sich beide Begrenzungen inhaltlich vermischen und in einem Nebel der Güterabwägung das Gericht dahin gelangen lassen, daß es am Ende nur noch den Wesensbereich von Meinungs- und Pressefreiheit als garantiert ansieht. Das Bundesverfassungsgericht müßte, um dieser Gefahr zu entgehen, die grundlegende Bedeutung der Meinungsäußerungsfreiheit für den demokratischen Staat nicht isoliert hinstellen, sondern mit Hilfe seiner inhaltsschweren Formulierung eine möglichst exakte Definition der „allgemeinen Gesetze" aufstellen[40].

---

[36] *Nipperdey:* DVBl. 1958, S. 449.
[37] Insoweit folgerichtig *Schwenk:* NJW 1962, S. 1321 ff.
[38] Grundentscheidung: BVerfGE 6, S. 32 ff.; vgl. zu Art. 2 Abs. 1 zuletzt W. *Schmidt:* AÖR 1966, S. 42 f., *Rupp:* NJW 1966, S. 2037.
[39] *Schmidt-Leichner:* NJW 1961, S. 820; vgl. auch die kritische Bemerkung von *Ridder:* (Das Recht auf Information, S. 28), das Bundesverfassungsgericht katapultiere die Meinungsfreiheit in die Ebene des schlichten Gesetzes hinunter.
[40] Zu den Gefahren des „ipse-dixit-Prozedierens" *Schnur:* VVdStRL 22, S. 127 f.; a. A. *Pelckmann:* NJW 1966, S. 207, der dahin tendiert, daß der

B. Rechtsprechung des Bundesgerichtshofes und vorherrschende Ansicht der Zivilgerichte

Die Zivilrechtsprechung hat sich bisher im Zusammenhang mit Gewerbebetriebs- und Wettbewerbsschutz, Persönlichkeitsschutz und der polizeilichen Generalklausel ausführlicher mit den Schranken der Meinungs- und Pressefreiheit beschäftigt. Im Bereich der Staatsschutzbestimmungen wird dagegen ein Hinweis auf Art. 5 GG als „offensichtlich unbegründet" abgetan[41], die Strafgesetze schlechthin als „allgemeine Gesetze" angesehen[42] oder diese Frage überhaupt nicht erwähnt[43].

Schon bevor das Lüth-Urteil des Bundesverfassungsgerichts ergangen war, hat der BGH im sogen. Constanze-Fall[44] eine Abwägung zwischen Gewerbekritik und Rechten des Art. 5 Abs. 1 GG im Wege eines konkreten Gütervergleichs vorgenommen, ohne daß dieser Weg mit einer Auslegungsmethode der „allgemeinen Gesetze" in Verbindung gebracht worden wäre[45]. Auch darüber, ob es sich bei dem gewerbeschützenden Gesetz um ein „allgemeines Gesetz" im Sinne des Art. 5 Abs. 2 GG handelt, findet sich nichts. Die Kernsätze des BGH lauten:

„Eine sachliche Kritik an der Zeitschrift der Klägerin wäre selbst dann nicht widerrechtlich, wenn sie nachteilige Folgen für die Klägerin hätte, da eine solche Kritik nach Art. 5 GG jedem auf Grund seines Rechtes zur freien Meinungsäußerung offensteht. Gewerbestörende Werturteile aber, die den Boden der sachlichen Kritik verlassen, sind nur dann der Widerrechtlichkeit entkleidet, wenn sie nach Inhalt, Form und Begleitumständen zur Wahrnehmung rechtlich gebildeter Interessen objektiv erforderlich sind."

Auch in den dem Lüth-Urteil nachfolgenden Entscheidungen des BGH wird die Verfassungsrechtsprechung zwar zitiert[46], die Methode im konkreten Fall aber nicht übernommen. Auf Grund des Wortlautes des Art. 5 Abs. 2 GG hätte sich eine Untersuchung darüber, ob ein „allgemeines Gesetz" vorliegt, zwar dann erübrigt, wenn es sich um Fälle des Ehr- und Persönlichkeitsschutzes handelte[47]. Lagen dagegen Eingriffe in

---

schmale Grat der richtigen Entscheidung zwischen Meinungs-, Pressefreiheit und „allgemeinen Gesetzen" *richterabhängig* sei.

[41] BGHSt 17, S. 28 (35).
[42] BGHSt 18, S. 302.
[43] BGHSt 12, S. 174; 14, S. 293; 16, S. 49, sämtl. zu § 93 bzw. 130 StGB. BGHSt. 18, S. 302; 17, S. 39 (zu § 42 e StGB) zitieren zu Unrecht BVerfGE 9, S. 166 und 10, S. 122.
[44] BGHZ 3, S. 270.
[45] In der ebenfalls vor dem Lüth-Urteil ergangenen Parallelentscheidung BGHZ 24, S. 200, ist Art. 5 GG nicht mehr erwähnt.
[46] Vgl. BGHZ 31, S. 308 (313).
[47] Wie z. B. im BGHZ 31, S. 308 (312); BGH NJW 1963, S. 904. Der Schmid-Spiegel-Beschluß der BVerfGE 12, S. 113 ff. prüft auch in diesen Fällen das einfache Gesetz unter dem Gesichtspunkt der „allgemeinen Gesetze".

den Gewerbebetrieb durch die Presse vor[48], wäre, wenn man nach der Methode des Bundesverfassungsgerichts vorgegangen wäre, zunächst eine Prüfung unter dem Gesichtspunkt der „allgemeinen Gesetze" erforderlich gewesen, vorausgesetzt, daß man mit dem BGH insoweit eine Drittwirkung der Grundrechte des Art. 5 Abs. 1 GG bejaht. Indessen verlagert der BGH auch hier das Problem in die Auslegung des als Rechtfertigungsgrund analog herangezogenen § 193 StGB, dessen Vorliegen oder Nichtvorliegen durch Güterabwägung im Einzelfall ermittelt wird[49]. Im Ergebnis entsprechen diese Entscheidungen des BGH jedoch der Auffassung des Lüth-Urteils. Denn um zu einer Abwägung bei der Station der Rechtswidrigkeit des Deliktstatbestandes zu gelangen, bedarf es der stillschweigenden Unterstellung, daß die Deliktsnorm als solche mit Art. 5 Abs. 1 GG vereinbar, insbesondere also „allgemeines Gesetz" ist. Daß der BGH so vorgeht, wird nicht nur in neueren Entscheidungen deutlich[50], sondern zeigt sich auch an der grundlegenden Entscheidung des Gerichtes zum Charakter der polizeilichen Generalklausel als allgemeinem Gesetz[51].

Dort werden zunächst die Polizeigesetze im Anschluß an eine angeblich herrschende Lehre als „allgemeine Gesetze" im Sinne des Art. 5 Abs. 2 GG bezeichnet. Im folgenden wird die daraus sich ergebende Eingriffsmöglichkeit der Polizei allerdings — im Widerspruch zum Wortlaut des Grundgesetzes — dahingehend eingeschränkt, daß es der Polizei nicht gestattet sei, unter Berufung auf ein allgemeines Polizeigesetz eine Tätigkeit zu unterbinden, die sich im Rahmen der durch das Grundrecht gesicherten Freiheit halte. Erst der Verstoß gegen die Rechtsgütertrias des Art. 2 Abs. 1 GG gebe ihr Handlungsfreiheit[52]. In einem zweiten Schritt wird die auf Grund des Polizeigesetzes ergangene Polizeiverfügung daraufhin überprüft, ob die Polizei die durch das Grundgesetz gesetzten Grenzen einhält[53], die enger seien als die etwa im Polizeigesetz vorausgesetzte abstrakte Gefahr. Die Grenze liege dort, „wo die Verbreitung des Gedankengutes sich im Einzelfall zu einer Aktion verdichte, die die öffentliche Ordnung und die Sicherheit und den Be-

---

[48] Wie in BGH MDR 1964, S. 480; BGH, Der Betrieb 1965, S. 143.
[49] BGHZ 31, S. 313; BGH NJW 1963, S. 904; BGH MDR 1961, S. 480; BGHSt 12, S. 287 (293); vgl. die Kritik von *Ridder:* JZ 1961, S. 538.
[50] BGHSt 18, S. 296 = NJW 1963, S. 1315 zu §§ 90 a, 128 StGB; BGHSt 17, S. 38 ff. zu § 42 l StGB.
[51] BGHZ 12, S. 197 ff.
[52] Der entscheidende Satz lautet: „Wenn sich der Bürger zu Unrecht auf die ihm durch das Grundrecht eingeräumte Freiheit beruft, weil sein Verhalten über den eigenen Freiheitsbereich hinauswirkt und Rechte Dritter, die verfassungsmäßige Ordnung oder das Sittengesetz verletzt (Art. 2 Abs. 1 GG), stellen sich die allgemeinen Polizeigesetze nur als eine Beschränkung dar, die dem Grundrecht seiner Natur nach innewohnt."
[53] BGHZ 12, S. 204.

stand der demokratischen Grundordnung der BRD angreife"[54]. Eine solche Aktion wird in einer der Werbung für die Weltjugendfestspiele dienenden Zeitungsannonce gesehen, die als Propaganda über die bloße Meinungsäußerung hinausgehe.

Die Rechtsprechung der Oberlandesgerichte orientiert sich ausdrücklich und im Vorgehen an der verfassungsgerichtlichen Entscheidung im Lüth-Fall[55].

Gegenüber dieser Rechtsprechung der Zivilgerichte sind die gleichen Bedenken geltend zu machen, wie sie bereits unter A gegenüber der des Bundesverfassungsgerichts erhoben worden sind. Insbesondere findet auch bei der Prüfung des § 193 StGB als Rechtfertigungsgrund — einer, wie BGH und Bundesverfassungsgericht formulieren, „besonderen Ausprägung des Art. 5 GG"[56] — eine mit Art. 5 GG unvereinbare nochmalige Abwägung (Wechselwirkung) statt, da die Anwendung des § 193 StGB die Klassifizierung der Grundnorm als „allgemeines Gesetz" impliziert.

C. Sonstige Auffassungen von Gerichten im Problemkreis der „allgemeinen Gesetze"

1. Bundesarbeitsgericht

Bereits in einer Entscheidung im 1. Bande hat sich das BAG mit dem Begriff der „allgemeinen Gesetze" bei Überprüfung einer Arbeitsordnung beschäftigt[57]. In Kenntnis der überkommenen Problematik hat es sich für die *Rothenbücher'sche* Formel des durch Art. 5 Abs. 2 GG inhibierten Verbotes bestimmter Meinungsäußerungen entschieden, gleichzeitig jedoch *Smend* zitiert, ohne dessen anderen Ausgangspunkt zu beachten. Eine Güterabwägung im Einzelfall in einer weiteren Stufe wird vom BAG nicht vorgenommen. Das Gericht hat seine Auffassung auch in einer nach dem Lüth-Urteil ergangenen Entscheidung[58] aufrechterhalten.

In der Entscheidung im 1. Bande werden auch die Grundregeln über die Arbeitsverhältnisse zu den „allgemeinen Gesetzen" gezählt sowie das daraus sich ergebende Gebot, sich so zu verhalten, daß der Betriebs-

---

[54] BGHZ 12, S. 205; Hier wird nicht nochmals Art. 2 Abs. 1 GG zitiert!
[55] Vgl. besonders klar OLG Stuttgart, JZ 1961, S. 380; ferner OLG Hamburg NJW 1959, S. 1784; OLG Stuttgart NJW 1964, S. 48; OLG Stuttgart NJW 1967, S. 1422.
[56] BGHSt 12, S. 287 ff.; BVerfGE 12, S. 113 ff.
[57] BAG Bd. 1, S. 185 ff., dazu *Schwenk*: NJW 1968, S. 823.
[58] BAG Bd. 7, S. 256 ff.

frieden nicht ernstlich und schwer gefährdet wird und eine Zusammenarbeit möglich und zumutbar bleibt[59].

2. Entscheidungen aus dem öffentlichen und privaten Dienstrecht

Schon bei dieser Entscheidung ist es fraglich, ob die Formel der „allgemeinen Gesetze" herangezogen zu werden brauchte, um das sich ohne weitere Begründung anschließende Ergebnis zu rechtfertigen. Erst recht unergiebig für den Begriff der „allgemeinen Gesetze" sind jedoch die Entscheidungen des BAG bzw. der Verwaltungsgerichte zum öffentlichen Dienstrecht. Hier werden erwünschte Ergebnisse ohne überzeugende Auseinandersetzung mit den „allgemeinen Gesetzen" in den Rahmen des Art. 5 GG gestellt. So heißt es in BAG Bd. 7, S. 261, einer Entscheidung, die sich mit den politischen Äußerungen eines Angestellten[60] beschäftigt:

„Das Gebot der Mäßigung und Zurückhaltung der öffentlichen Diener bei ihren politischen Meinungsäußerungen ist ein allgemeiner Grundsatz, der auch gelten muß, wenn er nicht in die Form eines Gesetzes gekleidet ist (z. B. § 53 BBG), sondern wie hier als Generalklausel in einer Norm des maßgebenden Tarifvertrages erscheint... Dadurch wird übrigens das Grundrecht der freien Meinungsäußerung in seiner Substanz nicht angetastet, sondern nur die Form der Meinungsäußerung in den durch die *Interessen der Allgemeinheit gebotenen Schranken* gehalten."

Den Nachweis darüber, weshalb (etwa wegen eines besonderen Gewaltverhältnisses?) die vagen Interessen der Allgemeinheit die Meinungsfreiheit beschränken können, bleibt das Gericht schuldig[61].

In einem ähnlich liegenden Fall, der die Stellungnahme eines Lehrers an einer Privatschule gegen die Wiederaufrüstung betrifft[62], führt das OVG Lüneburg aus:

„Aus der Berufstätigkeit des Klägers folgt eine Rechtspflicht zur Zurückhaltung in der Behandlung politischer Fragen. Dieser Pflicht kommt im Grenzland eine erhöhte Bedeutung zu. Sein Grundrecht auf freie Meinungsäußerung ist insoweit beschränkt."

In dieser Entscheidung wird überhaupt darauf verzichtet, eine Norm zu nennen, die einen vom OVG nicht bestimmten Begriff der „allgemeinen Gesetze" ausfüllen könnte. Ähnlich hat das Bundesverwaltungs-

---

[59] BAG Bd. 1, S. 194.

[60] Fall der SPD-feindlichen Geschichtsfälschung durch Berliner Studienrat bei einer Rede.

[61] Vgl. auch die scharfe Kritik von *Ramm*: JZ 1964, S. 584 u. passim; ferner die Kritik an der Methode des BAG bei *Dürig*: Festschrift Nawiasky, S. 171.

[62] OVG Lüneburg DVBl. 1954, S. 255 = Verfassungsrechtsprechung Art. 5 Abs. 2 Nr. 3. Durch den Besuch der Privatschule wird der öffentlichen Schulpflicht genügt; die Entscheidung über die persönliche Eignung der Lehrer trifft die Verwaltungsbehörde.

gericht in einer Entscheidung im 1. Bande[63] die Vorschriften des Beamtenrechts ohne weitere Begründung als „allgemeine Gesetze" bezeichnet.

3. Grundgesetzwidrige Auslegungsmethoden

Neben den unter 2) genannten Entscheidungen, die eine Auseinandersetzung mit den Schranken der allgemeinen Gesetze vermeiden und für deren Inhalt nichts hergeben, finden sich solche, die in einer dem Grundrecht offenbar widersprechenden Weise die Problematik zu lösen versuchen. So führt das OLG Celle[64], nachdem es die Vorschriften der StPO ohne weitere Begründung als „allgemeine Gesetze" bezeichnet hat, aus:

„Die Entscheidung darüber, welchem dieser beiden Belange — nämlich der freien Berichterstattung oder der Wahrheitsermittlungspflicht des Strafverfahrens (d. Verf.) — der Vorrang gebührt, hat der Gesetzgeber mit dem nach Inkrafttreten des Grundgesetzes erlassenen 3. Strafrechtsänderungsgesetz vom 4. 8. 1953 getroffen, durch das er mit dem neugefaßten § 53 Abs. 1 Nr. 5 StPO zwar den Schutz des Redaktionsgeheimnisses beträchtlich erweitert, andererseits aber ein allgemeines Berufsgeheimnis der Presse und damit ein allgemeines Auskunftsverweigerungsrecht für die Angehörigen des journalistischen Standes im Strafverfahren nicht anerkannt hat. *An diesen Willensentscheid des Gesetzgebers ist die Rechtsprechung gebunden;* an ihm findet auch die richterliche Auslegung ihre Grenze..."

Hier wird in einer beispielhaften Weise der Weg der Gesetzmäßigkeit der Verfassung beschritten[65]. Dem einfachen Gesetzgeber als letzter Instanz wird es überlassen, wie im Bereich der StPO, die pauschal den „allgemeinen Gesetzen" zugeordnet wird, die Regelungen über Presse und Meinungen erfolgen. Eine ähnliche Vorstellung findet sich in einem Urteil des Bayerischen Dienststrafhofes vom 10. 8. 1960[66], in dem es heißt:

„Das Beamtenrecht als ‚Allgemeingesetz' bestimmt Maßstab und Grenzen des Grundrechts in seiner Wahrnehmung."

In diesem Zusammenhang sind auch die Urteile des BDH vom 13. 6. 1962[67] und das bereits vorher behandelte Urteil des OVG Lüneburg vom 27. 1. 1954[68] zu nennen. Im Urteil des BDH werden § 14 Abs. 1 und 2 Sol-

---

[63] BVerwGE 1, S. 57 (59) = DVBl. 1957, S. 368.
[64] OLG Celle MDR 1958, S. 181.
[65] Vgl. *Leisner:* Gesetzmäßigkeit, insbes. S. 47 ff.; Eine beispielhaft fehlerhafte Interpretation des GG durch niederrangiges Recht findet sich auch in OLG Braunschweig NJW 1964, S. 456 zu § 69 JWG; vgl. ferner *Knemeyer:* NJW 1967, S. 1354.
[66] BayDStH Verfassungsrechtsprechung, Art. 5 Abs. 2 Nr. 16 a.
[67] BDH DÖV 1962, S. 831.
[68] OVG Lüneburg DVBl. 1954, S. 255 = Verfassungsrechtsprechung Art. 5 Abs. 2 Nr. 3.

datengesetz, die sich mit Erklärungen über dienstliche Angelegenheiten befassen, ohne weitere Begründung als „allgemeine Gesetze" bezeichnet, obwohl Art. 17 a GG sich als Hilfsmittel angeboten hätte. In der Entscheidung des OVG Lüneburg wird ohne Rücksicht auf den Verfassungswortlaut mangels Vorliegens eines sogen. besonderen Gewaltverhältnisses aus der Berufstätigkeit selbst eine Beschränkung des Grundrechts gefolgert[69]. Für einen (partiellen) Grundrechtsverzicht ist nichts dargetan.

Die Rechtsprechung des Bundesverwaltungsgerichts schränkt durch eine großzügige Entfaltung immannenter Schranken bereits die Grundrechte als solche und damit auch Art. 5 Abs. 1 GG in unzulässiger Weise ein: Zum „Inbegriff der Grundrechte" gehöre es, daß sie nicht in Anspruch genommen werden dürften, wenn dadurch die für den Bestand der Gemeinschaft notwendigen Rechtsgüter gefährdet würden[70]. Eine solche vage Gemeinschaftsklausel, die alle Grundrechte praktisch zur Disposition des einfachen Gesetzgebers und der Verwaltung stellt, läßt sich aus dem Verfassungstext nicht entnehmen[71]. Dies gilt erst recht für die These des Gerichtes, auch der Wesensgehalt der Grundrechte könne angetastet werden, wenn andere Grundrechte oder die für den Bestand der Gemeinschaft notwendigen Rechtsgüter gefährdet seien[72]. Die Geltungsgarantie des Art. 19 Abs. 2 GG wird hier durch weitere zweifelhafte Eingriffsmöglichkeiten relativiert[73].

---

[69] Im Gegensatz dazu bezeichnet eine Entscheidung des OLG Celle vom 26. 11. 1962 (MDR 1963, S. 432 = Verfassungsrechtsprechung Art. 5 Abs. 2 Nr. 19), die das besondere Gewaltverhältnis des Strafgefangenen betrifft, die Vollzugsordnung nicht als allgemeines Gesetz im Sinne des Art. 5 GG (wobei dahingestellt bleiben mag, ob dies seinen Grund darin hat, daß die VO kein Gesetz im materiellen Sinne ist). Zur Frage der Rechtsgültigkeit der Dienst- und Vollzugsordnung vom 1. 12. 1961 vgl. jetzt kritisch *Böhm:* S. 90 ff. (119, 130), zur Frage, ob sie „allgemeines Gesetz" ist, *Böhm:* S. 156 (bejahend).

[70] BVerwGE 1, S. 48 (52); 2, S. 295 (300); 5, S. 153 (159).

[71] Vgl. die Kritik von *Dürig* in *Maunz-Dürig:* Rdnr. 70 zu Art. 2 Abs. 1, c; *Bachof:* JZ 1957, S. 337; *Čopić:* Grundgesetz, S. 21 f.; *Knies:* S. 93 ff.; zu den gemäßigteren Lehren der Gemeinschaftsgebundenheit vgl. Kap. IV, F dieser Arbeit.

[72] BVerwGE 1, S. 94.

[73] Zur Kritik dieser Rechtsprechung vgl. *Dürig:* AÖR 81, S. 135; *Uber:* Gewerbearchiv 1955, S. 68; *von Mangoldt-Klein:* Art. 19, Anm. V, 4 c.

Kapitel VI

Der Inhalt der Rechte des Art. 5 Abs. 1 GG

A. Ausgangspunkt

Die vorangegangenen Kapitel haben gezeigt, daß die Bedeutung, die man den Rechten des Art. 5 Abs. 1 GG gibt, die Auslegung des Begriffes der „allgemeinen Gesetze" entscheidend beeinflußt. Die eigene Auffassung zum Inhalt dieser Rechte muß deshalb, soweit sie sich nicht schon aus dem Vorangegangenen ergibt, zunächst dargestellt werden. Angesichts der vielschichtigen Problematik, die — zum Teil aus aktuellem Anlaß — eine Flut von Monografien und Aufsätzen zur Folge hatte[1], kann kaum mehr als eine Standortbestimmung erfolgen.

B. Die Meinungsäußerungs- und Meinungsverbreitungsfreiheit

Lehnt man mit der hier vertretenen Auffassung einen institutionellen Charakter aller Grundrechte ab, ist die private Meinungsäußerungsfreiheit[2] als Freiheitsrecht i. S. des status negativus zu kennzeichnen[3]. Es umfaßt Stellungnahmen und Wertungen rationalen oder emotionalen Ursprungs[4], aber auch Tatsachenbehauptungen[5], gleichgültig, ob sie ob-

---

[1] Genannt seien als die wichtigsten die Referate von *Rothenbücher* und *Smend* auf der Staatsrechtslehrertagung 1927 sowie die von *Scheuner* und *Schnur* auf der Staatsrechtslehrertagung 1963, die Beiträge von *Häntzschel* im Handbuch des Deutschen Staatsrechts Bd. II und von *Ridder* in: Die Grundrechte, Bd. II, die Dissertationen von *Kemper, Czajka, Čopić, Noltenius, Reisnecker*, die Arbeiten von *Windsheimer* zur Informationsfreiheit, von Franz *Schneider* und Peter *Schneider* zur Meinungs- und Pressefreiheit, *Sterns* Gutachten zur Rundfunkfreiheit, sowie *Schollers*, Hans *Hubers* und *Schüles* Arbeiten zum Spannungsverhältnis von Pressefreiheit und Persönlichkeitsschutz. Wegen der näh. Angaben vgl. das Literaturverzeichnis.

[2] Auf die Frage des Schutzes der inneren Geistesfreiheit durch Art. 5 Abs. 1 GG wird nicht näher eingegangen, vgl. dazu (ablehnend) *Faber:* Innere Geistesfreiheit und suggestive Beeinflussung, S. 27 ff., 60.

[3] So auch die h. L., *Ridder:* Grundrechte II, S. 243 f., Franz *Schneider:* S. 10, jeweils mit weiteren Nachweisen.

[4] *Von Mangoldt-Klein:* Art. 5, Anm. III, S. 238; *Hamann:* (1. Aufl.), S. 103.

[5] *Noltenius:* S. 96; *Löffler:* Presserecht, S. 67, Rdnr. 24; a. A. die herrschende Meinung, vgl. F. *Schneider:* S. 22 ff.

jektiv wahr oder unwahr sind[6]. Die Beschränkung dieses Rechtes auf Stellungnahmen grundsätzlicher Art, die irgendwie allgemeingültig sein wollen, wie sie vor allem *Rothenbücher*[7] vorgeschlagen hat, läßt sich aus dem Verfassungswortlaut nicht begründen[8]. Die Unterscheidung zwischen grundsätzlich wertvollen und grundsätzlich wertlosen Meinungsäußerungen wäre zudem kaum möglich[9], inhaltlich gleichlautende Sätze können einmal wesentlich, ein andermal nur Geschwätz sein. Die Erfahrung mit totalitären Regimen zeigt, daß auch seichtes Biertischgerede verfassungsrechtlichen Schutz verdient.

Sinn der Meinungsäußerung ist das Hervorrufen irgendeiner geistigen Wirkung[10]. Meinungsäußerung ist damit notwendig Kommunikation und insoweit ein „gruppenbildendes Grundrecht des Gemeinschaftslebens"[11]. Das Freiheitsrecht der Meinungsäußerung garantiert deshalb auch die Meinungsverbreitung[12] und das Recht des freien Meinungsempfanges[13].

Die individuelle Meinungsfreiheit könnte einen spezifisch anderen Charakter dann erhalten, wenn sie Beitrag zur öffentlichen Meinungsbildung ist. Das wäre der Fall, wenn der Prozeß der öffentlichen Meinungsbildung insgesamt institutionalisiert werden kann und damit auch die einzelnen Beiträge umfaßt[14], oder die Meinungsäußerung als Ausfluß eines Rechtes auf politische Teilhabe im bereits dargestellten Sinne zu deuten ist.

Eine institutionelle Sicht der öffentlichen Meinung im Sinne eines politologisch wirksamen Faktors erscheint in Äußerungen, die diese als „verfassungskräftigen Raum für das Bürgergespräch"[15], als „Raum ständiger, fließender Auseinandersetzung zwischen Nation und Regie-

---

[6] *F. Schneider:* S. 14; *Ridder:* Grundrechte II, S. 264 f. Eine andere Frage ist es, ob auch unwahrhaftige Meinungsäußerungen (Lügen) den Schutz des Art. 5 Abs. 1 GG genießen. Die herrschende Meinung lehnt dies ab (vgl. *Ridder:* Grundrechte II, S. 265; *F. Schneider:* Pressefreiheit, S. 14 ff.). Das ist bedenklich, weil die Lüge ein „präjuristischer Sachverhalt" (W. G. *Becker:* Vorbem. S. 5) ist. Gegen die h. L. *Windsheimer:* S. 96 f.

[7] *Rothenbücher:* VVdStRL 4, S. 116 ff.

[8] *F. Schneider:* S. 36; Auch der Ausschluß von Meinungen, die nur belustigende, erotische u. ähnl. Wirkungen erzeugen, wie ihn *Reisnecker* (S. 58) vorschlägt, überzeugt nicht.

[9] *Hellwig:* Grundrechte und Grundpflichten II, S. 3.

[10] Vgl. *Ridder:* Grundrechte II, S. 248.

[11] *Smend:* VVdStRL 4, S. 50 f., 73.

[12] *Ridder:* Grundrechte II, S. 247; a. A. *F. Schneider* S. 41 f., der hierin eine horizontale Erweiterung des Äußerungsrechtes sieht.

[13] *Ridder:* Grundrechte II, S. 249; BVerfGE 7, S. 198 ff.; *F. Schneider:* S. 39 f.; a. A. *Windsheimer:* S. 122.

[14] Die Einzelbeiträge wären dann als Reflexrechte zu sehen, vgl. *Ridder:* Grundrechte II, S. 259, 269; P. *Schneider:* S. 58 f.

[15] *Huber/Schüle:* S. 140.

rung" bezeichnen[16]. Auch in der neueren amerikanischen Staatslehre wird „public opinion" als ein Verfassungsrecht, das in die Verfassungswirklichkeit transzendiert, angesehen[17]. Als geschützt betrachtet man den Prozeß der Bildung der öffentlichen Meinung, den Raum, in dem sie sich entwickelt[18]. Die hiergegen erhobenen Einwände, es gebe keine öffentliche Meinung im Sinne einer feststellbaren Willensmeinung des Volkes — d. h. seiner politisch aktiven, tonangebenden Schichten — mehr[19], sondern lediglich die Summe der in der Öffentlichkeit vertretenen Meinungen[20], so daß die „öffentliche Meinung" eine Fiktion sei[21] und nicht die Stelle der „volonté générale" in einem plebiszitär-demokratischen Verfassungssystem einnehmen könne[22], treffen nicht. Denn es geht hier nicht um die Frage, ob sich die öffentliche Meinung in vielerlei Einzelmeinungen kleinerer und größerer Gruppen zersetzt hat, sondern in erster Linie um den Schutz des Öffentlichen[23]. Gleichwohl kann man diesen Raum (oder Prozeß) verfassungsdogmatisch nicht als institutionelle Garantie begreifen. Läßt man die Vieldeutigkeit[24] und Unklarheit[25] dieses Begriffes außeracht, bleibt als definitorischer Rest, daß nur Sozialgebilde oder „Umhegungen" der Freiheit des einzelnen[26] als institutionelle Garantie bezeichnet werden können. Der Prozeß der öffentlichen Meinungsbildung, dessen Grundlage die Einzelmeinungen[27] sind, besitzt diese institutionelle Verdichtung nicht[28]. Individuelle Beiträge zur öffentlichen Meinungsbildung können deshalb nicht auf diesem Wege eine andere Struktur als die, die der status negativus umschreibt, erhalten.

---

[16] *Smend:* Gedächtnisschrift Jellinek, S. 19, 20; vgl. auch *Ridder:* Grundrechte, S. 257, wo von einer allumfassenden „institutionellen öffentlichen Meinungsfreiheit des Parteienstaates" die Rede ist; ferner *Heller:* Staatslehre, S. 175.

[17] *Scholler:* S. 102.

[18] *Noltenius:* S. 101 f.; vgl. auch *Ridder:* Grundrechte II, S. 256.

[19] *Czajka:* S. 127; vgl. auch die geschichtliche Übersicht bei *Scholler:* S. 96 ff.; ferner *Habermas:* Strukturwandel, S. 256 ff.

[20] Das ist die in der heutigen Soziologie herrschende Auffassung, dazu vgl. *Scholler:* S. 99 f.; *Noltenius:* S. 97.

[21] *Scholler:* S. 96.

[22] *Czajka:* S. 128 f. gegen *Ridders* (Grundrechte II, S. 255 ff.) auf *Leibholz* Bezug nehmende Gedanken.

[23] *Noltenius:* S. 102; zum Begriff des Öffentlichen *Smend:* Gedächtnisschrift Jellinek, S. 11 ff.

[24] Vgl. Abschnitt I und II der Dissertation von *Abel:* Die Bedeutung der Lehre von den Einrichtungsgarantien.

[25] *P. Schneider:* S. 56; *Windsheimer:* S. 108.

[26] *P. Schneider:* S. 46 und passim.

[27] Hinzuzurechnen sind die in den Meinungsmedia geäußerten Auffassungen, auf die es an dieser Stelle nicht ankommt.

[28] Vgl. *Ridder:* JZ 1960, S. 450; VVdStRL 22, S. 175.

Auch einer Umfunktionierung eines Teiles der Meinungsäußerungsfreiheit in ein Recht auf politische Teilhabe[29] kann nicht beigepflichtet werden. Über die bereits geltend gemachten Bedenken hinaus (s. o. Kap. IV, E, 1) sei darauf hingewiesen, daß dem sozialistischen Grundrechtsverständnis östlicher Prägung ausschließlich die Vorstellung vom status activus zu Grunde liegt. Das Recht auf aktive Mitgestaltung an der Leitung des Staates ist danach das fundamentale Grundrecht, dem alle anderen als spezielle Gestaltungsrechte untergeordnet sind[30]. In der Praxis führt dies dazu, daß die Grundrechte nur im Interesse des werktätigen Volkes ausgeübt werden dürfen[31], die Meinungsfreiheit nur den Grundsätzen der Verfassung gemäß ausgeübt werden darf[32]. Solche Gefahren kann man vermeiden, wenn man die Meinungsäußerungsfreiheit insgesamt als Abwehrrecht auffaßt. Die politische Bedeutung des Meinungsbildungsprozesses kann dagegen nicht angeführt werden. Denn die Freiheit vom Staat läßt die Entfaltung dieses Prozesses gerade zu und erscheint zuweilen als Bedingung der Freiheit zum Staat[33].

C. Informationsfreiheit, allgemein zugängliche Quellen und „allgemeine Gesetze"

Folgt man der hier vertretenen Auffassung, die Meinungsäußerungsfreiheit sei ein Recht auf Kommunikation und umfasse daher auch den Meinungsempfang, ist der ausdrückliche Schutz der Informationsfreiheit als solcher deklaratorisch. Entsprechend dem Recht des freien Gebens von Information ist auch die Entgegennahme durch den Konsumenten, dem dieses Recht nach der Vorstellung des Verfassungsgebers vor allem zustehen soll[34], dem status negativus libertatis zuzuordnen. Damit stimmt es überein, wenn Rechtsprechung[35] und Lehre[36] keinen Anspruch auf Information in Form eines allgemeinen Auskunftsanspruches gegen die Behörden durch die Informationsfreiheit garantiert sehen. Aus der

---

[29] Vgl. *Ridder:* Grundrechte II, S. 250 ff.; *Habermas:* S. 266 und passim.
[30] *Polak:* S. 167.
[31] Näheres bei P. *Schneider:* S. 41, Fußn. 42.
[32] So Art. 27 der neuen Verfassung der DDR; dazu vgl. *Müller-Römer:* JZ 1968, S. 313 (316).
[33] P. *Schneider:* S. 39, der weiter darauf hinweist, daß nur so die allzu theoretische Trennung von privatem Kommunikationsprozeß und öffentlicher Meinungsbildung vermieden werden kann (S. 19 ff., 30).
[34] Vgl. Abg. Dr. *Heuß* im PR, JÖR NF 1, S. 80 ff.; Man stand insbesondere unter dem Eindruck der Maßnahmen der Hitlerzeit (vgl. dazu auch *Ridder:* Grundrechte II, S. 275 mit Nachweisen).
[35] OVG Münster, DÖV 1959, S. 391; OVG Koblenz, OVGE 3, S. 134; BVerwG DÖV 1965, S. 488; DVBl. 1966, S. 575 f. (576); *Perschel:* JUS 1966, S. 235, Fußn. 53.
[36] Vgl. *Windshcimer:* S. 150 ff.; *Ridder:* Das Recht auf Information, S. 32.

C. Informationsfreiheit

Pflicht des Staates, nicht in die Kommunikation zwischen den Bürgern, insbesondere, wenn es sich um Beiträge zur öffentlichen Meinungsbildung handelt, einzugreifen (Art. 1 Abs. 3 GG i. V. Art. 5 Abs. 1 Satz 1 GG), kann man kein Recht des Bürgers im technischen Sinne herleiten; auch nicht desjenigen, der aktiv und öffentlich am Kommunikationsprozeß beteiligt ist[37].

Eine besondere Bedeutung für die Frage der „allgemeine Gesetze" gewinnt die Informationsfreiheit auf Grund der im Verfassungstext enthaltenen Umfangsbestimmung, der Unterrichtung „aus allgemein zugänglichen Quellen". Wäre die Informationsfreiheit damit unter einen allgemeinen Gesetzesvorbehalt gestellt[38], liefe die Schranke der „allgemeinen Gesetze" leer. Das Recht, sich frei zu informieren, könnte durch Beschneiden der Informationsquellen beliebig bis zur Grenze des Art. 19 Abs. 2 GG eingeschränkt werden. Der Zugriff auf die Informationsquellen, die Art. 5 Abs. 1 Satz 1 GG meint, ist dem Staat jedoch größtenteils untersagt. Die herrschende Meinung versteht unter den „allgemein zugänglichen Quellen" die üblichen und die sich durch die Technik noch bildenden Unterrichtungsmöglichkeiten insbesondere des öffentlichen Verkehrs, also Zeitungspresse, Rundfunk und Fernsehen, aber auch Buchpresse, Film und Schallplatte[39]. Daneben umfaßt die Informationsfreiheit die Unterrichtung von Mensch zu Mensch, die Meinungsumfrage, Volksbefragung, den Brief[40], das Gespräch[41]. Denn garantiert ist in Art. 5 Abs. 1 GG nicht nur die öffentliche Kommunikation, sondern auch die private[42]. Allgemein zugängliche Quellen sind deshalb solche, die dem Individuum „im allgemeinen" zugänglich sind. Die Formel will besagen, daß man kein verfassungsmäßiges Recht hat, in „anderweit rechtlich umhegte Positionen"[43], insbesondere die Privatsphäre des anderen[44], einzudringen. Die übrigen Informationsquellen sind dagegen, weil sie der Meinungsäußerungsfreiheit bzw. der Presse-

---

[37] So aber *Windsheimer*: S. 157 ff. (164), der der Meinungsfreiheit damit wieder die von ihm zunächst so heftig verschmähten (S. 116 und passim) institutionellen Züge gibt. Das von *Löffler* (Presserecht S. 69 Rdnr. 31 und NJW 1964, S. 2277 f.) zunächst aus der Informationsfreiheit hergeleitete Informationsrecht der Presse kann, wenn überhaupt, nur aus der Pressefreiheit entnommen werden.

[38] So *Dürig*: AÖR 81, S. 139.

[39] *Ridder*: Grundrechte II, S. 275; *von Mangoldt-Klein*: Art. 5, Anm. V, 2 b.

[40] Hierzu gehört auch das an einen einzelnen geschickte Exemplar einer Druckschrift, a. A., BVerfGE 18, S. 315.

[41] *Windsheimer*: S. 134.

[42] Daß das Informationsrecht diesen Umfang hat, zeigt sich auch in Art. 6 der Hessischen Verf., Art. 7 Abs. 1 des Herrenchiemsee-Entwurfes, sowie den Normierungen der Vereinten Nationen und des Europarates; dazu *Windsheimer*: S. 133 (insbes. Fußn. 60—63).

[43] *Windsheimer*: S. 133.

[44] *Reisnecker*: S. 65.

freiheit, Film- oder Rundfunkfreiheit unterfallen, verfassungsrechtlich besonders geschützt[45]. Der durch die „allgemeinen Gesetze" gegebene Schutz wirkt sich deshalb auch für die Informationsfreiheit voll aus.

D. Die Pressefreiheit

1. Argumente für eine institutionelle Auffassung

Anders als bei der individuellen Meinungsäußerungs- und Informationsfreiheit spricht bei der Pressefreiheit manches für deren institutionellen Charakter. In Art. 5 Abs. 1 GG ist nicht von einem jedermann zustehenden Recht, seine Meinung durch die Presse bekanntzumachen, die Rede, sondern die Pressefreiheit als solche wird gewährleistet[46]. In der Form der Presseunternehmen, die Druckerei, Verlag und Redaktion umfassen, liegen Gebilde vor, die durch einheitliche technische, wirtschaftliche und geistige Zielrichtung einen tatsächlichen Funktionszusammenhang aufweisen[47], der von einer individuellen Sicht zerrissen werden könnte. Ist man der Auffassung, daß durch Art. 5 GG die vorher durch das RPG garantierte formelle Pressefreiheit in das Grundgesetz rezipiert wurde[48], ist die Presse durch einen Komplex von Normen, die sich an den Staat richten, geschützt. Die Garantie eines Normenkomplexes spricht aber sowohl nach der Auffassung Carl *Schmitts*[49] als auch im Sinne der „institutions-choses" *Haurious*[50] für das Bestehen einer institutionellen Garantie. Die Presse ist das wichtigste Medium der öffentlichen Meinungsbildung[51]. Die durch die Presse gewährleistete öffentliche Auseinandersetzung ist für das Funktionieren einer Demokratie lebenswichtig. Deshalb ist es notwendig, daß der durch die Pressefreiheit erschlossene Meinungsbildungsprozeß eine pluralistische Struktur aufweist, daß in ihm eine Vielzahl von Einzelmeinungen zur Geltung kommt[52].

Bei einem institutionellen Verständnis der Presse ist es ohne weiteres einleuchtend, daß der Staat eingreifen darf und muß, um den so ge-

---

[45] Deshalb ist in BVerfGE 18, S. 310 ff. die Verfassungsbeschwerde des Beschwerdeführers, der eine Postsendung wegen §§ 13, Abs. 1, 59 Abs. 2 der Postordnung nicht erhalten hatte, entgegen der Auffassung des Gerichtes zulässig (Verletzung der Informationsfreiheit). Zu § 13 PostO *Engelhardt*: NJW 1966, S. 1907 ff.
[46] F. *Schneider*: Pressefreiheit, S. 113 ff.
[47] Dazu P. *Schneider*: Pressefreiheit, S. 66 ff.
[48] *Löffler*: Presserecht, § 1 RPG, Rdnr. 19; DÖV 1957, S. 897; vgl. auch *Lerche*: Übermaß, S. 112 g u. Note 51; *Ridder*: VVdStRL 22, S. 175.
[49] C. *Schmitt*: Verfassungsrechtliche Aufsätze S. 167.
[50] *Friedrich*: S. 13 ff.; P. *Schneider*: Pressefreiheit, S. 43, Fußn. 73.
[51] BVerfGE 10, S. 118, 121.
[52] P. *Schneider*: S. 76 f.

arteten Meinungsbildungsprozeß gegenüber Meinungsmonopolen und Pressekonzentration zu schützen[53]. Ein individuelles Grundrechtsverständnis stößt hier auf Schwierigkeiten, weil solche Eingriffe nicht allgemein, sondern ausschließlich pressebezogen sind. Auch dem Erscheinungsbild einer mittelbar-plebiszitären Demokratie, wie sie *Ridder*[54] unter Bezugnahme auf *Leibholz*[55], für das Grundgesetz annimmt, entspricht am ehesten eine Institutionalisierung der Presse als nichtstaatlichem Träger öffentlicher Legitimität[56]. Die Vorstellung von der „öffentlichen Aufgabe der Presse"[57] hat hier ihre verfassungsrechtliche Grundlage und verbindet sich, wie schon in der Zeit des Vormärz[58], mit einer institutionellen Sicht.

Fraglich ist auch, ob sich das Problem der inneren Pressefreiheit mit Hilfe einer individualrechtlichen Auffassung befriedigend lösen läßt. Nimmt man eine Drittwirkung des Art. 5 Abs. 1 GG an[59], kann der Redakteur zwar seinem Verleger gegenüber ohne Nachteil abweichende Meinungen vertreten, diese aber nicht ohne weiteres in dem Presseorgan des Verlegers publizieren[60].

2. Bedenken gegen eine institutionelle Auffassung

Ungeachtet solcher gegen die traditionelle Grundrechtsauffassung sprechenden Gesichtspunkte, bestehen gegen eine institutionelle Sicht der Pressefreiheit erhebliche Bedenken. Auf die freiheitsverkürzende Wirkung der im Gefolge jeder Institutionalisierung auftretenden immanenten Grundrechtsschranken ist bereits hingewiesen worden[61]. Auch die allgemeine Begriffsverwirrung auf diesem Gebiet wurde angedeutet. Die Auffassungen reichen von der unverbindlichen Aussage *Blochs*, die Grundrechte seien institutionelle Garantien, weil sie die Grundlage der

---

[53] *Scheuner:* VVdStRL 22, S. 44.
[54] *Ridder:* Grundrechte II, S. 255.
[55] *Ridder:* Grundrechte II, S. 255, Fußn. 48.
[56] Vgl. *Czajka:* S. 122 ff.
[57] Für eine öffentliche Aufgabe im rechtlich erheblichen Sinne sprechen sich u. a. aus: *Ridder:* Grundrechte II, S. 251, 261 und passim; *F. Schneider:* Pressefreiheit, S. 108 ff.; *Scheuner:* VVdStRL 22, S. 74 f.; *Schüle:* VVdStRL 22, S. 165 f.; BVerfGE 12, S. 128; BGHZ 31, S. 308 (312); dagegen: *Dagtoglou:* S. 27; *Rehbinder:* Öffentliche Aufgabe, S. 120 ff.; *Czajka:* S. 172 f. und passim; *Schnur:* VVdStRL 22, S. 113 ff. (mit Einschränkungen).
Die liberale Presse selbst sah ihre Tätigkeit bis in die Zeit des 20. Jahrhunderts als Erfüllung eines „öffentlichen Amtes" an, vgl. dazu die Übersicht bei *Czajka:* S. 37—62.
[58] *Czajka:* S. 42, 43 ff.; ferner s. o. S. 34.
[59] *F. Schneider:* Pressefreiheit, S. 52 ff.
[60] *Czajka:* S. 97.
[61] s. o. Kap. IV, E, F.

freiheitlichen Demokratie seien[62], über eine wertbezogene Sicht, in der der Mensch Freiheiten zu Instituten gestaltet[63], zu Meinungen, die in der überpersonalen Verbandsstruktur eine Voraussetzung, aber auch die Notwendigkeit institutioneller Darstellung erblicken[64], oder jedenfalls der Presse als Faktor politischer Willensbildung in der modernen mittelbar plebiszitären Demokratie eine institutionelle Garantie zusprechen[65]. Vereinzelt wird direkt an Carl *Schmitts* Lehre von den Instituts- und institutionellen Garantien angeknüpft[66] und — folgerichtig — eine Einrichtungsgarantie der Presse verneint, weil es sich hier um eine Freiheit und nicht um einen vom Verfassunggeber vorgefundenen Normenkomplex handele[67]. Eine neuerdings im Vormarsch begriffene Lehre nimmt die Parallelität von Induvidualrecht und institutionellen Bestandteilen an[68]. Dabei wird auf der einen Seite die individuelle, auf der anderen die institutionelle Sicht als die entscheidende und für die Pressefreiheit wesentliche bezeichnet[69]. Hier wird verfassungstheoretisch Unmögliches gelehrt. Ist die Pressefreiheit als institutionelle Garantie anzusehen, kann sich der einzelne darauf nur im Wege eines Rechtsreflexes berufen[70], allenfalls können ihm durch einfach-gesetzliche Normen, die die Garantie verwirklichen, subjektive Rechte verliehen werden. Ist die Pressefreiheit im wesentlichen ein Freiheitsrecht, können nicht Gesetz und Recht, die das Grundrecht ausgestalten und begrenzen[71], als Verwirklichung der Freiheit, d. h. jede rechtswidrige Betätigung als unfreie aufgefaßt werden[72].

Das Etikett Instituts- oder institutionelle Garantie bezeichnet heute so Verschiedenes, daß es jede Aussagekraft zu verlieren droht[73], die juristische Realisierung indes ist weiterhin dunkel geblieben[74].

---

[62] *Bloch:* Der Doppelcharakter der individuellen Freiheitsrechte als Schutz des einzelnen und als institutionelle Garantie der Demokratie, Basel 1954.

[63] *Häberle:* Wesensgehaltgarantie, S. 79, ferner die in Kap. IV, F behandelten Autoren.

[64] Vgl. die Formulierung *Scheuners:* VVdStRL 22, S. 70.

[65] *Ridder:* Grundrechte II, S. 255; vgl. weiter die in Kap. IV, B, behandelten Autoren.

[66] *Abel:* Die Bedeutung der Lehre von den Einrichtungsgarantien für die Auslegung des Bonner Grundgesetzes, S. 44 ff. und passim; *Stern:* Funktionsgerechte Finanzierung, S. 25 ff.

[67] *Abel:* S. 77/78; *Stern:* a. a. O., S. 27; vgl. auch *Kemper:* S. 53.

[68] *Hesse:* Grundzüge, S. 110 ff.; *Scheuner:* VVdStRL 22, S. 76; F. *Schneider:* S. 134 f. mit Nachweisen, vgl. auch BVerfGE 7, S. 198 (204).

[69] F. *Schneider:* S. 134 f., betont die institutionelle Seite, P. *Schneider:* S. 62 f.; *Maunz-Dürig-Herzog:* Art. 5, Rdnr. 6 betonen die individuelle.

[70] *Ridder:* Grundrechte II, S. 269; vgl. auch *Bethge:* S. 54 ff.

[71] *Häberle:* Wesensgehaltgarantie, S. 228 u. passim.

[72] Darauf weist zu Recht P. *Schneider:* S. 55 Fußn. 108 hin.

[73] P. *Schneider:* Pressefreiheit, S. 56.

[74] *Leisner:* VVdStRL 22, S. 179; vgl. auch *Ridder:* DVBl. 1963, S. 740 und

D. Pressefreiheit

3. Institutionelle Sicht und „allgemeine Gesetze"

Einer institutionellen Auffassung immanent ist die Möglichkeit des einfachen Gesetzgebers, spezielle Bestimmungen zur Regelung der freien Presse zu treffen. Entsprechend der jeweiligen Sicht darf er ohne besondere verfassungsmäßige Legitimierung die erforderlichen Maßnahmen zur Erhaltung eines vielschichtigen Meinungsbildungsprozesses oder zum Schutz der Rechtsgüter anderer, die durch die Presse gefährdet werden, ergreifen[75]. Eine institutionelle Auffassung der Presse entwickelt das Rechtsgut von innen heraus, seine Grenzen sind deshalb, wenigstens zum Teil, wesensmäßig immanent[76]. Die Schranke der „allgemeinen Gesetze" paßt zu einer solchen Grundrechtsauffassung nicht. Wie historische Bedeutung dieser Formel und die Entstehungsgeschichte des Grundgesetzes erkennen lassen, sollte hier in Verfolg eines von „Institutionalisten" so gerügten Eingriffs- und Schrankendenkens[77] verhindert werden, daß der einfache Gesetzgeber spezielle Regelungen für Meinung und Presse trifft. Bei institutioneller Grundrechtsauffassung würde die Formel der „allgemeinen Gesetze" weitgehend leerlaufen, d. h. ihre freiheitschützende Funktion nicht zum Zuge kommen. Mit Rechtsprechung und Lehre, die sich im Zweifel für Grundrechtseffektivität und Freiheit entscheiden[78], ist das nicht zu vereinbaren.

4. Prüfung der Tragweite der traditionellen Grundrechtsauffassung

Die traditionelle Grundrechtsauffassung verdient deshalb den Vorzug, wenn man auf ihrer Grundlage der Bedeutung der Pressefreiheit als Grundrecht und Essentiale einer lebendigen Demokratie gerecht werden kann. Nach der traditionellen Auffassung bedeutet Pressefreiheit vor allem die Garantie der materiellen Pressefreiheit, d. h. des Rechtes, seine Meinung in und durch die Presse zu äußern[79]. Dieses Recht steht nicht

---

VVdStRL 22, S. 175; Walter *Schmidt*: AÖR 91, S. 63, betont den Vorrang der einzelnen Freiheitsrechte vor dem Gesetz. Das „institutionelle Grundrechtsverständnis" könne nurmehr Auslegungshilfe für ein besseres Verfassungsverständnis sein.

[75] z. B. darf er Subventionen an kleine Presseunternehmen vergeben, die Monopolbildung im Pressewesen verbieten, die Berichterstattung der Presse aus Gründen des Ehrschutzes regeln usw, vgl. weitere Beispiele bei *Czajka*: S. 100 ff.

[76] Immanente Schranken finden sich deshalb bei so unterschiedlichen Auffassungen wie denen von *Ridder*: Grundrechte II, S. 57 u. Fußn. 53, einerseits und *Häberle*: S. 51 ff. anderenseits.

[77] Vgl. insbesondere *Häberle*: Wesensgehaltgarantie, S. 22 ff.; dazu kritisch W. *Schmidt*: AÖR 91 S. 58 ff.

[78] BVerfGE 6, S. 422; *von Mangoldt-Klein*: Vorbem. B XIV, 3 mit Nachweisen.

[79] F. *Schneider*: Pressefreiheit, S. 88; h. L.

nur den in der Presse Tätigen, den Verlegern, Redakteuren und freien Mitarbeitern[80], sondern auch dem einzelnen Bürger zu, wenn er von der nicht nur rein theoretischen Möglichkeit[81] Gebrauch macht, eine eigene Zeitung zu gründen.

a) Pressefreiheit und Schutz des Presseunternehmens

Fraglich ist jedoch, ob sich der Schutz der Presse „von der Beschaffung der Information bis zur Verbreitung der Nachricht und der Meinung"[82], den die Presse zu einem ungehinderten Funktionieren benötigt, aus der individualrechtlichen Auffassung herleiten läßt. Meinungsäußerung und Verbreitung durch Druckschriften erfordern einen besonderen technischen Aufwand. Zur Meinungsäußerung in der Presse, soll sie ihren Zweck erfüllen, gehört deshalb auch der Schutz der Nachrichtenagenturen, Pressedruckereien, der Drucker selbst und des Verteilerdienstes. Aber auch für andere Meinungsäußerungen benötigt man unter Umständen Plakate, Lautsprecher, Tonbänder und ähnliches. Wie hier die schlichte Meinungsfreiheit durch Entzug der Hilfsmittel stark behindert oder entwertet werden kann, werden bei der Pressefreiheit die Information der Bürger und Existenz der konkreten Druckschrift erheblich gefährdet, wenn allein das geistige Produkt geschützt wäre[83]. Es ist deshalb davon auszugehen, daß die Pressefreiheit, gleichgültig, welche rechtliche Natur man ihr zuspricht, den Schutz des gesamten Presseunternehmens erfaßt[84].

b) Art. 5 GG und formelle Pressefreiheit

Ob die formelle Pressefreiheit des RPG, d. h. das Gebot an den Staat, bestimmte Einschränkungen der Presse zu unterlassen, um damit durch Begrenzung des Umfangs der Staatsgewalt einen Raum zu schaffen, in dem sich die Presse entfalten kann[85], in das Grundgesetz übernommen wurde und die Garantie der Pressefreiheit deshalb institutionelle Züge

---

[80] Zum Verhältnis von Verleger- und Journalistenfreiheit, F. *Schneider:* S. 98 mit Nachweisen.

[81] a. A. F. *Schneider:* a. a. O., S. 98; Das Gegenteil erweisen die vielfältigen Publikationen von Studenten und Studentengruppen in der jüngsten Zeit, die allerdings nur zum Teil die Öffentlichkeit erreichen.

[82] BVerfGE, 10, S. 121.

[83] *Czajka:* S. 146.

[84] Ebenso *Czajka:* S. 147; *Windsheimer:* S. 117 f. und passim; das Ergebnis entspricht der h. L. Vor allem aus diesem Grunde für eine teilweise institutionelle Sicht der Presse einzutreten (P. *Schneider:* Pressefreiheit, S. 64 ff.), ist deshalb nicht erforderlich.

[85] Vgl. *Häntzschel:* RPG § 1, Anm. 1.

trägt, ist umstritten[86]. Bereits an anderer Stelle wurde darauf hingewiesen, daß grundsätzlich vorkonstitutionelles Recht an der Verfassung zu messen ist und nicht dieses die Verfassung bestimmt[87]. Eine andere Auffassung führt zur Gesetzmäßigkeit der Verfassung[88].

Wer argumentiert, der Verfassungsgeber habe durch die ausdrückliche Erwähnung der Pressefreiheit diese verfassungsrechtlich wenigstens in dem Umfange sichern wollen, wie sie vorher durch das RPG gesetzlich geschützt war[89], wird durch die Entstehungsgeschichte des Art. 5 GG eines Besseren belehrt. In den besatzungsrechtlichen Pressevorschriften und den Pressegesetzentwürfen der Länder waren zum Teil vom RPG erheblich abweichende Bestimmungen enthalten[90]. In der Diskussion des Parlamentarischen Rates wurde deshalb stets auf ein künftiges Pressegesetz verwiesen[91], das die näheren Einzelheiten der staatlichen Befugnisse gegenüber der Presse regeln sollte. Der Wille zur Rezeption des RPG in dem Sinne, daß die dort garantierte Mindestfreiheit nunmehr Verfassungsrang habe, kann daraus nicht entnommen werden. Art. 5 GG gewährleistet die Pressefreiheit deshalb nur in einem materiellen, „aktiven" Sinne.

c) Staatliche Eingriffe zur Erhaltung eines freien Meinungsbildungsprozesses

Die größten Schwierigkeiten hat die traditionelle Grundrechtsauffassung bei der Legitimierung staatlicher Eingriffe zur Erhaltung eines freien Meinungsbildungsprozesses, insbesondere also der Maßnahmen gegen eine Monopolbildung der Presse. Der Privilegierungsfunktion der allgemeinen Gesetze stehen sie, soweit die allgemeine Kartellgesetzgebung keine Handhabe bietet, als Spezialgesetze gegen die Presse konträr entgegen. Andererseits ist es für die politische Willensbildung in der Demokratie notwendig, daß eine relativ große Zahl von „selbständigen und nach ihrer Tendenz, politischen Färbung oder weltanschaulichen Grundhaltung miteinander konkurrierenden Presseerzeugnissen"[92] existiert. Etwas Ähnliches hat *Smend* gemeint, als er von der „das

---

[86] Bejahend: *Löffler:* Presserecht, § 1 RPG, Rdnr. 19; DÖV 1957, S. 897; vgl. auch *Lerche:* Übermaß, S. 112 sub g u. Note 51; *Schnur:* VVdStRL 22, S. 131 f.; *Ridder:* VVdStRL 22, S. 175; verneinend: *Kemper:* S. 56.
[87] s. o. Kap. IV, D.
[88] Dazu *Leisner:* Gesetzmäßigkeit, S. 10, 26 ff.
[89] So anscheinend *Ridder:* VVdStRL 22, S. 175; *Čopić:* Grundgesetz, S. 34 (betr. Polizeifestigkeit).
[90] Nähere Nachweise bei *Kemper:* S. 55.
[91] Vgl. JÖR NF 1, S. 80 u. 82.
[92] BVerfGE 12, S. 205 ff. (261).

Staatsganze konstituierenden, integrierenden Funktion der Meinungs- und Pressefreiheit" sprach[93]. Integrierend kann diese nur wirken, wenn eine Vielzahl unterschiedlicher Richtungen in der Presse tatsächlich vertreten wird, so daß nahezu jede Meinung die Chance hat, Zugang zu einem Mittel der Massenkommunikation zu finden bzw. dort artikuliert zu werden[94]. Antimonopolistische Struktur der Presse ist deshalb eine Forderung, die sich unmittelbar aus der Staatsform einer freiheitlichen Demokratie westlicher Prägung ergibt[95]. Der aus Art. 20, 28 GG oder der Verfassung insgesamt zu entnehmende Grundsatz der freiheitlichen Demokratie schränkt als übergeordneter Verfassungsgrundsatz, der sich an alle staatlichen Organe als zum Handeln verpflichtendes Prinzip wendet, die Pressefreiheit ein[96] und läßt ein Gesetz, das sich gegen eine Monopolbildung in der Presse wendet, zu. Die „allgemeinen Gesetze" können, da die Pressefreiheit als solche nicht beschränkt wird, nicht eingreifen[97]. Aus der verfassungsrechtlichen Grundlage für staatliche Eingriffsmöglichkeiten folgt, daß nicht jede Marktkonzentration zum Eingriff berechtigt; es muß tatsächlich eine Gefahr für den pluralistischen Meinungsbildungsprozeß vorliegen. Eine erhebliche Konzentration auf einem bestimmten Pressesektor, etwa der Illustriertenpresse, ist dafür nicht unbedingt der richtige Maßstab. Denn entscheidend ist die Frage, ob der Bürger auf Grund der Berichterstattung innerhalb der Blätter eines oder mehrerer herrschender Verlage selbst oder durch das Angebot anderer Erzeugnisse der Publikums- oder Tagespresse ausreichend informiert wird oder nicht. Auch müßte feststehen, daß Zeitungen und Zeit-

---

[93] *Smend:* Staatsrechtliche Abhandlungen, S. 94.
[94] Ähnlich *Czajka,* S. 154.
[95] Es besteht deshalb eine *Eingriffspflicht* des Staates.
[96] Ähnlich neuestens *Maunz-Dürig-Herzog:* Art. 5, Rdnr. 185; *Friesenhahn:* Vortrag, S. 11 f. Bereits *Abendroth* (Zum Begriff des demokratischen und sozialen Rechtsstaates, in: Rechtsstaatlichkeit und Sozialstaatlichkeit, S. 128 ff., 139) und *Ridder* (Wiener Vortrag, S. 18; Zur verfassungsrechtlichen Stellung der Gewerkschaften, S. 11 ff., 24 f.) haben auf die Bedeutung des Art. 20 GG i. S. eines allgemeinen gesellschaftlichen Ordnungsprinzips hingewiesen. Eine so weitgehende Interpretation ist jedoch in concreto nicht erforderlich.
[97] Näheres s. u. Kap. VII, C; zu einem ähnlichen Ergebnis auf der Grundlage eines individualrechtlichen Grundrechtsverständnisses gelangt *Czajka:* S. 155 f. *Maunz-Dürig-Herzog:* Art. 5, Rdnr. 184 sprechen von einer „systemimmanenten Einschränkung des Grundrechts" durch das demokratische Prinzip.
Der Auffassung *Löfflers* (ZRP 1968, S. 16) und *Bergers* (vgl. die Besprechung von Löffler, NJW 1968, S. 2096), die „allgemeinen Gesetze" könnten durch ein Antikonzentrationsgesetz gar nicht betroffen sein, weil die Formel nicht Sondergesetze zum Schutze der Pressefreiheit meine, kann nicht gefolgt werden. Denn mit der Argumentation, es solle zum Schutze der Pressefreiheit eingegriffen werden, kann man fast jedes Sondergesetz rechtfertigen. Es kann auch nicht bezweifelt werden, daß ein Antikonzentrationsgesetz zum wenigsten das individuelle Grundrecht des Großunternehmers einschränkt (ebenso *Heck:* Archiv für Presserecht, Nr. 73/1968, S. 703).

schriften die Meinungsbildung tatsächlich in erheblichem Umfange beeinflussen[98]. Andererseits kommt es nicht darauf an, ob die Monopolisierung ihre Ursache in unlauteren Manipulationen von Verlegern oder dem Geschmack oder bloßem Desinteresse der Leserschaft hat[99]. Ob der Gesetzgeber durch Entflechtungsmaßnahmen, durch Gewährung von Subventionen an kleinere Unternehmen[100], durch Auflagenbegrenzung, Einrichtung von Redaktionsräten, die größere Unabhängigkeit gegenüber dem Verleger gewährleisten sollen, oder in anderer Weise[101] der Monopolisierung entgegenwirkt, steht in seinem Ermessen. Da ein Eingriff in Freiheiten vorliegt, muß er dabei den Grundsatz der Verhältnismäßigkeit beachten[102].

Sorgt der Staat in dieser Weise für die „offene und öffentliche Auseinandersetzung zwischen verschiedenen Meinungsträgern"[103], entsteht jener „transindividuelle umgreifende Meinungsbildungsprozeß"[104], der das Telos der Pressefreiheit ist, von selbst. Seiner Herausnahme aus dem

---

[98] Im (vorläufigen) Bericht der Günther-Kommission (BT-Drucksache V/2403) wird lediglich die tatsächliche Struktur der deutschen Publikums- und Tagespresse, also Entwicklung und Zahl der publizistischen Einheiten, die Situation der Kosten und Erlöse, Konzentrationsvorgänge u. a. m. dargestellt (BT-Drucksache V/2403 S. 21—119). Die verschiedenartigen Empfehlungen an den Gesetzgeber (a. a. O. S. 6—10) werden damit motiviert, daß die Entwicklung zur Konzentration der Presse auf einige große Verlage und zum lokalen Monopol von Tageszeitungen hin im Interesse der Meinungsfreiheit aufgehalten werden müsse (a. a. O. S. 15). Eine Untersuchung des Kausalzusammenhanges zwischen Pressekonzentration und Meinungsbildung fehlt dagegen; sie soll offenbar in einem später vorzulegenden Schlußbericht erfolgen (vgl. a. a. O. S. 13, 15). Die Kommission schlägt deshalb die gesetzlichen Maßnahmen gegen Pressekonzentration „auf Verdacht hin" vor (a. a. O. S. 15: um eine Entwicklung aufzuhalten, die *vielleicht* als schädlich später erkannt werden würde"). Das ist verfassungsrechtlich bedenklich.

Auch die Referate von Arnold *Gehlen* und Martin *Irle* über die soziologischen und psychologischen Implikationen der Informationsfreiheit auf dem Rechtspolitischen Kongreß der SPD (Mainz 1969) haben — zum eigenen Bedauern der Referenten — noch keine Klärung der offenen tatsächlichen Fragen bringen können.

Zu den tatsächlichen Voraussetzungen für eine Eingriffsbefugnis des Gesetzgebers vgl. auch *Maunz-Dürig-Herzog*: Art. 5, Rdnr. 187—190.

[99] *Czajka*: S. 156; vgl. dort (S. 156 f.) auch die Ausführungen zu der Frage, ob Pressemonopolen eine Demokratisierung im Inneren aufgegeben werden kann.

[100] Zu deren Verfassungsmäßigkeit (bejahend) *Heck* bei *Löffler*: NJW 1967, S. 2196.

[101] Eine Übersicht über die Möglichkeiten des Gesetzgebers gibt der Bericht der Günther-Kommission, S. 6 ff.; dazu *Löffler*: ZRP 1968, S. 2 ff. vgl. ferner *Heck*: Grundgesetz und Pressekonzentration, Archiv für Presserecht 73/1968, S. 705 ff.

[102] BVerfGE 18, S. 353 ff. (362); BGH DVBl. 1953, S. 470, Leitsatz 3; BVerwGE 3, S. 21 (27); ebenso im konkreten Fall *Friesenhahn*: S. 13.

[103] P. *Schneider*: Pressefreiheit, S. 79.

[104] P. *Schneider*: a. a. O., S. 76.

gesellschaftlich-politischen Bereich in den rechtlichen durch eine Institutionalisierung gleich welcher Art bedarf es nicht.

d) Öffentliche Aufgabe der Presse

Auch die Annahme einer „öffentlichen Aufgabe" der Presse zwingt nicht zur Objektivierung der Pressefreiheit. Die öffentliche Aufgabe der Presse gehört nicht zum Pressebegriff[105], denn Presse ist nicht nur politische Presse, Bürgergespräch in öffentlichen Angelegenheiten (*Schüle*), sondern auch Unterhaltungs- und Skandalpresse. „Öffentliche Aufgabe" umschreibt deshalb Privilegien[106] der Presse, die ihr der einfache Gesetzgeber — etwa in der Form der Wahrnehmung berechtigter Interessen oder eines besonderen Informationsanspruchs[107] — dann gewährt, wenn sie an der Bildung der politischen Meinung mitwirkt[108].

e) Ergebnis

Da somit die traditionelle Grundrechtsauffassung auch die Probleme lösen kann, die zunächst allein bei institutioneller Sicht zugänglich schienen, ist ihr zu folgen. Diese Auffassung wird nicht nur durch den Wortlaut des Art. 18 GG, der die Pressefreiheit als Sonderfall der Meinungsäußerungsfreiheit ansieht, bestätigt[109], sondern sie läßt es auch ohne besondere Schwierigkeiten[110] zu, der nicht am Prozeß der öffentlichen Meinungsbildung beteiligten Presse, also bestimmten Sparten der Unterhaltungspresse, den Schutz des Grundrechts zu gewähren[111]. Sie eröffnet einen weiten Freiheitsraum und dient nachhaltig dem von allen Seiten geforderten[112] bestmöglichen Schutz der Presse.

---

[105] *Scheuner:* VVdStRL 22, S. 171.

[106] Nach einer hier abgelehnten Auffassung auch Pflichten (vgl. *Schüle:* VVdStRL 22, S. 167).

[107] *Schüle:* VVdStRL 22, S. 167.

[108] *Scheuner:* VVdStRL 22, S. 171, zustimmend *Ridder:* ebendort.

[109] a. A. aber unkritisch F. *Schneider:* Pressefreiheit, S. 89.

[110] Wenn z. B. *Ridder* (VVdStRL 22, S. 175) davon spricht, man müsse die Erzeugnisse der nichtpolitischen Presse „mitschlucken", erweckt das den Eindruck einer Notlösung; *Čopić:* JZ 1963, S. 494 ff., will folgerichtig den Schutz der Pressefreiheit nur Erzeugnissen zubilligen, die Bezug zur öffentlichen Meinung haben; dazu kritisch *Schnur:* VVdStRL 22, S. 107, Fußn. 13.

[111] Vgl. dazu *Scheuner:* VVdStRL 22, S. 68 f.; *Schnur:* VVdStRL 22, S. 107; *Windsheimer:* S. 100 f.; zur Frage, ob auch ein Teil der Buchpresse durch die Pressefreiheit garantiert ist, *Forsthoff:* DÖV 1963, S. 634.

[112] Vgl. einerseits *Scheuner:* VVdStRL 22, S. 69, andererseits *Forsthoff:* VVdStRL 22, S. 189; DÖV 1963, S. 635, der seine Auffassung als die staatspolitisch klügere charakterisiert.

E. Die Rundfunkfreiheit (Bild- und Tonfunk)

1. Der rechtliche Charakter der Rundfunkfreiheit

Der rechtliche Charakter der Rundfunkfreiheit ist ebenso umstritten wie der der Pressefreiheit. Während auf der einen Seite auch hier eine institutionelle Auffassung abgelehnt wird[113], sprechen sich andere für eine institutionelle Garantie des vom öffentlichen Recht besonders geprägten[114] Rundfunks aus[115], und zwar auch dann, wenn sie es bei einem status negativus der Presse belassen wollen[116]. Bemerkenswert ist, daß *Ridder* der Pressefreiheit keine institutionelle Rundfunkfreiheit an die Seite stellen will, weil das Schwergewicht der Aufgaben des Rundfunks nicht auf dem Gebiet der öffentlichen Meinungsbildung liege. Nur soweit dies der Fall sei, sei ein institutioneller Schutz gegeben[117].

Im Unterschied zur Presse, die trotz der in den letzten Jahren fortschreitenden Konzentration eine Vielfalt bewahrt hat[118], die es möglich macht, die verschiedenen Meinungen gegenüberzustellen und eine sachgerechte Information zu erhalten, ist der Runfunk auf die wenigen Wellen, die der Bundesrepublik zur Verfügung stehen, angewiesen, so daß eine Auswahlmöglichkeit unter verschiedenen Anstalten unterschiedlicher Ausrichtung nicht oder nur beschränkt besteht[119]. Der Rundfunk ist darüber hinaus ein Machtinstrument allerersten Ranges[120]. Bereits in der Weimarer Zeit wurde deshalb die Veranstaltung von Rundfunksendungen als öffentliche Verwaltung aufgefaßt[121]. Dementsprechend erhielten nach dem Kriege die Rundfunkanstalten den Status rechtsfähiger Anstalten des öffentlichen Rechts mit dem Recht der Selbstverwaltung[122]. Dadurch sollte einerseits eine Abhängigkeit vom

---

[113] *Bettermann:* DVBl. 1963, S. 41 ff.; *Abel:* S. 78, weil es hier keine vom Verfassungsgeber vorgefundenen Normenkomplexe gebe.

[114] Vgl. die ins einzelne gehenden Regelungen der Rundfunkgesetze der Länder bei *Herrmann:* Rundfunkgesetze.

[115] *Scheuner:* Recht — Staat — Wirtschaft IV, S. 108; *Reisnecker:* S. 77; *Lerche:* Werbefernsehen, S. 15 ff.; *Stern:* Funktionsgerechte Finanzierung, S. 28, weitere Nachweise dort Fußn. 87 u. *Lerche:* a. a. O., Fußn. 78.

[116] *Stern:* Funktionsgerechte Finanzierung S. 27/28.

[117] *Ridder:* Grundrechte II, S. 270 f., 273.

[118] Vgl. den Bericht der Michel-Kommission, BT-Drucks. V, 2120, Tab. 4, Anl. 29 a; *Stern:* Funktionsgerechte Finanzierung, S. 35; *Ridder:* Grundrechte II, S. 271.

[119] *Stern:* Funktionsgerechte Finanzierung, S. 35.

[120] *Ridder:* Grundrechte II, S. 271, dort auch zu Erfahrungen mit dem faschistischen Rundfunk; *Stern:* Funktionsgerechte Finanzierung, S. 35 Fußnote 110; BVerfGE 12, S. 205 (244).

[121] Vgl. BVerfGE 12, S. 244 f.

[122] Von entscheidender Bedeutung sind hier die paritätisch zusammengesetzten Rundfunkräte, vgl. §§ 8 ff. des Staatsvertrages über den NDR bei *Herrmann:* S. 54 ff.

jeweiligen Regime, andererseits die Gefahr der Meinungsmonopolisierung bei privatwirtschaftlichem Rundfunk vermieden werden. Herrschende Lehre und Rechtsprechung lehnen heute zu Recht eine Privatisierung des Rundfunks ab[123]. Wird der Rundfunk, was denkbar ist, durch private Gesellschaften betrieben, müssen diese in Struktur und Rechtsform der Tatsache gerecht werden, daß Rundfunk Verwaltung im materiellen Sinne ist[124]. Insbesondere muß gewährleistet sein, daß alle gesellschaftlich relevanten Kräfte zu Wort kommen und die Berichterstattung objektiv bleibt[125].

Die geschilderte Eigenart des Rundfunks beeinflußt das rechtliche Verständnis der Rundfunkfreiheit. Wenn der Staat gehalten ist, jede Parteilichkeit der Rundfunkanstalten zu verhindern und in den Rundfunkgesetzen legitimerweise eingehende Regelungen über die inhaltliche Gestaltung von Nachrichten, Kommentaren und sonstigen Sendungen trifft[126], kann die Rundfunkfreiheit nicht als negatives Freiheitsrecht aufgefaßt werden. Vielmehr soll eine Einrichtung garantiert werden, die die Bürger in möglichst objektiver Weise unterrichtet und die zu den öffentlichen Aufgaben des Staates zählt. Da der Rundfunk andererseits dem Staat, d. h. der jeweiligen Regierung, nicht ausgeliefert sein darf[127], muß die Eigenständigkeit des Rundfunks durch Selbstverwaltung oder eine entsprechende Organisationsform gesichert sein. Dieses Erscheinungsbild der Rundfunkfreiheit läßt eine Parallele zu den klassischen institutionellen Garantien des Grundgesetzes, der gemeindlichen Selbstverwaltung und Art. 33 Abs. 5 GG zu[128]. Zwar liegen im Fall der Rundfunkfreiheit weitgehend keine vorkonstitutionellen Normenkomplexe vor, die wie bei Beamtentum und gemeindlicher Selbstverwaltung eine unterverfassungsrechtliche Kontinuität erzeugen könnten[129]. Für den Begriff der institutionellen Garantie muß es jedoch genügen, wenn überhaupt die Ordnungsgrundsätze der Einrichtung weitgehend in einfachen Gesetzen oder Staatsverträgen verwirklicht werden[130]. Das ist durch die Rundfunkgesetze der Länder geschehen. Der Annahme einer institutionellen Garantie der Rundfunkfreiheit steht nicht entgegen, daß der Rundfunk auch durch private Anstalten betrieben werden kann.

---

[123] *Ridder:* Grundrechte II, S. 271; *Stern:* a. a. O., S. 35 f. mit weiteren Nachweisen, Fußn. 112 (S. 36); BVerfGE 12, S. 205, 244 ff.

[124] *Stern:* a. a. O., S. 36.

[125] BVerfGE 12, S. 62.

[126] Vgl. beispielsweise § 2 des Rundfunkgesetzes des Landes Bremen (Brem. GBl. 1948, S. 225) bei *Herrmann:* Rundfunkgesetze, S. 77.

[127] BVerfGE 12, S. 262.

[128] Vgl. *Stern:* Funktionsgerechte Finanzierung, S. 27 ff.

[129] *Abel:* S. 78; *Stern:* a. a. O., S. 31.

[130] Vgl. *Lerche:* Werbefernsehen, S. 15; *Stern:* a. a. O., S. 31 f.; a. A. *Abel:* S. 78.

Wie die Daseinsvorsorge der Gemeinden durch private Wasserwerke und Elektrizitätsgesellschaften funktionell öffentliche Verwaltung ist, so kann auch eine „private" Rundfunkanstalt nicht entgegen ihrer öffentlichen Aufgabe tätig und strukturiert sein[131]. Dem Hinweis *Ridders*, Rundfunk sei überwiegend Unterhaltung und Belehrung und habe deshalb weniger mit einer institutionellen Meinungsfreiheit zu tun, steht entgegen, daß diese Programmteile, die „keinen inneren Zusammenhang mit öffentlichen Aufgaben aufweisen" (*Scheuner*), für die rechtliche Organisation und Sicht des Rundfunks seit jeher nur eine untergeordnete Rolle gespielt haben[132]. Letztlich ist die Frage, ob Beiträge zur öffentlichen Meinungsbildung vorliegen oder nicht, für die hier vertretene Auffassung ohne Bedeutung. Denn die institutionelle Garantie des Rundfunks, wie sie hier verstanden wird, hat den Sinn, eine bestimmte Organisation der Anstalten, wie sie teilweise in den Rundfunkgesetzen zum Ausdruck gekommen ist, zu sichern, während das institutionelle Denken Ridders den sachlichen Grund für diese Garantie: die Eigenschaft des Rundfunks als „Faktor der öffentlichen Meinungsbildung"[133] betrifft.

2. Institutionelle Garantie des Rundfunks und „allgemeine Gesetze"

Bei einer institutionellen Sicht der Rundfunkfreiheit wird die Freiheit von innen heraus entwickelt. Geschützt ist als Kernbereich eine Vielfalt von Äußerungen aller gesellschaftlich relevanten Kräfte und eine objektive Berichterstattung[134]. In diesem Sinne kann und muß Meinungsäußerung im Rundfunk durch den Staat geregelt werden. Hier wird also bewußt, ausgerichtet an einem (fiktiven) öffentlichen Wohl, Meinungsäußerung durch entsprechende Selbstverwaltungsorgane gelenkt. Die „allgemeinen Gesetze" in Art. 5 Abs. 2 GG wollen dagegen staatlichen Einfluß auf den Inhalt von Meinungsäußerungen verbieten, gleichgültig, aus welchem Grunde er vorgenommen wird. Die Vorschriften der Rundfunkgesetze, die sich mit der Programmgestaltung befassen, sind deshalb nicht „allgemein".

Sie sind gleichwohl nicht verfassungswidrig. Die Formel der „allgemeinen Gesetze" paßt nicht zu einer institutionellen Garantie, zu der essentiell eine „Sprachregelung" des Rundfunks gehört. Die „allgemeinen Gesetze" sind an der Vorstellung einer prinzipiell unbeschränkten Mei-

---

[131] *Stern:* Funktionsgerechte Finanzierung, S. 37.
[132] BVerfGE 12, S. 244 mit Nachweisen.
[133] BVerfGE 12, S. 260.
[134] Der Verfassungstext, der nur von Berichterstattung spricht, ist weiter auszulegen; ausführlich *Reisnecker:* S. 76.

nungsäußerungsfreiheit ausgerichtet, einem status negativus, den es beim Rundfunk nicht gibt[135]. Intendant und Programmbeirat können die Sendungen nicht nach Belieben bestimmen, sondern sind an die zuweilen recht eingehenden Vorstellungen des Gesetzgebers[136] gebunden. Auch dem einzelnen Rundfunkkommentator steht kein Individualrecht zu, das lediglich durch die „allgemeinen Gesetze" beschränkt ist. Denn im Rahmen der institutionellen Garantie der Rundfunkfreiheit kann der einzelne sich nur im Wege eines Rechtsreflexes auf den Umfang der Garantie berufen[137]. Die institutionelle Garantie bestimmt also seinen Freiheitsraum. Auch eine Parallelität von individuellem Recht und institutioneller Rundfunkgarantie kann deshalb nicht bestehen.

Sieht man die Rundfunkfreiheit als institutionelle Garantie an, ist die Schranke der „allgemeinen Gesetze" somit ohne Bedeutung.

F. Die Filmfreiheit

Die Frage nach der rechtlichen Natur der Filmfreiheit, die sich im Rahmen des Art. 5 Abs. 1 GG im wesentlichen auf Wochenschauen und dokumentarische Filme bezieht[138], ist ebenso wie bei der Pressefreiheit zu beantworten[139]. Die traditionelle Grundrechtsauffassung bedarf hier schon deshalb keiner Modifizierung, weil die meinungsbildende Bedeutung des Films ungleich geringer ist als die von Presse und Rundfunk. Auch hier umfaßt das Freiheitsrecht den gesamten technischen und geistigen Prozeß, der zur Meinungsäußerung durch den Film gehört.

Insbesondere bei der Filmfreiheit taucht die Frage auf, ob die Schranke der allgemeinen Gesetze auch dann gilt, wenn es sich um einen künstlerischen Film handelt, der gleichzeitig Meinungsäußerungen enthält, oder ob, wie die herrschende Meinung annimmt[140], allein Art. 5 Abs. 3 GG eingreift. Neuerdings ist *Knies*[141] der herrschenden Meinung

---

[135] s. o. Kap. VI, D, 3.

[136] Vgl. § 2 des Rundfunkgesetzes des Landes Bremen, bei *Herrmann*: S. 77; Art. 4 des Gesetzes über den Bayerischen Rundfunk, bei *Herrmann*: S. 14.

[137] *Ridder*: Grundrechte II, S. 269, a. A. *Stern*: Funktionsgerechte Finanzierung, S. 28; F. *Schneider*: Pressefreiheit, S. 134 f. (für die Presse mit weiteren Nachweisen).

[138] Auch hier ist über die Berichterstattung hinaus die Stellungnahme geschützt (*Reisnecker*: S. 78; *Knies*: S. 254, Fußn. 140).

[139] a. A. (institutioneller Einrichtungsschutz) *Reisnecker*: S. 76 f.

[140] *Reisnecker*: S. 80; *Erbel*: S. 97; *Berg*: S. 154; wohl auch *Ridder*: Freiheit der Kunst, S. 12, 18; weitere Nachweise pro und contra bei *Knies*: S. 250, Fußn. 118; *Ott*: JuS 1968, S. 461.

[141] *Knies*: Freiheit der Kunst als verfassungsrechtliches Problem, insbesondere S. 243 ff.

entgegengetreten. Er weist darauf hin, daß Kunstwerke, gleichgültig, wie man sie auf dem Filmsektor bestimmen will[142], häufig Meinungsäußerungen enthalten. Beide Elemente sind untrennbar verbunden, wenn der Sinn des Kunstwerks eine — sonst vielleicht verbotene — Meinungsäußerung ist. Daraus, daß einzelne Elemente individueller Kunstfreiheit häufig gleichzeitig Bestandteile der Freiheitsrechte des Art. 5 Abs. 1 GG sind, kann jedoch nicht gefolgert werden, daß im jeweiligen Fall[143] oder gar generell[144] künstlerische Äußerungen an den Schranken der „allgemeinen Gesetze" zu messen sind. Ohne daß hier im einzelnen auf die eingehenden Überlegungen von Knies eingegangen werden könnte, sei darauf hingewiesen, daß sie letztlich doch an der im Verfassungstext zum Ausdruck gekommenen besonderen Privilegierung der Kunstfreiheit scheitern[145]. Eine direkte oder analoge Anwendung der „allgemeinen Gesetze" auf den künstlerischen Film und andere in ein Kunstwerk „verpackte" Meinungsäußerungen verbietet sich deshalb.

---

[142] BVerwG NJW 1955, S. 1203 f. (Sünderin-Fall); *Erbel:* S. 3 f., 83 ff.; *Schwark:* RdJ 1964, S. 66, 69.
[143] *Knies:* S. 257.
[144] *Knies:* S. 260 ff.
[145] *Erbel:* S. 117; *Ridder:* Freiheit der Kunst, S. 12.

Kapitel VII

Die Rechte des Artikel 5 Abs. 1 GG andere Grundrechte, Verfassungssätze und Grundrechtsschranken

A. Einleitung

Versteht man, wie hier, diejenigen Rechte des Art. 5 Abs. 1 GG, für die die „allgemeinen Gesetze" Bedeutung haben, als negative und nicht aus sich selbst heraus verschiedenartig beschränkte Freiheitsverbürgungen, stellt sich die Frage, ob aus anderen Bestimmungen des Grundgesetzes generell oder im Einzelfall Schranken dieser Rechte herzuleiten sind. Ist dies der Fall, wird der Freiheitsraum, der auf Grund des Art. 5 Abs. 2 GG allein durch die allgemeinen und die dort genannten Spezialgesetze eingeschränkt werden kann, von vornherein verkürzt und die Bedeutung der generellen Schranke verändert. Es lassen sich drei Problemkreise unterscheiden: 1. die Frage, ob aus der Schrankentrias des Art. 2 Abs. 1 GG oder aus Art. 18 GG immanente Schranken der Rechte des Art. 5 Abs. 1 GG herzuleiten sind, 2. das Problem der Kollision der Meinungsrechte mit anderen Grundrechten und Verfassungsbestimmungen, einschließlich der Kollision mit Meinungsrechten anderer, 3. die Frage der Konkurrenz der Meinungsrechte mit schrankendivergenten Freiheitsrechten in den Fällen, in denen mit der Meinungsäußerung gleichzeitig andere Grundrechte in Anspruch genommen werden.

B. Immanente Schranken des Art. 5 Abs. 1 GG aus Art. 2 Abs. 1 oder Art. 18 GG?

Die herrschende Meinung leitet auf im einzelnen unterschiedlichen Wegen[1] aus den Schranken des Art. 2 Abs. 1 GG immanente Schranken der Einzelgrundrechte, also auch des Art. 5 Abs. 1 GG ab[2]. Anknüpfungspunkt ist zumeist die „verfassungsmäßige Ordnung". Daraus wird all-

---

[1] Vgl. die Übersichten bei E. R. *Huber:* DÖV 1956, S. 135 ff.; *Knies,* S. 103 ff.
[2] *Von Mangoldt-Klein:* Vorbem. B XV, 3 a vor Art. 1 und Anm. IV zu Art. 2; *Giese-Schunck:* Anm. II 4 zu Art. 2; *Dürig* in *Maunz-Dürig:* Rdnr. 70 ff. zu Art. 2; *Bachof:* Verfassungsrecht I, S. 15/16.

gemein oder unter Berücksichtigung der Bedeutung des Einzelgrundrechts eine Gemeinwohlklausel, Zumutbarkeits-, Nichtstörungs- oder Immanenzklausel entnommen[3], die den Freiheitsraum des Grundrechts von vornherein einschränkt. Diese Lehren sind zwar denjenigen vorzuziehen, die aus einem vorverfassungsrechtlichen Menschenbild[4] oder mit der Argumentation, daß Schranken der Grundrechte unvermeidbar seien, wie sich insbesondere an den sog. schrankenlosen Grundrechten[5] zeige[6], ihre Vorstellung vom Umfang der Grundrechte entwickeln. Denn sie suchen im Unterschied zu jenen eine Stütze in der Verfassung. Hinter ihnen verbirgt sich aber das Bemühen, bestimmte Schrankenvorstellungen in einem Verfassungstext unterzubringen[7], der von vornherein mehrdeutig ist und, ebenso wie die auch im Kern differierenden Klauseln[8], keine Möglichkeit gibt, für die einzelnen Grundrechte einigermaßen bestimmbare Schranken aufzustellen. Daß hier außerrechtliche, philosophische oder soziologische Auffassungen positiviert werden sollen, zeigt insbesondere das Vorgehen *Dürigs*, der die Schranken des Art. 2 Abs. 1 GG am behutsamsten für eine Interpretation der Einzelgrundrechte benützt, indem er diesen nur paradigmatische Bedeutung gibt[9]. Er spricht von einer „angeborenen Menschenpflicht", einer „vorausgesetzten, jedem Recht immanenten Pflicht", die gute Ordnung des Gemeinwesens nicht zu stören. Ein *verfassungsrechtliches Institut* immanenter Schranken läßt sich daraus nicht begründen[10]. Die Verfassung läßt nach allgemeinen Regeln der Gesetzesauslegung einen Eingriff nur zu, wenn es um den Schutz und die Durchsetzung verfassungsrechtlicher Grundentscheidungen oder höherrangiger Verfassungsgüter geht. Dabei kann im Unterschied zu der aus Art. 2 Abs. 1 GG abgeleiteten nivellierenden Immanenzlehre berücksichtigt werden, ob das Grundrecht mehr als Schutzrecht der privaten Sphäre des einzelnen oder als sozialgebundenes oder Teilhaberecht konzipiert ist[11].

---

[3] Vgl. E. R. *Huber:* DÖV 1956, S. 135 ff.; *Dürig* in *Maunz-Dürig:* Art. 2 Abs. 1 Rdnr. 69 ff.; *Hamann:* S. 80 ff.

[4] s. o. Kap. IV, F, 1, 2, 3.

[5] Art. 3 Abs. 1; 4 Abs. 1; 5 Abs. 3; 6 Abs. 1; 8 Abs. 1; 17 GG.

[6] Kritisch dazu *Erbel:* S. 118.

[7] *Knies:* S. 105.

[8] Während *Dürig* etwa in Art. 2 Abs. 1 nur eine Nichtstörungsklausel erblickt (*Maunz-Dürig:* Art. 2 Abs. 1 Rdnr. 69 ff.), ermächtigt sie nach E. R. *Huber* (DÖV 1956, S. 136) auch zur positiven Sozialgestaltung.

[9] *Dürig:* AöR 79, S. 76; *Maunz-Dürig:* Art. 2 Abs. 1, Rdnr. 6, 69 ff.; dazu *Čopić:* S. 30; *Knies:* S. 105, Fußn. 248.

[10] Das erkennt auch *Dürig*, wenn er (AöR 79, S. 76) auf eine Ebene überpositiven Rechts ausweicht, um die Nichtstörungspflicht zu begründen. Diese Pflicht ist aber, worauf *Knies* (S. 107 ff.) hingewiesen hat, nur ein Spiegelbild der staatlichen Befugnisse und steht deshalb auf der Ebene der Verfassung, die sie gerade nicht als Verfassungsinstitut enthält.

[11] *Čopić:* Grundgesetz, S. 31; *Berg:* S. 90.

Soweit die aus Art. 2 Abs. 1 GG hergeleitete Immanenzlehre sich auf „die Rechte anderer" bezieht, sie geradezu als „rechtslogisch immanente Schranke aller Grundrechte"[12] bezeichnet, beruft sie sich auf eine Formel, die nicht nur die überkommene Gerechtigkeitsvorstellung des „neminem laedere" aufgreift, sondern auch im speziellen Bereich von Meinung und Presse historische Vorläufer findet[13]. Bei näherer Betrachtung zeigt sich jedoch, daß diese Formel zu wenig differenziert. Stehen im Fall des Art. 5 Abs. 1 GG Rechte anderer aus einfachgesetzlichen Normen in Frage, die dem öffentlichen Recht angehören, so hat die Verfassung in Art. 5 Abs. 2 GG selbst entschieden, welche den Vorrang vor der Meinungsfreiheit haben sollen. So wird die Ehre des anderen der Verfassung entsprechend durch die §§ 185 ff. StGB geschützt; das „Recht", ruhig in seinem Hause zu leben, durch Lärmverordnungen der Länder, die unter dem Gesichtspunkt der „allgemeinen Gesetze" zu untersuchen wären. Sind die Rechte anderer dem Privatrecht zugehörig, gilt zwar nach der klassischen Lehre, die die Grundrechte allein auf den Staat bezieht, der allgemeine Grundsatz, daß das öffentliche Recht die privaten Rechte Dritter zu achten hat[14]; vertritt man aber mit der Rechtsprechung[15] eine weitgehende Drittwirkung der Rechte des Art. 5 Abs. 1 GG, läßt die Durchschlagskraft des grundgesetzlichen Artikels in der Regel wiederum die Rechte anderer zurücktreten. Die „Rechte anderer" können deshalb keine generell bestehende immanente Schranke von Grundrechten bilden.

Schließlich kann die dritte Schranke des Art. 2 Abs. 1 GG nicht zur Begründung einer immanenten Schranke herangezogen werden. Mit dem Sittengesetz ist nicht ein außerrechtliches ethisches oder religiöses System gemeint — sonst würde ein subjektiv-öffentliches Recht mit inkommensurablen Schranken belegt — sondern die allgemeinen verrechtlichen sittlichen Anschauungen, das, was man im Recht unter den guten Sitten versteht[16]. Würde man hierin eine immanente Schranke des Art. 5 Abs. 1 GG erblicken, wäre die spezielle Eingriffsmöglichkeit zum Schutze der Jugend, mit deren Hilfe insbesondere Schriften, die gegen die „guten Sitten" verstoßen, ferngehalten werden können (vgl. §§ 1, 3 GjS) ohne

---

[12] *Dürig* in *Maunz-Dürig:* Art. 2 Abs. 1 Rdnr. 73.

[13] Vgl. *Catos letters:* 6, ed. I: 96—103; ferner die Auffassung von Abbé *Sieyès:* Kap. II, A, 4.

[14] *Forsthoff:* Verwaltungsrecht, S. 240; vgl. auch *Maunz-Dürig:* Art. 2 Abs. 1 Rdnr. 73 aa; Das ist nur anders, wenn das Privatrecht die öffentlichen Interessen ausdrücklich vorgehen läßt, wie z. B. in § 679 BGB. Das deutsche Recht kennt nicht den Satz jus publicum derogat juri privato; richtig deshalb BGH MDR 1962, S. 469.

[15] Grundlegend BVerfGE 7, S. 198 (205 ff.).

[16] *Dürig* in *Maunz-Dürig:* Art. 2 Abs. 1 Rdnr. 16 mit Nachweisen; AÖR 79, S. 63 mit Anm. 20.

Sinn. Eine Kunstfreiheit in den Schranken der „guten Sitten" würde den Schutz des Art. 5 Abs. 3 GG in bedenklicher Weise aushöhlen[17] und jeden Sittenwächter zum Richter der Kunst machen.

Einen besonderen Weg zur Begründung immanenter Schranken der Einzelgrundrechte aus Art. 2 Abs. 1 GG ist eine vor allem von *Peters*[18] vertretene Theorie gegangen, die in Art. 2 Abs. 1 GG nur einen Persönlichkeitskern garantiert sieht. Da sich in den Einzelgrundrechten dieser Persönlichkeitskern in besonderer Ausprägung entfalte, träten die Schranken des Art. 2 Abs. 1 GG kumulativ zu denen der Einzelgrundrechte hinzu[19]. Eine Beschränkung des Hauptfreiheitsrechts, wie sie Peters fordert, läßt sich aus dem Grundrecht, das in deutlicher Beziehung zu Art. 4 der französischen Deklaration steht, jedoch nicht entnehmen. Art. 2 Abs. 1 GG hat nicht nur die Funktion, letzte menschliche Werte zu schützen, sondern auch für triviale Betätigungen, etwa auf ökonomischem Gebiet, den Grundsatz der Freiheit von staatlicher Reglementierung zu gewährleisten[20].

Lassen sich somit aus Art. 2 Abs. 1 GG keine immanenten Schranken des Art. 5 Abs. 1 GG herleiten, so will eine weitverbreitete Meinung zumindest demjenigen, der diese Rechte zum Kampf gegen die demokratische Grundordnung mißbraucht, jeden Grundrechtsschutz absprechen[21]. Die in Art. 18 GG genannte Schranke wohnt nach dieser Auffassung zumindest den dort genannten Grundrechten von vornherein inne. Auch die Rechtsprechung des Bundesgerichtshofes[22] bewegt sich auf dieser Linie. Wenn das Gericht es für zulässig hält, daß der Strafrichter auf Grund eines mit Art. 5 Abs. 2 GG zu vereinbarenden Strafgesetzes ein Berufsverbot verhängen darf, das einer Grundrechtsverwirkung gleichkommt[23], wird vorausgesetzt, daß in Fällen des „Mißbrauches" ein einfaches Gesetz, das die Meinungsfreiheit eines Journalisten ganz erheblich und direkt beschränkt, mit Art. 5 GG vereinbar ist.

---

[17] *Knies:* S. 112 ff., 114 mit zahlreichen Nachweisen, dagegen nimmt *Erbel:* S. 146, die Geltung des Sittengesetzes für Art. 5 Abs. 3 GG an.
[18] *Peters:* Festschrift Laun, S. 673; vgl. ferner die Übersicht bei *Maunz-Dürig:* Art. 2 Abs. 1 Rdnr. 11, Fußn. 1.
[19] Von *Berg,* der (S. 116 ff.) *Peters* folgt, werden die Schranken des Art. 2 Abs. 1 folgerichtig nicht nur dann angewandt, wenn innerhalb des Einzelgrundrechtes eine Betätigung des Kernbereiches der Persönlichkeit vorliegt, sondern auch bei Betätigung in Außenbezirken (S. 131).
[20] *Maunz-Dürig:* Art. 2 Abs. 1, Rdnr. 11 mit Nachweisen der h. L.; BVerfGE 6, S. 32 ff.
[21] *Wernicke:* BK Erläut. II, 1 c zu Art. 18; *Füchtenbusch:* S. 58; wohl auch *Lerche:* Übermaß, S. 125; weitere Nachweise bei *Čopić:* Grundgesetz, S. 37 f., Fußn. 76.
[22] BGHSt 17, S. 38 ff., 41.
[23] BGHSt 17, S. 38 ff. (41).

Die Gegenmeinung reserviert Art. 18 GG nicht nur prozeßrechtlich, sondern auch im materiellen Sinne dem Bundesverfassungsgericht[24]. Art. 18 GG wird dadurch zu einer Schutznorm für die Meinungsrechte; eine totale Ausschaltung aus dem politischen Prozeß[25] ist nur im Wege einer verfassungsgerichtlichen Entscheidung (§§ 36 ff. BVerfGG) möglich. Alle einfachen Gesetze sind auch dann, wenn die Meinungsäußerung die freie demokratische Grundordnung beseitigen oder untergraben will, allein an Art. 5 Abs. 2 GG zu prüfen. Nach dieser insbesondere von *Čopić* vertretenen Auffassung müssen bei Strafgesetzen verbotene Betätigung und Strafsanktion gesondert auf ihre Vereinbarkeit mit Art. 5 GG untersucht werden, da beide in die Betätigungsfreiheit des Bürgers eingreifen[26]. Dem steht entgegen, daß einem im Tatbestand der Strafnorm enthaltenen, mit Art. 5 GG zu vereinbarenden Verhaltensgebot auch die Möglichkeit eines (verhältnismäßigen) Eingriffes in Form der Sanktion entsprechen muß. Die Sanktion wird da unzulässig, wo der Wesensgehalt des Grundrechts verletzt wird oder praktisch eine Verwirkung eintritt. Auch kann entgegen *Čopić* ein einfaches Gesetz, wie etwa § 42 l StGB (Untersagung der Berufsausübung), nicht beschränkt auf seine Auswirkung im Bereich des Art. 5 Abs. 1 GG betrachtet werden. Die Formel der „allgemeinen Gesetze" verlangt stets eine Prüfung des gesamten Anwendungsbereiches, wenn man unzulässiges Sonderrecht objektiv und abstrakt, wie es Art. 5 Abs. 2 GG verlangt, von den allgemeinen Gesetzen trennen will. Es ist deshalb nicht einzusehen, daß § 42 l StGB im Falle der Verbreitung pornographischer Schriften „allgemeines Gesetz", im politischen Bereich aber unzulässiges Sonderrecht sein soll[27].

Andererseits ist Čopić's Kritik an der herrschenden Meinung im Ansatz berechtigt, weil diese das Verhältnis der Meinungsrechte und ihrer Schranken aus Art. 5 Abs. 2 GG zu Art. 18 GG verkennt.

Die Formel der „allgemeinen Gesetze" hat die Funktion einer in der Geschichte der Schranken von Meinung und Presse zuweilen auftauchenden Mißbrauchsformel[28] übernommen und den Versuch einer konkreten

---

[24] Eingehend *Čopić*: JZ 1963, S. 494 ff.; Grundgesetz S. 37 f.; vgl. auch *Willms*: S. 26 ff.; *Reissmüller*: JZ 1960 S. 533; *von Mangoldt-Klein*: Vorbem. XIV, 2.

[25] Nur darauf bezieht sich Art. 18 GG: *Ridder*: Grundrechte II, S. 290, Fußnote 160; *Maunz-Dürig*: Art. 18 Rdnr. 11; *Čopić*: JZ 1963, S. 498.

[26] *Čopić*: JZ 1963, S. 495.

[27] So aber *Čopić*: JZ 1963, S. 495; ihm folgend *Maunz-Dürig*: Art. 18, Rdnr. 96; Eine andere Frage ist es, ob § 42 l StGB gegenüber Journalisten deshalb nicht anwendbar ist, weil der Strafrichter damit eine Verwirkung des Grundrechts aussprechen würde.

[28] Vgl. Anm. 11 des Kommissionsentwurfes der Frankfurter Nationalvers.; Art. 55 der Schweiz. Bundesverf.; § 28 der Verfassungsurkunde für Württb. vom 25. 9. 1819.

Regelung der Gesetzgebungsbefugnisse unternommen. Für eine allgemeine Mißbrauchsformel als immanente Schranke, die dem Gesetzgeber eine weitere Eingriffsbefugnis erteilt, ist deshalb kein Raum. Sonst wäre auch Art. 5 Abs. 3 Satz 2 GG, der die Lehre an die Treue zur Verfassung bindet, überflüssig und Art. 18 GG, der als Parallelinstitut zu Art. 9 Abs. 2 und Art. 21 Abs. 2 GG, die organisierte Verfassungsfeindschaft regeln, zu denken ist, weigehend aufgelöst[29]. Zwar dient Art. 18 GG dem Schutz der Demokratie, also einem überragenden Rechtsgut; seine Rechtsfolge ist jedoch in die alleinige Entscheidung des Bundesverfassungsgerichts gestellt. Das hat das Gericht in seiner Entscheidung zu § 4 des nordrhein-westfälischen Gesetzes über die Berufsausübung von Verlegern, Verlagsleitern und Redakteuren (GVBl. 1949, S. 293) für die gesetzliche Norm klargestellt[30]; es muß auch für gerichtliche Entscheidungen gegen Journalisten, etwa gemäß § 42 l StGB, gelten, die in den Kern des Grundrechts vorstoßen[31].

Gesetze, die ihrem Inhalt nach in Tatbestand oder Sanktion eine Verwirkung der Rechte des Art. 5 Abs. 1 GG enthalten, weil sie die politische Betätigungsfreiheit ausschließen, sind deshalb, auch wenn sie als „allgemeine Gesetze" zu qualifizieren sind, im Hinblick auf Art. 18 GG verfassungswidrig[32]. Ebenso kann ein Gericht, gestützt auf eine mit Art. 5 Abs. 2 GG vereinbare Gesetzesbestimmung, keine Rechtsfolge aussprechen, die einer Verwirkung i. S. des Art. 18 GG gleichkommt. Das gleiche gilt für Akte der Exekutive. In den Fällen, in denen eine Verwirkung außerhalb des politischen Kampffeldes in Frage kommt, greift allein Art. 5 Abs. 2 GG und die Wesensgehaltsperre des Art. 19 Abs. 2 GG ein. Methodisch gesehen laufen also Art. 5 Abs. 2 GG und Art. 18 GG nebeneinander[33]. Auf dem Gebiet politischer Betätigung füllt Art. 18 GG Lücken erforderlicher Grundrechtsbeschränkungen[34] bei alleiniger Zuständigkeit des Bundesverfassungsgerichts aus. Der Begriff der „allgemeinen Gesetze" wird dadurch nicht berührt.

---

[29] Vgl. *Willms:* S. 26 ff., der aus Art. 18 GG das Verbot der Bestrafung individuellen verfassungsfeindlichen Verhaltens entnehmen will; *Čopić:* Grundgesetz, S. 38.

[30] BVerfGE 10, S. 118 (122 ff.).

[31] Vgl. ähnlich *Maunz-Dürig:* Art. 18 Rdnr. 96; *Čopić:* JZ 1963, S. 497 ff.

[32] Vgl. *Reissmüller:* JZ 1960, S. 533; *Löffler:* NJW 1960, S. 30; *Maunz-Dürig:* Art. 18, Rdnr. 36; eingehend *Čopić:* JZ 1963, S. 494, der sich mit der entgegenstehenden Rechtsprechung des BGH auseinandersetzt.

[33] Ebenso *Maunz-Dürig:* Art. 18, Rdnr. 91.

[34] Vgl. BGHSt. 17, S. 41.

C. Schranken durch Kollision mit anderen Grundrechten und Verfassungsbestimmungen

1. Die Vorbedingung für eine Eingriffsbefugnis des Gesetzgebers

„Schranken durch Grundrechtskollision" bezeichnet die Frage, ob der einfache Gesetzgeber über die allgemeinen Gesetze, Jugendschutz- und Ehrschutzbestimmungen hinaus, Vorschriften, die die Meinungsrechte berühren, dann erlassen darf, wenn die Wahrnehmung dieser Rechte mit anderen Grundrechten oder Verfassungssätzen kollidiert. Das ist zu bejahen, wenn durch Kollisionen der Umfang des grundrechtlichen Status eingeschränkt wird und folglich eine Verletzung des Art. 5 GG nicht vorliegen kann.

In Rechtsgebieten außerhalb des Verfassungsrechts ist die Kollision von Rechten des einzelnen mit übergeordneten Rechtsgütern oder Rechten anderer häufig. Die Rechte des einzelnen werden hier durch systematische Interpretation, Verwendung allgemeiner Rechtsgrundsätze, wie unzulässige Rechtsausübung, die Formel von Treu und Glauben und ähnliche Hilfsmittel herkömmlicher juristischer Hermeneutik[35] gegebenenfalls eingeschränkt. Im Gegensatz dazu ist die Verfassung, insbesondere der Grundrechtskatalog, kein geschlossenes oder lückenloses Rechtssystem[36], sondern aus historischen und politischen Gründen[37] eine mehr oder weniger unvollständige Zusammenfassung von Rechtsgewährleistungen von besonderer Bedeutung und das Staatsleben konstituierenden Grundsätzen[38]. Gleichwohl enthält die Verfassung elementare Verfassungssätze und Grundentscheidungen des Verfassunggebers[39], wie das Bekenntnis zur Demokratie[40] und zum Sozialstaat, die bei der Auslegung des Grundgesetzes vorrangig zu beachten sind[41]. Auch die Grundrechte können deshalb durch derartige grundlegende Normen eingeschränkt sein.

Der Bestand der Bundesrepublik als souveräner Staat verbietet den Verrat von Staatsgeheimnissen an fremde Mächte durch Spionage, weil das Selbstverständnis des Staates hier die Freiheit der Meinungsäußerung verdrängt[42]. Strafgesetze gegen Spionage sind ohne Rücksicht dar-

---

[35] Vgl. *Larenz:* Methodenlehre, 3. und 4. Kap., S. 233 ff.; *Coing:* Die juristischen Auslegungsmethoden, S. 13 ff.
[36] *Ehmke:* VVdStRL 20, S. 82; *Scheuner:* VVdStRL 22, S. 44 f.
[37] Dazu *Scheuner:* VVdStRL 22, S. 44 ff.
[38] *Kägi:* Rechtsfragen, S. 47 ff.
[39] BVerwGE 1, S. 32 f.
[40] BVerfGE 18, S. 154.
[41] BVerfGE 1, S. 32 ff., 105.
[42] *Ridder:* Staatsgeheimnis und Pressefreiheit, S. 38, spricht von einer dem Grundgesetz wie allen Verfassungen „immanenten Notstandsschranke".

C. Grundrechtskollisionen

auf, ob sie „allgemeine Gesetze" sind oder nicht, kein Verstoß gegen Art. 5 GG. Auf diesem Wege lassen sich jedoch nicht alle Vorschriften des politischen Strafrechts neuerer Art, die Information und Kommunikation im Vorfeld der eigentlichen Gefahr verbieten[43], rechtfertigen. Denn der Bestand des demokratischen Staates (Art. 20 GG) erfordert es nicht notwendig, daß diese Gesetze bestehen; sie können deshalb auch nicht auf dem Wege der Kollision einer verfassungsrechtlichen Grundnorm mit Art. 5 Abs. 1 GG legitimiert werden. Einfache Gesetze, die die Meinungsrechte berühren, sind also über Art. 5 Abs. 2 GG hinaus überhaupt nur zulässig, wenn sie verfassungsrechtlichen Normen und Verfassungsgütern nicht nur förderlich, sondern für sie *„existenznotwendig"* sind.

Damit ist der Raum für aus diesem Grunde verfassungsmäßige Gesetze von vornherein sehr eingeengt[44]. Das zeigt sich noch deutlicher, wenn man die Kollision von Meinungsrechten mit anderen Grundrechten betrachtet.

Derartige Kollisionen sind möglich, weil der Grundrechtskatalog nicht als eine beziehungslose Aufstellung von Einzelrechten, die Kollisionen von vornherein ausschließen würde, verstanden werden kann. Darauf deutet schon die Überschneidung der einzelnen Grundrechte, etwa des Art. 5 GG mit Art. 8, 12 oder auch Art. 14 GG, wenn es um Sendeanlagen oder Druckereigebäude geht, hin. Ferner hat insbesondere *Smend* darauf hingewiesen, daß der Sinn eines Grundrechtskataloges darin bestehe, eine sachliche Reihe von einer gewissen Geschlossenheit, „d. h. ein Wertoder Güter-, ein Kultursystem" zu normieren[45]. Die einzelnen Grundrechte müßten deshalb auf einen integrierenden Sachverhalt hin, nach „ihrem Zusammenhang im Ganzen der gegenwärtigen Lebensordnung und verfassungsmäßigen Wertkonstellation" interpretiert werden[46]. Auf der gleichen Linie bewegt sich das Bundesverfassungsgericht, wenn es, ohne auf Smend ausdrücklich Bezug zu nehmen, vom Sinnzusammenhang der Verfassung und der Verfassung als Wertordnung spricht[47]. Ähnliche Äußerungen finden sich in der Lehre[48].

---

[43] Vgl. die Übersicht Kap. I, A.

[44] Die Lehre von den Grundrechtskollisionen ist deshalb nicht, wie wohl *Scheuner* (VVdStRL 22, S. 54) befürchtet, eine Immanenzlehre in anderem Gewande, sondern ein „Weg der kleinen Schritte" (*Knies:* S. 112), der die Besonderheiten jeweils beachten kann.

[45] *Smend:* Verfassung und Verfassungsrecht, S. 163.

[46] *Smend:* a. a. O., S. 36, 158 ff., 164 ff., 165, Fußn. 1.

[47] BVerfGE 1, S. 32 f.; 2, S. 1 (12); 5, S. 85 (134 ff.); vgl. auch BVerfGE 6, S. 40 ff., 83; 13, S. 317.

[48] *von Mangoldt-Klein:* Vorbem. vor Art. 1, XIV; *Ehmke:* VVdStRL 20, S. 62; *Schneider:* VVdStRL 20, S. 37 f.

Sind Kollisionen der Meinungsrechte mit anderen Grundrechten, die einschränkende Vorschriften durch den Gesetzgeber erlauben, also grundsätzlich möglich, so sind sie gleichwohl selten: Die Terrorisierung von Diskussionsveranstaltungen durch ständiges Reden eines einzelnen (z. B. bei der Hauptversammlung einer AG) macht die Versammlungsfreiheit, die hier im wesentlichen Äußerungen vieler Personen und Diskussion ermöglichen soll, illusorisch. Der einfache Gesetzgeber wäre berechtigt, regelnd in die Meinungsäußerungsfreiheit einzugreifen[49]. Äußert ein einzelner Tag und Nacht seine Meinung durch Megaphon und hindert dadurch die Nachbarn daran zu schlafen, könnte der Gesetzgeber zum Schutz der körperlichen Unversehrtheit (Art. 2 Abs. 2 GG)[50] Vorschriften erlassen, die die Meinungsfreiheit beschränken, ohne daß Art. 5 GG verletzt wäre. Hetzt jemand öffentlich eine Menschenmenge auf, strafbare Handlungen zu begehen, so ist, soweit Verfassungsgüter in Frage stehen, die Gefahr ihrer Verletzung so groß, daß eine Strafnorm gerechtfertigt erscheint[51]. Der Grund dafür, daß Grundrechtskollisionen nur in solchen extremen Fällen auftreten, liegt darin, daß es sich bei den Meinungsrechten um relativ persönliche, private Betätigungen handelt, die für das Sozialleben nicht das gleiche Gewicht haben, wie etwa die Wahrnehmung der Rechte aus Art. 14 GG, des Rechtes auf freie Berufsausübung und des Rechtes der Versammlungsfreiheit[52].

Dem entspricht es, daß sich praktische Konflikte vor allem dann ergeben, wenn der Meinungsäußerung des einen die des anderen entgegensteht und sich beide auf Art. 5 GG berufen. So lag dem OLG Köln[53] eine Sache zur Entscheidung vor, in der ein Bürger verklagt war, der Firmen, die in einer bestimmten Illustrierten annoncierten, aufforderte, diese Zeitschrift deshalb zu boykottieren, weil sie ein „schmieriges Presseerzeugnis" sei, insbesondere das Sexuelle freizügig herausstelle. Die Klägerin konnte sich im Hinblick auf ihre Bildinformation auf die Pressefreiheit, der Bürger auf sein Recht zur Kritik berufen.

---

[49] An einer rechtlichen Begründung fehlt es jedoch, wenn die Spielregeln der öffentlichen Diskussion einfach als Schranken der Meinungsfreiheit bezeichnet werden (so *Füsslein*: Versammlungsgesetz, § 2 Anm. 8; *Enderlein*: § 2 Erl. 7; *Füsslein*: DVBl. 1954, S. 533), oder *Klein* sie als immanente sachliche Gewährleistungsschranke in seine Systematik einordnet (vgl. *von Mangoldt-Klein*: Art. 8, Anm. IV, 2 a).

[50] Zum Begriff der körperlichen Unversehrtheit, der weiter ist als der der Gesundheit, vgl. *von Mangoldt-Klein*: Art. 2, Anm. V, 3 mit weiteren Nachweisen.

[51] Vgl. § 111 StGB; die Pönalisierung von Aufforderungen zu strafbaren Handlungen *irgendwelcher Art* dient dagegen nur der Aufrechterhaltung der guten Ordnung und findet in Art. 5 keine Stütze.

[52] Vgl. *Berg*: S. 99 ff.

[53] OLG Köln, NJW 1965, S. 2345; dazu *Arndt*: Aufgabe, S. 26.

C. Grundrechtskollisionen

Da in derartigen Fällen die Freiheit des einen durch die Freiheit des anderen beeinträchtigt wird, liegt eine Kollision von Grundrechten vor. Der Schutz der Pressefreiheit der Illustrierten erfordert aber nur dann notwendig eine entsprechende Schutzvorschrift gegen Boykott, wenn das Presseunternehmen durch Anzeigenboykott der aufgeforderten Firmen[54] ernstlich beeinträchtigt werden könnte und beeinträchtigt wäre. Meinungsäußerungen eines einzelnen werden kaum eine solche Folge haben. Eine Beschränkung der Meinungsrechte des Bürgers unter dem Gesichtspunkt der Grundrechtskollision wäre dem Gesetzgeber deshalb nicht erlaubt[55].

2. Die Lösung der Kollisionsfälle

In den Fällen, in denen auf Grund von Kollisionen mit anderen Verfassungsbestimmungen Eingriffe des Gesetzgebers in Frage kommen, stellt sich die Frage, wie zu beurteilen ist, ob und inwieweit Art. 5 Abs. 1 GG zurückzutreten hat. Geht es um die existenznotwendige Wahrung übergeordneter Verfassungssätze, führt eine systematische Verfassungsinterpretation in der Regel dazu, daß die Meinungsrechte zurücktreten müssen.

Handelt es sich um Kollisionen mit anderen Grundrechten, ist die Antwort darauf, welches Grundrecht den Vorzug verdient, schwieriger. Neben formalen Kriterien, wie der Frage, ob Kerngebiete oder Randbereiche der Grundrechte in Frage stehen[56], jeweils problembezogenen Lösungsvorschlägen[57], Hinweisen auf eine historische Methode[58], wird weitgehend auf eine Güter- und Wertabwägung, wie sie insbesondere *Smend* theoretisch begründet hat[59], verwiesen[60]. Dagegen hat sich ins-

---

[54] Dazu, daß auch der Anzeigenteil als unentbehrliche wirtschaftliche Voraussetzung durch die Pressefreiheit geschützt ist, vgl. BVerfG NJW 1967, S. 976 (977).

[55] Eine andere Frage ist es, ob und inwieweit hier die §§ 823, 826 BGB als „allgemeine Gesetze" eingreifen können.

[56] *Scheuner:* VVdStRL 22, S. 81.

[57] Zur „topischen" Interpretation *Viehweg:* Topik und Jurisprudenz, S. 16 ff.; *Ehmke:* VVdStRL 20, S. 54 ff., 100 mit weiteren Nachweisen, dort aber auch kritisch zu topoi, wie „preferred position" und „in dubio pro libertate"; *Kriele:* S. 114 ff.; zur Konkretisierung allgemein: *Engisch:* Idee der Konkretisierung, Kap. 3 u. 4.

[58] *Leisner:* Gesetzmäßigkeit, S. 22, 64, 70 ff.; allgemein *Bochénski:* S. 130 ff.

[59] *Smend:* Verfassung und Verfassungsrecht, S. 158 ff.

[60] Eike *von Hippel:* S. 27; *Häberle:* S. 31 ff.; *Hamel:* S. 38 ff., 41 ff.; *Scheuner:* VVdStRL 22, S. 80 f.; *Zippelius:* S. 41 ff. Keine Lösung des Problems enthält die Ansicht *Lerches* (Werbung und Verfassung, S. 107), bei Kollisionen verschiedener Grundrechte müsse es dem einfachen Gesetzgeber zufallen, die Kollision normativ aufzulösen. Auch die Lösung des einfachen Gesetzgebers muß, will sie nicht verfassungswidrig sein, verfassungstheoretisch abgesichert und begründet sein.

besondere *Forsthoff*[61] gewandt. Er ist der Meinung, Grundrechtsinterpretation, die Wertabwägung und Wertanalyse zu Hilfe nehme, verlasse den Boden der allein zulässigen juristisch-technischen Auslegung und ziehe ins philosophische Gebiet ein[62]. Auch von anderen wird die logisch-systematische und teleologische Interpretation betont[63], jede Wertabwägung verworfen[64] oder nur als letztes Hilfsmittel betrachtet[65]. Es soll hier nicht im einzelnen zu den verschiedenen, sich z. T. heftig bekämpfenden Auffassungen Stellung genommen werden. Angemerkt sei nur folgendes: Besondere Schwierigkeiten bereitet bei der Wertabwägung die Aufstellung der Wertordnung als solcher. Wo man oberste Sätze der Werttheorie aufgestellt hat, wie etwa *Coings* Postulat: Wo die Freiheit gefährdet ist, hat die soziale Gerechtigkeit zu weichen[66], tritt die Anfechtbarkeit offen zutage. Denn ob per se die Freiheit ein höherer Wert ist als die soziale Gerechtigkeit und eine Wertabwägung deshalb nicht mehr erforderlich ist, wird für jemanden, der mehr kollektivistisch als individuell-freiheitlich denkt, problematisch sein. Die Werttheorie will aus Gründen der Rechtssicherheit und Gleichbehandlung nicht die persönliche Wertanschauung entscheidend sein lassen, sondern typische Wertvorstellungen, die in Gemeinschaft herrschen[67]. Es ist zweifelhaft, ob der jeweils Entscheidende einen solchen Erkenntnisvorgang vollziehen kann, da die Erkenntnis von Werten persönlichkeitsbezogen in einer Wertschau erfolgt[68]. *Zippelius*, selbst ein Anhänger der Wertlehre, hat auf die Schranken der Werterkenntnis hingewiesen, die letztlich eine Willensentscheidung erfordere[69]. Fragwürdig ist auch, ob es in einem Staat, in dem Anhänger verschiedenster Weltanschauungen, Kirchen und Ideologien zusammenleben, eine „herrschende Wertvorstellung" gibt und geben darf[70].

Andererseits überzeugt auch die Gegenposition nicht. Methoden der Rangabwägung sind ebenso „geisteswissenschaftlich"[71] wie die des syllo-

---

[61] *Forsthoff*: Carl-Schmitt-Festschrift, S. 41 ff., 51.
[62] *Forsthoff*: a. a. O., S. 53 unten und passim.
[63] P. *Schneider*: VVdStRL 20, S. 46.
[64] *Leisner*: Grundrechte und Privatrecht, S. 374 f.; 391, 393 f.; vgl. auch Gesetzmäßigkeit, S. 62; *Lerche*: Übermaß, S. 129, 292 ff.
[65] *Drath*: VVdStRL 9, S. 91.
[66] *Coing*: Rechtsphilosophie, S. 197.
[67] Vgl. *Zippelius*: Wertungsprobleme, S. 194.
[68] Vgl. dazu Nikolai *Hartmann*: Ethik, 4. Aufl., S. 49; Aesthetik, S. 65; *Scheler*: Der Formalismus in der Ethik..., S. 42 ff.
[69] *Zippelius*: Wertungsprobleme, S. 193.
[70] Vgl. auch die Einwände gegen eine Wertlehre von seiten eines soziologischen Grundrechtsverständnisses bei *Luhmann*: S. 213 ff.
[71] a. A. wohl *Forsthoff*: Carl-Schmitt-Festschrift, S. 33, 51 und passim; vgl. auch *Pestalozza*: Der Staat 1963, S. 434.

gistischen Schließens⁷². Beide Methoden, eine Integrationslehre, die Rechtsgut, Rechtswert und gesellschaftsregulierende Faktoren berücksichtigt, und eine rechtstechnische Interpretation lassen sich miteinander verbinden⁷³. Insbesondere die Verfassungstheorie mit ihren für den einzelnen und die Gesellschaft überragend wichtigen Normen bedarf des Hilfsmittels der Wertabwägung⁷⁴, wenn auch deren rationale Nachprüfbarkeit schwierig ist. Die Kollision der Rechte des Art. 5 Abs. 1 GG mit anderen Verfassungsbestimmungen kann deshalb am ehesten mit Hilfe eines gewissen Methodeneklektizismus⁷⁵ betrachtet und gelöst werden.

D. Die Überschneidung der „allgemeinen Gesetze" mit anders gearteten Grundrechtsschranken

1. Die Methode der Lösung von Schrankendivergenzen

Mit Meinungs-, Presse- und Filmfreiheit werden häufig gleichzeitig andere Grundrechte geltend gemacht, so das Recht der Versammlungsfreiheit (Art. 8 GG), das Recht der Berufsfreiheit (Art. 12 GG), die Eigentumsfreiheit des Art. 14 GG, wenn es um den Bau von Redaktions- und Druckereiräumen geht, und in jedem Falle die allgemeine Handlungsfreiheit des Art. 2 Abs. 1 GG. Hier stellt sich die Frage, ob die verfassungsrechtlichen Schranken der anderen Grundrechte zu denen des Art. 5 Abs. 2 GG hinzutreten oder diese modifizieren und damit den Zuständigkeitsbereich des einfachen Gesetzgebers verändern. Bei den Schranken des Art. 2 Abs. 1 GG bereitet die Lösung wenig Schwierigkeiten. Wenn man nach der hier vertretenen Auffassung in der Schrankentrias keine immanenten Schranken aller Grundrechte und kein Paradigma für diese (*Dürig*) erblickt, können daraus erst recht nicht systematische Schranken aller Grundrechte entwickelt werden. Das Bundesverfassungsgericht⁷⁶ hat diese Auffassung zu Recht mit einem Hinweis auf das Schrankensystem bei den speziellen Freiheitsrechten begrün-

---

⁷² *Pestalozza:* Der Staat 1963, S. 435.

⁷³ Vgl. *Wieacker:* S. 14—16, 17 ff.; *Enneccerus-Nipperdey:* Allgemeiner Teil I, § 51 ff.; *Smend:* Verfassung und Verfassungsrecht, S. 163, Fußn. 1; *Forsthoffs* Hinweis auf die moderne (logistische) Philosophie, die sich von Wertüberlegungen ganz getrennt habe (C.-Schmitt-Festschr., S. 52), ist unrichtig. Vgl. z. B. *Wittgenstein:* S. 111 f. (6.4—6.43).

⁷⁴ Vgl. P. *Schneider,* VVdStRL 20, S. 51, Leitsatz 7 b; Eine „Widerlegung" der Werttheorie ist zudem nicht möglich, weil es ihr letztlich um eine Grundanschauung von Sein und Sinn des Menschseins geht.

⁷⁵ Methodeneklektizismus weisen insbesondere auch die Ergebnisse der Referate von P. *Schneider* und *Ehmke* auf; vgl. deren Leitsätze, VVdStRL 20, S. 45 ff., 99 ff.

⁷⁶ BVerfGE 6, S. 32 ff.

det[77], zur Unterstützung lassen sich ferner der „Primat der Freiheit"[78] und der „Grundsatz der Grundrechtseffektivität"[79] anführen. Versteht man mit dem Bundesverfassungsgericht unter „verfassungsmäßiger Ordnung" die allgemeine, mit der Verfassung in Einklang stehende Rechtsordnung, läßt sich dagegen aus Art. 2 Abs. 1 GG eine *positive* Grenze für den einfachen Gesetzgeber, auch im Falle des Art. 5 GG, ableiten. Wenn alle einfachen Gesetze mit sämtlichen verfassungsrechtlichen Normen, einschließlich der Kompetenz- und Zuständigkeitsnormen und der allgemeinen Verfassungsgrundsätze, übereinstimmen müssen[80], dürfen auch die Freiheiten des Art. 5 Abs. 1 GG nicht durch Gesetze, die anderen Grundrechten widersprechen, eingeschränkt werden[81], gleichgültig, ob diese mit Art. 5 Abs. 2 GG vereinbar sind oder nicht[82].

Bei Überschneidungen der Schranken der Spezialfreiheitsrechte untereinander werden die verschiedensten Lösungen angeboten.

Zuweilen grenzt man die Tatbestände der einzelnen Grundrechte so ein, daß derartige Konkurrenzen keine Rolle spielen[83]. Dabei wird übersehen, daß gerade die weite Lebensbereiche erfassenden Grundrechte häufig zu „Gemengelagen" führen[84]. Man kann nicht leugnen, daß es keine künstlerischen Bauwerke, die unter Art. 5 Abs. 3 GG und Art. 14 GG fallen, keine engagierte Kunst, bei der Art. 5 Abs. 1 und Abs. 3 GG eine Rolle spielen, gibt. Der Inhalt einer religiösen Schrift kann nicht einerseits allein Art. 4 Abs. 1 GG und ihre Verbreitung andererseits allein Art. 12 Abs. 1 GG unterworfen werden[85].

Friedrich *Kleins* Weg über die „systematischen sachlichen Gewährleistungsschranken"[86] führt praktisch dazu, daß jeweils das stärker ein-

---

[77] Vgl. dazu jetzt wieder *Berg*: S. 87.

[78] P. *Schneider*: VVdStRL 20, S. 34; *Peters*: Festschrift Laun, S. 672.

[79] BVerfGE 6, S. 72 (Wirkungskraft der Norm); BVerfGE 7, S. 377 (419); *von Mangoldt-Klein*: Vorbem. B XIV, 3.

[80] BVerfG NJW 1966, S. 148; *Rupp*: NJW 1966, S. 2038.

[81] Ebenso *Stern*: Verfassungsrechtliche Position, S. 65.

[82] Folgendes Beispiel mag das verdeutlichen: In § 22 RPG war, wie heute in den Landespressegesetzen, eine kürzere Verjährungsfrist für Pressedelikte vorgesehen. Gäbe es eine solche Bestimmung nicht, würden die allgemeinen Vorschriften des Strafrechts im Hinblick auf die Presse dem allgemeinen Gleichheitssatz des Art. 3 GG widersprechen. Denn jede Verbreitung einer Druckschrift begründet das Pressedelikt neu, so daß eine Verjährung dieser Delikte niemals oder erst nach unangemessen langer Zeit eintreten würde.

[83] Beispielsweise *Wehrhahn*: AÖR 82, S. 250 ff. (273); auch *Ridder*: Freiheit der Kunst, S. 18 ff., wenn er politische Kunst unter Art. 5 Abs. 1 u. 2, nicht zielende Kunst unter Art. 5 Abs. 3 GG faßt.

[84] *Berg*: S. 73 ff.

[85] So aber *Bachof*: Grundrechte III, 1, S. 170 Nr. 2.

[86] *von Mangoldt-Klein*: Vorbemerkung B XV, 2 b (S. 125 ff.); *Erbel*: S. 126; dazu *Berg*: S. 55, 79 ff.

schränkbare Grundrecht den Vorrang haben soll. Das gleiche gilt, wenn eine Kumulierung der Schranken angenommen wird[87], oder *Füsslein* von einer Idealkonkurrenz der Schranken des Art. 5 mit denen des Art. 8 GG spricht[88]. Solche formalen Lösungen haben zur Folge, daß derjenige, der neben einem uneingeschränkten Grundrecht ein weiteres, einschränkbares in Anspruch nimmt, keinen erweiterten, sondern nur einen eingeengten Freiheitsschutz erhält[89].

Neuerdings hat *Berg* im Anschluß an Äußerungen von *Peters* vorgeschlagen[90], grundsätzlich dem unbeschränkteren Grundrecht den Vorrang zu lassen, weil man nur so dem im Grundgesetz feststellbaren Schrankenprinzip: größtmöglicher Schutz von Rechten der Individualsphäre gegenüber größerer Einschränkbarkeit sozialrelevanter Freiheitsrechte[91], gerecht werden könne. Gerade dieses Prinzip kann man aus der Schrankensystematik aber nur höchst unvollkommen ableiten. Die Versammlungsfreiheit ist auch bei Versammlungen in geschlossenen Räumen in erheblichem Maße sozialbezogen, mehr als manche individuelle Meinungsäußerung; auch Kunst lebt weitgehend nur in der Kommunikation; Bekenntnisfreiheit ist nicht nur auf Kammer und Kirche beschränkt.

Der Hinweis auf das Kriterium der Güterabwägung[92], der bei der Lösung von Grundrechtskollisionen gerechtfertigt sein mag, ist als generelle Formel zu wenig differenziert, wenn es, wie hier, um die Frage geht, welche vom Verfassungsgeber sorgfältig abgewogene Schrankenvorbehalte eingreifen sollen.

Schließlich hat *Rüfner* die Formel der „allgemeinen Gesetze" aus Art. 5 Abs. 2 GG herangezogen, um Überschneidungen von Grundrechten, die nicht in einer systematischen Beziehung stehen, zu lösen[93]. Das ist nur denkbar, wenn man die „allgemeinen Gesetze" als Hinweis darauf versteht, daß alle Grundrechte in die allgemeine Rechtsordnung eingebettet und sie in diesem Sinne sämtlich durch die allgemeinen Gesetze beschränkt seien[94]. Diese Sicht wurde bereits bei der Behandlung der Immanenzlehren verworfen. Sie setzt an die Stelle einer Lösung eine neue allgemeine Formel[95], ohne zu berücksichtigen, daß die „allgemeinen

---

[87] *Wernicke* in BK: Erläuterung II, 1 d zu Art. 8.
[88] *Füsslein:* Grundrechte II, S. 449.
[89] Vgl. dazu kritisch *Berg:* S. 79 f.
[90] *Berg:* S. 59, 126 ff.
[91] *Berg:* S. 99 ff., 145 ff. (147).
[92] *Bachof:* Grundrechte III, 1, S. 171; vgl. auch *von Mangoldt-Klein:* Vorbemerkung B XV, 2 b (S. 125 ff.).
[93] *Rüfner:* Der Staat 1968, S. 54 ff., 61 Leitsatz 3.
[94] *Rüfner:* a. a. O., S. 54 ff. (56).
[95] Kritisch zu einer solchen Argumentation *Topitsch:* Über Leerformeln in: Probleme der Wissenschaftstheorie. S. 233 f.

Gesetze" vom Verfassungsgeber bewußt als spezielle Schranken der Meinungsrechte aufgestellt wurden.

Eine richtige Lösung muß am einzelnen Fall ansetzen, weil Art und Umfang der Überschneidung jeweils verschieden sind[96]. Zu prüfen ist, ob die einzelnen Vorschriften „meinungsbezogen" sind und deshalb am Schutz der Meinungsrechte teilhaben müssen oder in typischer Weise auf ein anderes, gleichzeitig geltend gemachtes Freiheitsrecht zielen. Daß auch solche Vorschriften als „meinungsbezogen" zu gelten haben, die nur dem äußeren Anschein nach konkurrierende Freiheitsrechte betreffen, in Wahrheit aber auf die Meinungsrechte zielen, bedarf keiner weiteren Erörterung. Zu berücksichtigen ist auch, daß Meinung und Presse in ihren eigentümlichen, tatsächlich dem Wandel unterworfenen Erscheinungsformen nach der Wertentscheidung der Verfassung frei und nicht speziellen Beschränkungen unterworfen sein sollen.

2. Beispiele

Die Lösung des Problems der Schrankendivergenzen soll an einigen Beispielen verdeutlicht werden:

a) „Allgemeine Gesetze" und Art. 8 Abs. 2 GG

Das Recht der Versammlungsfreiheit erhält seine wesentliche Prägung durch den Zweck von Versammlungen: Kollektive Meinungsäußerung in Aussprache und Diskussion oder Kundgebung, beides als Erörterung öffentlicher Angelegenheiten[97] gedacht. Nach § 15 des VersG ist die polizeiliche Generalklausel ohne Einschränkung auf Versammlungen anwendbar. Soweit die Polizei eingreift, um Störungen der Versammlung von dritter Seite oder durch die Teilnehmer selbst, die die Versammlung sprengen könnten, zu verhindern, bestehen unter dem Gesichtspunkt der Meinungsfreiheit keine Bedenken gegen § 15 VersG. Der Polizei wird aber auch zugestanden, bei auftretenden Störungen die Versammlung ganz zu verbieten und aufzulösen[98]. Damit würde sie in erster Linie meinungsbezogen handeln, nämlich jede weitere Meinungsäußerung in der Form einer Versammlung unterdrücken. Für Auflösung und Verbot der Versammlung gelten deshalb die Schranken des Art. 5 Abs. 2 GG und nicht die weiteren des Art. 8 Abs. 2 GG.

---

[96] *Erbel:* S. 127; Die hier vorgetragene Lösung liegt in der von Erbel für Art. 5 Abs. 3 GG entwickelten Richtung.

[97] *Füsslein*, Versammlungsgesetz, § 1 Rdnr. 3; Grundrechte II, S. 443; *von Mangoldt-Klein:* Art. 8 Anm. III, 2.

[98] *Füsslein:* Versammlungsgesetz, § 8 Anm. 6.

b) „Allgemeine Gesetze" und Art. 12 Abs. 1 Satz 2 GG

Art 12 Abs. 1 GG bestimmt in Satz 2, daß die Berufsausübung durch Gesetz geregelt werden kann. Andererseits steht die Tätigkeit des Journalisten unter dem Schutz der Pressefreiheit, die sich auf den gesamten Prozeß von der Information bis zum Vertrieb erstreckt. Der Journalist muß insbesondere in der Lage sein, sich jederzeit an Ort und Stelle die Informationen zu beschaffen, die er zur Unterrichtung der Leser benötigt. Eine gesetzliche Arbeitszeitregelung für Journalisten, die dem Nachtbackverbot oder dem Verbot der Sonntagsarbeit entspräche, wäre deshalb nicht an Art. 12 Abs. 1 Satz 2, sondern an Art. 5 Abs. 2 GG zu messen.

c) „Allgemeine Gesetze" und Art. 14 Abs. 1 GG

Die Eigentumsfreiheit wird gemäß Art. 14 Abs. 1 Satz 2 GG durch die einfachen Gesetze bestimmt. Andererseits gehört der Bau von Druckereien, Redaktionsgebäuden und Ateliers zu den Tätigkeiten, die, wenn sie durch ein Presseunternehmen oder einen Filmproduzenten[99] erfolgen, durch Art. 5 Abs. 1 GG geschützt sind. Vorschriften der Bauordnung, des Grundstücks- und Nachbarrechts sind hier in der Regel nicht meinungsbezogen, sondern betreffen typischerweise die Eigentumsfreiheit. Es gilt die weitere Schranke des Art. 14 Abs. 1 Satz 2 GG. Anders ist es, wenn, etwa aus Furcht vor größerer Pressekonzentration, die Aufstellung von Vierfarbendruckmaschinen für Tageszeitungen verboten und als Grund für eine solche Vorschrift die zu große Geräuschentwicklung bei derartigen Maschinen angegeben wird. Hier geht es in Wahrheit um einen Eingriff in die Pressefreiheit, für deren Grenzen allein Art. 5 Abs. 2 GG heranzuziehen ist.

---

[99] Zur Abgrenzung von Art. 5 Abs. 1 und Abs. 3 bei der Filmfreiheit s. o. Kap. VI, F.

Kapitel VIII

Die Bedeutung der „allgemeinen Gesetze"

A. Die Bedeutung des „Allgemeinen" im Begriff der „allgemeinen Gesetze"

Lehnt man mit der hier vertretenen Auffassung eine Deutung ab, die unter weitgehender Annahme immanenter Schranken die Rechte des Art. 5 Abs. 1 GG in die allgemeine Rechtsordnung einpaßt, und versteht die Freiheiten des Art. 5 Abs. 1 GG mit Ausnahme der Rundfunkfreiheit nicht institutionell, sondern im Sinne negativer Freiheitsrechte, muß, da eine generelle Güterabwägung am Vorrang der Verfassungsgüter scheitert, das Merkmal des „Allgemeinen" auf einer Grundlage bestimmt werden, die zuerst *Häntzschel* vorgezeichnet hat. Sonderrecht gegen die Meinungsfreiheit ist danach verboten.

Die Schwierigkeiten, die Häntzschel dadurch entstanden, daß damit auch jede Staatsschutzvorschrift, die Meinungsäußerungen betrifft, die Aufforderung zu Verbrechen und die Ehrschutzbestimmungen als „allgemeine Gesetze" ausfielen[1], sind teils durch das Grundgesetz selbst, teils durch die im vorherigen Kapitel behandelte Lehre von den Grundrechtskollisionen und Überschneidungen verschiedenartiger Grundrechtsschranken gelöst:

Art. 5 Abs. 2 GG erwähnt ausdrücklich den Schutz der persönlichen Ehre als Grund und Rechtfertigung für grundrechtseinschränkende Gesetze[2].

Die Lehre von den Grundrechtskollisionen ermöglicht Einschränkungen der Meinungsrechte durch Vorschriften, die „existenznotwendig" für ein Grundrecht oder eine andere Verfassungsbestimmung sind, wenn und soweit diese den Rechten des Art. 5 Abs. 2 GG vorgehen. Vorschriften, wie § 110 StGB, die ganz allgemein Agitation gegen Gesetze und geltende Verordnungen unter Strafe stellen und ein großer Teil der Staatsschutzbestimmungen, die im Vorbereich staatsschädigende Information und Kommunikation verhindern wollen, lassen sich allerdings auf

---

[1] s. o. Kap. III, B.
[2] Vgl. den Hinweis von *Ridder*: JZ 1961, S. 539.

diesem Wege nicht rechtfertigen. Zu Recht, denn hier wirkt sich das Bestreben des Gesetzgebers, im politischen und bürgerlichen Bereich Ruhe und die bestehende Ordnung zu erhalten, als eine Beschränkung der Meinungsfreiheit aus, die die Verfassung nicht zuläßt. Derartige Sonderbestimmungen gegen die Rechte des Art. 5 Abs. 1 GG sind deshalb verfassungswidrig[3]. Auch § 166 StGB (Gotteslästerung) läßt sich nicht im Wege der Grundrechtskollision aufrechterhalten, weil, abgesehen davon, daß nach herrschender Meinung § 166 StGB nicht Gott, sondern das religiöse Gefühl der anderen schützt[4], nur die Präambel der Verfassung Gott erwähnt. Eine Strafbestimmung gegen Gotteslästerung wäre deshalb mit Art. 5 Abs. 1 GG nur dann zu vereinbaren, wenn sie auf den Schutz der Ehre religiöser Menschen abstellt und der Tatbestand entsprechend beschränkt würde.

Weitere Unzuträglichkeiten der Grundauffassung Häntzschels werden dadurch beseitigt, daß bei gleichzeitiger Ausübung mehrerer Grundrechte im Rahmen der Schranken anderer Freiheiten der Eingriff in Art. 5 Abs. 1 GG gestattet sein kann. Diese Lehre wirkt sich insbesondere bei spezifisch eigentumsrechtlichen und berufsrechtlichen Fragen der Meinungsrechte aus[5].

Die Mängel der Häntzschelschen Formel, die es dem Gesetzgeber erlauben, durch geschickte Formulierung jedes Sonderrecht gegen Meinung und Presse zu vermeiden, können dadurch behoben werden, daß man auf die Auswirkungen der Normen, bezogen auf Meinungs-, Presse- und Filmfreiheit, abstellt. Allgemein sind danach solche Gesetze, die sich nicht ganz oder überwiegend im Freiheitsbereich von Meinungs-, Presse- oder Filmfreiheit auswirken[6]. Andere Vorschriften sind, soweit es sich nicht um bloße Formvorschriften[7] oder Normen handelt, die aus den zuvor dargestellten Gründen zu rechtfertigen sind, als Sonderrecht gegen Art. 5 Abs. 1 GG verfassungswidrig.

---

[3] Zu § 93 StGB vergleiche (im Ergebnis ebenso) *Willms:* S. 28 ff.; zu weiteren Staatsschutzvorschriften Čopić: Grundgesetz, S. 227 f, 231, 238, 243, 253; ferner s. o. Kap. IV, E, 2. Eine Untersuchung der einzelnen Vorschriften kann hier nicht erfolgen.

[4] RGZ 56, S. 128; OLG Hamburg MDR 1962, S. 594. Das religiöse *Gefühl* der anderen ist auch nicht Schutzgut i. S. des Art. 4 GG, so daß eine Kollision zwischen Art. 4 GG und Art. 5 Abs. 1 GG ausscheidet.

[5] Nach der Formel *Häntzschels* wären baupolizeiliche Vorschriften, die allein Redaktionsräume beträfen, unzulässiges Sonderrecht; vgl. zur Lösung dieser Fälle Kap. VII, D, 1, 2.

[6] Vgl. die ähnliche Formulierung von *Ridder:* JZ 1961, S. 539, links.

[7] s. o. Kap. II, E.

B. Der Gesetzesbegriff

Art. 5 Abs. 2 GG wendet sich, wie die anderen Schrankenbestimmungen bei Grundrechten, an den einfachen Gesetzgeber. Das entspricht sowohl der Systematik der Verfassung, die durch Art. 1 Abs. 3 GG bestimmt ist, als auch der Entstehungsgeschichte der Schrankenformel[8]. Gesetze i. S. des Art. 5 Abs. 2 GG können deshalb nur Normen sein, die unter der Verfassung stehen, nicht Verfassungsbestimmungen selbst[9].

Angesichts der verteilten Gesetzgebungskompetenz in der Bundesrepublik stellt sich weiterhin die Frage, ob der einfache Gesetzgeber des Bundes oder der Länder gemeint ist. Die Meinungsfreiheit selbst ist bundesrechtlich gewährleistet; mit Art. 5 Abs. 1 GG nicht übereinstimmende Länderbestimmungen sind damit nach Art. 31 GG aufgehoben. Daraus lassen sich aber keine Folgerungen für die Frage der Gesetzgebungskompetenz bei der Ausfüllung von Grundrechtsschranken ziehen[10]. Denn die Gesetzgebungskompetenzen sind allgemein in den Art. 70 ff. des GG geregelt. Daraus folgt, daß sowohl der Bund als auch die Länder, entsprechend ihrer jeweiligen Kompetenz, Art. 5 Abs. 1 GG Schranken setzen können[11].

Schließlich kann bei der Frage, ob Art. 5 Abs. 2 GG Gesetze im formellen oder materiellen Sinne meint, keine Analogie zu den — formelle Gesetze meinenden — Art. 8 Abs. 2, 13 Abs. 3, 16 Abs. 1 Satz 2 und 19 Abs. 1 Satz 1 GG gezogen werden, wie sie bei der hier vertretenen Auffassung, es handele sich bei Meinungs-, Presse- und Filmfreiheit um Rechte des status negativus, naheliegt (s. o. S. 81) und vom Grundsatz möglichster Grundrechtseffektivität[12] gefordert wird. Denn mit den „allgemeinen Gesetzen" ist im Gegensatz zu den zitierten Bestimmungen praktisch ein Großteil der allgemeinen Rechtsordnung als Schranke der Meinungsfreiheit aufgestellt. Die allgemeine Rechtsordnung setzt sich aus zahlreichen Normen formeller und materieller Gesetzesstruktur zusammen; es besteht kein Grund, die Grundrechtsträger des Art. 5 Abs. 1 GG von dieser allgemeinen Rechtsordnung dann auszunehmen, wenn es sich um Vorschriften handelt, die nur den materiellen Gesetzesbegriff erfüllen[13]. Grundsätzlich können deshalb auch Gesetze im materiellen Sinne „allgemeine Gesetze" sein.

---

[8] s. o. Kap. II, D.
[9] a. A. *Leisner*: Grundrechte und Privatrecht, S. 391 f.
[10] *Kemper*: S. 68.
[11] *von Mangoldt-Klein*: Art. 19 Anm. III, 3 a. E.; *Reisnecker*: S. 173; *Kemper*: S. 68; a. A. *Löffler*: DÖV 1957, S. 897 ff. (899).
[12] Dazu *Thoma*: Grundrechte und Grundpflichten I, S. 9; *von Mangoldt-Klein*: Vorbem. B XIV, 3.
[13] *Kemper*: S. 67.

C. Verhältnismäßigkeit und „allgemeine Gesetze"

Andererseits ist zu beachten, daß die „allgemeinen Gesetze" wie jede Schrankenbestimmung von Grundrechten eine Inhaltsbestimmung des von der Verfassung gewährleisteten Gutes zur Folge haben. Nur Freiheitsbetätigung, die sich innerhalb der Schranken hält, ist grundrechtlich geschützt. Dieser verfassungsmäßig garantierte Bereich muß für den Bürger klar erkennbar sein und darf nicht dem schwankenden Urteil von Verwaltung und Rechtsprechung ausgesetzt sein. Daraus folgt, daß der Gesetzesbegriff des Art. 5 Abs. 2 GG dann nicht erfüllt ist, wenn ein Gesetz allgemeine Ermächtigungen enthält, die seine Anwendung und die Wahl der Mittel weitgehend in das Ermessen der Verwaltung stellen. Charakteristisches Beispiel für eine solche Norm ist die polizeiliche Generalklausel, die in ihrer Allgemeinheit einer bloßen Funktionsumschreibung der Polizei bedenklich nahe kommt[14]. Die gegenteilige Auffassung, die sich „auf ein besonderes Schutzbedürfnis des heutigen Staates gegen die Gefahren, die sich aus dem Wesen der Presse ergäben", beruft[15], würde praktisch dazu führen, daß die Polizei bei Verstößen gegen die herrschenden geistigen Strömungen, die ethischen und sozialen Anschauungen der Mehrheit[16] eingreifen würde. Das ist aber nicht die Aufgabe der Polizei[17]. Die Ermächtigungsbreite der polizeilichen Generalklausel kann auch nicht, einem Vorschlag *Geigers* entsprechend[18], aus dem Gehalt des Art. 5 Abs. 1 GG heraus beschränkt werden. Denn damit verfiele man dem gleichen methodischen Fehler wie die Rechtsprechung des Bundesverfassungsgerichts[19], das die Schranken aus dem interpretiert, was sie erst bestimmen sollen. Die polizeiliche Generalklausel ist deshalb kein allgemeines Gesetz i. S. des Art. 5 Abs. 2 GG[20]; den Gesetzesbegriff des Art. 5 Abs. 2 GG erfüllt nur eine Norm mit bestimmtem Anwendungs- und Sanktionsbereich.

C. Der Grundsatz der Verhältnismäßigkeit als Einschränkung der „allgemeinen Gesetze"

Ob die „allgemeinen Gesetze" dem Grundsatz der Verhältnismäßigkeit[21] unterliegen und auf diesem Wege gegebenenfalls eine Einschrän-

---

[14] *Knies:* S. 73 ff., 266 mit weiteren Nachweisen.
[15] *Kemper:* S. 97.
[16] Vgl. die Umschreibung der polizeilichen Zuständigkeit bei *Fleiner:* Institutionen, S. 397.
[17] *Knies:* S. 266.
[18] *Geiger:* Grundrecht der Pressefreiheit, S. 24.
[19] s. o. Kap. V, A.
[20] Im Ergebnis ebenso: *Thoma:* Kritische Würdigung, S. 19; *Beyer:* NJW 1954, S. 713; *Knies:* S. 266; *Maunz-Dürig-Herzog:* Art. 5, Rdnr. 263; teilweise *Füchtenbusch:* S. 84; a. A., ohne sich mit dem Gesetzesbegriff näher auseinanderzusetzen, die h. M.: vgl. *von Mangoldt-Klein:* Art. 5 Anm. IX, 3 a; *Ridder:* Grundrechte II, S. 281/282; BGHZ 12, S. 202/203; *Kemper:* S. 70.
[21] Lehre und Verfassungsrechtsprechung verstehen hierunter, polizeirecht-

kung erfahren, ist umstritten. Auf der einen Seite wird eine Bindung des Gesetzgebers an Grundsätze, die dem Polizeirecht eigentümlich sind, abgelehnt[22]. Sonst würde entgegen dem Sinn der Verfassung das Verfassungsgericht letztlich als oberste Instanz eingesetzt, da es alle ins Gewicht fallenden Gesichtspunkte, auch polizeilicher Natur, abwägen und darüber entscheiden würde. Eine Grenze für das verfassungsrechtlich geforderte gesetzgeberische Ermessen sei nur da anzuerkennen, wo ein Gesetz als willkürliche Regelung zu qualifizieren wäre[23]. Dann sei aber Art. 3 GG verletzt und es bestünde kein Grund, einen verwaltungsrechtlichen Grundsatz in das Verfassungsrecht zu übernehmen.

Ähnlich reserviert drücken sich diejenigen aus, die vom Charakter der jeweiligen Gesetze her eine differenzierte Lösung des Problems anstreben. Während sie bei Maßnahmegesetzen einer Prüfung der Norm am Grundsatz der Verhältnismäßigkeit zustimmen[24], lehnen sie einen allgemein geltenden Grundsatz dieser Art ab.

Dürig[25] meint, die Zweck-Mittelrelation verpflichte den Gesetzgeber zwar bei repressiven Gesetzen von verfassungswegen, lege ihm aber bei sozialgestaltender Gesetzgebung keinen Zwang auf. Dadurch, daß sich Dürig weiterhin gegen die Auffassung wendet, der Staat könne „nur *ein* zulässiges Eingriffsmittel" haben[26], lehnt er die verfassungsrechtliche Geltung des Grundsatzes des mildesten Mittels, der als Teilstück des Verhältnismäßigkeitsprinzips anzusehen ist, überhaupt ab.

Lerche schließlich berücksichtigt sowohl den Charakter der einzelnen Grundrechtsnormen, wie auch die Wirkung des Prinzips im Gesamtgefüge der Verfassung. Für Art. 5 Abs. 2 GG verneint er eine Geltung des Verhältnismäßigkeitsgebotes, weil sich die Schranken der Meinungsfreiheit dadurch auszeichneten, daß hier eine Grundrechtsprägung durch Ausfüllung externer rechtlicher Gehalte erfolge, die sich nach selbständigen Lebensgesetzen bewegten. Im „eigenen Gebäude des Grundrechtes" könne deshalb keine Modifizierung dieser Normen erfolgen[27].

---

lich gesprochen, sowohl den Grundsatz der Verhältnismäßigkeit, wie auch den des mildesten Mittels, ohne beide Grundsätze genau auseinanderzuhalten [vgl. *Maunz-Dürig*: Art. 20, Rdnr. 115; einerseits BVerfGE 7, S. 410 (Grundsatz des mildesten Mittels); andererseits BVerfGE 18, S. 353 ff. (362) (Verhältnismäßigkeit)]. Eine besondere, im Ergebnis gleiche, Begrifflichkeit entwickelt *Lerche*: Übermaß, S. 19.

[22] *Peters*: Verfassungsmäßigkeit, S. 12 ff.
[23] *Peters*: Verfassungsmäßigkeit, S. 15 oben.
[24] *Forsthoff*: Jellinek-Gedächtnisschrift, S. 234, 235 ff.; ähnlich *Menger*: VVdStRL 15, S. 31; *Ballerstedt*: Schmidt-Rimpler-Festschrift, S. 387, Note 42; Bettermann-Nipperdey-Scheuner, III, 1, S. 36/37.
[25] *Dürig*: AÖR 81, S. 117 ff. (146); ebenso in *Maunz-Dürig*, Art. 2 Abs. 1, Rdnr. 63.
[26] *Dürig*: AÖR 81, S. 146.
[27] *Lerche*: Übermaß, S. 146 ff. Zum gleichen Ergebnis, wie bei Art. 5 Abs. 2,

C. Verhältnismäßigkeit und „allgemeine Gesetze"

Im Gegensatz dazu treten eine weitverbreitete Auffassung in der Lehre[28], die Rechtsprechung des Bundesgerichtshofes und des Bundesverwaltungsgerichts[29] sowie das Bundesverfassungsgericht[30] für eine unbeschränkte Geltung des Prinzips der Verhältnismäßigkeit als Verfassungsgrundsatz ein. Die Grundlage wird in Art. 19 Abs. 2 GG erblickt[31], aus dem Gebot der Rechtsstaatlichkeit abgeleitet[32], oder der Gesamtauffassung des Grundgesetzes, das insbesondere die freie menschliche Persönlichkeit schütze, entnommen[33].

Dieser Auffassung kann in ihrer Allgemeinheit nicht gefolgt werden. Verquickt man, wie das Bundesverfassungsgericht[34], die Frage der Verhältnismäßigkeit mit einer Güterabwägung, werden die verfassungsmäßig normierten Verhältnisbestimmungen von Grundrechten und anderen Rechtsgütern in unzulässiger Weise verändert[35]. Das Gleiche geschieht stets, wenn man den Grundsatz der Verhältnismäßigkeit im Sinne einer materiellen Zweck-Mittel-Relation versteht. Wie das Polizeirecht lehrt[36], wird die Relation in der Weise hergestellt, daß die Nachteile des Eingriffes mit den Vorteilen, hier der Durchsetzung der allgemeinen Gesetze, abgewogen werden. Dem Urteil über die Angemessenheit des Eingriffs liegt demnach nichts anderes als eine Güterabwägung zwischen Eingriffsobjekt und der den Eingriff rechtfertigenden Norm zugrunde. Das Grundgesetz gibt aber für eine nochmalige Abwägung der als „allgemeines Gesetz" erkannten Norm nichts her.

Übrig bleibt also der Bestandteil des Verhältnismäßigkeitsgebotes, den man als „Grundsatz des mildesten Mittels" oder der „Notwendigkeit des Eingriffs" bezeichnet[37]. Ein „allgemeines Gesetz" widerspräche die-

---

gelangt Lerche bei Art. 9 Abs. 2 u. Art. 2 Abs. 1 Satz 2 GG, den sog. „mittelbar grundrechtsprägenden Normen".

[28] *Ipsen:* AÖR 78, S. 314 ff.; *Hamann:* GG, Einf. I, D, 7a sowie C, 8 zu Art. 19; *Hamann:* BB 1955, S. 294; Herbert *Krüger:* DVBl. 1950, S. 628; DÖV 1955, S. 598; DÖV 1956, S. 554 f.; weitere Hinweise bei *Peters:* Verfassungsmäßigkeit, S. 13; vgl. auch *Lerche:* Übermaß, S. 251, Fußn. 360.

[29] BGH, Vorlagegutachten vom 28. 4. 1952 in DVBl. 1953, S. 470, Leits. 3; BVerfGE 3, S. 21, 27; BVerwG DVBl. 1954, S. 259.

[30] BVerfGE 7, S. 377 (400 ff.); 17, S. 177; 18, S. 353 ff. (362).

[31] So vor allem BGH, Vorlagegutachten in DVBl. 1953, S. 470, Leitsatz 3.

[32] So weitgehend die bei Fußn. 28 Zitierten.

[33] BVerfGE 7, 377 (404 f.), dazu kritisch *Lerche:* Übermaß, S. 253; *Leibholz-Rinck:* Art. 2, Rdnr. 14; vgl. auch *Dürig:* AÖR 81, S. 146 ff.

[34] Andeutungen in dieser Richtung enthält bereits das Lüth-Urteil (BVerfGE 7, S. 198 (210 f.); ebenso *Leibholz-Rinck:* Art. 5, Rdnr. 14; ausdrücklich wird der Zusammenhang in BVerfGE 17, S. 117 hergestellt. Vgl. auch die Hinweise bei *Hesse:* Grundzüge, S. 127 u. Fußn. 17.

[35] Im einzelnen s. o. Kap. V, A; *Hesse:* a. a. O., S. 127.

[36] *Drews-Wacke:* 7. Aufl., S. 170.

[37] Zur Geltung dieses Grundsatzes im Verfassungsrecht BGH, Vorlagegutachten in DVBl. 1953, S. 470, Leitsatz 3 u. — zurückhaltender — BVerfGE 7, S. 377 (410).

sem Grundsatz, wenn sich der Schutz des allgemeinen Rechtsguts auf eine Weise erreichen ließe, die weniger in die Rechte des Art. 5 Abs. 1 GG eingreift, als das zu prüfende Gesetz. Um das zu ermitteln, bedarf es keiner Abwägung mit Art. 5 Abs. 1 GG. Einer Geltung des Grundsatzes des mildesten Mittels entgegen steht jedoch die Befürchtung, der demokratische Gesetzgeber werde zu sehr beschränkt, wenn er nicht einmal die Wahl zwischen mehreren geeigneten Gesetzen zum Schutz allgemeiner Rechtsgüter habe[38]. Das Bundesverfassungsgericht berücksichtigt diese Bedenken, wenn es seine Prüfungszuständigkeit auf solche Anschauungen des Gesetzgebers beschränkt, die „offensichtlich fehlsam sind oder mit der Wertordnung des Grundgesetzes unvereinbar sind"[39]. Damit trägt das Gericht der Gefahr, daß sich in Verfassungsfragen, die unterschiedlich beantwortet werden können, das Gericht an die Stelle der parlamentarischen Mehrheit setzt, hinreichend Rechnung. Deshalb ist es nicht erforderlich, das Prinzip der Verhältnismäßigkeit in Form des Grundsatzes des mildesten Mittels überhaupt zu verwerfen. Da der Schutz der Freiheitsrechte mit Verfassungsrang es gebietet, diese Rechte nicht mehr als notwendig durch allgemeines Recht einzuschränken[40], läßt sich das so beschränkte Übermaßverbot auch positiv begründen.

Gegenüber *Lerches* Argumentation sei darauf hingewiesen, daß die Eigengesetzlichkeit der „externen" rechtlichen Normen nicht dadurch beeinträchtigt wird, daß man an die Stelle einer zu weit eingreifenden eine andere gleichfalls zum Schutz der allgemeinen Rechtsgüter geeignete Vorschrift setzt. Daß das Verfassungsgericht und die anderen Gerichte bei dieser Prüfung die Eigenart der jeweiligen „allgemeinen Gesetze" berücksichtigen und nicht nur darauf sehen, den Eingriff in Art. 5 Abs. 1 GG möglichst gering zu halten, darf man voraussetzen.

Ein „allgemeines Gesetz" ist also verfassungswidrig, wenn ein anderes in gleicher Weise geeignetes „allgemeines Gesetz" einen geringeren Eingriff in Meinungs-, Presse- oder Filmfreiheit zur Folge hätte und dieser Mangel offen zutagetritt. Insoweit werden die zulässigen „allgemeinen Gesetze" durch den Grundsatz der Verhältnismäßigkeit eingeschränkt. Praktische Bedeutung hat dies insbesondere dann, wenn es um die Frage präventiver Eingriffe oder repressiver Maßnahmen gegen Meinung und Presse geht. Denn präventive Eingriffe dringen grundsätzlich besonders tief in die Sphäre des Individuums oder eines Presseunternehmens ein[41].

---

[38] Vgl. *Dürig*: AÖR 81, S. 146; *Hesse*: Grundzüge, S. 127; *Peters*: Verfassungsmäßigkeit, S. 12 ff.
[39] BVerfGE 13, S. 97 (107).
[40] Vgl. ähnlich *Hesse*: Grundzüge, S. 126.
[41] *Windsheimer*: S. 123 f. mit Beispielen.

D. Zitierpflicht der „allgemeinen Gesetze" nach Art. 19 Abs. 1 Satz 2 GG?

Geht man vom Wortlaut und Sinn des Art. 19 Abs. 1 Satz 2 GG aus, einer Vorschrift, die den Gesetzgeber zwingen soll, zu bekennen, daß das verkündete Gesetz ein Grundrecht einschränkt, müßten nach der hier vertretenen Grundrechtsauffassung auch „allgemeine Gesetze" den Art. 5 GG nennen. Da als „allgemeine Gesetze" nicht nur zahlreiche Vorschriften des öffentlichen Rechts, sondern im Hinblick auf die von der Rechtsprechung vertretene beschränkte Drittwirkung des Grundrechts auch allgemeine Normen des Privatrechts in Frage kommen, würde eine entsprechende Formel in einer Vielzahl von Gesetzen auftauchen, deren Verfassungswidrigkeit häufig — etwa im Falle der generellen Normen des BGB — von niemandem erwogen würde. Art. 19 Abs. 1 Satz 2 GG wäre damit zu einer bloßen Floskel entwertet. Das kann nicht der Sinn der Bestimmung sein.

Die Lehre hat deshalb auf zwei Wegen versucht, Art. 19 Abs. 1 Satz 2 GG eine sinnvolle Deutung zu geben. Entweder beschränkt man die Zitierpflicht auf Grundrechte, die Eingriffe und Einschränkungen in Einzelfällen gestatten, und lehnt sie ab, wenn die nähere Ausgestaltung des Grundrechts dem Gesetzgeber überlassen ist (Art. 12 Abs. 1 Satz 2, Art. 14 Abs. 1 Satz 2 GG)[42], oder sieht Art. 19 Abs. 1 Satz 2 als bloße Sollvorschrift an, deren Verletzung die Gültigkeit des Gesetzes nicht beeinträchtigen kann[43].

Angesichts des klaren Wortlautes der Verfassung überzeugt die zweite Auffassung nicht. Es mag zwar die Arbeit des ohnehin überlasteten Gesetzgebers in einzelnen Fällen erheblich erschweren, wenn er, unter der Drohung eines Normenkontrollverfahrens stehend, genau überprüfen muß, ob auch alle durch das Gesetz eingeschränkten Grundrechte genannt sind[44]. Das ist aber kein Grund dafür, einer zum Schutz der Grundrechte geschaffenen Bestimmung jede Wirksamkeit zu nehmen[45]. Dagegen bietet der Vorschlag, Art. 19 Abs. 1 Satz 2 GG nicht in allen Fällen von Grundrechtseinschränkungen anzuwenden, den richtigen Ansatzpunkt. Darf der Gesetzgeber das Grundrecht regeln und ausgestalten (Art. 12 Abs. 1 Satz 2 GG) oder die Grundrechtsschranken in vollem Umfang bestimmen (Art. 14 Abs. 1 Satz 2 GG), liegt keine Einschränkung i. S. des Art. 19 Abs. 1 Satz 2 GG, sondern eine Determination

---

[42] *Röhl:* AÖR 81, S. 195 ff.

[43] *von Mangoldt-Klein:* Art. 19 Anm. IV mit Nachweisen pro und contra; a. A. *Röhl:* AÖR 81, S. 213.

[44] So *von Mangoldt-Klein:* Art. 19 Anm. IV, 3 a.

[45] Im Ergebnis ebenso *Schmidt-Bleibtreu-Klein:* Art. 19, Rdnr. 6; BK Art. 19 Erl. II, e mit Hinweis auf die Entstehungsgeschichte.

des Grundrechts vor[46]. Eine Zitierpflicht besteht dann nicht. Bei den „allgemeinen Gesetzen" handelt es sich im Gegensatz dazu allerdings nicht um eine Grundrechtsschranke, die der einfache Gesetzgeber bestimmen kann[47]. Es wird jedoch eine Normengruppe, ein Ausschnitt aus dem allgemeinen Recht überhaupt, als Schrankenbestimmung genannt. Die zulässige Einschränkung wird damit zur Regel, die unzulässige zur Ausnahme. Art. 19 Abs. 1 Satz 2 GG ist für das Gegenteil solcher Beschränkungen gedacht: die Eingriffe in Grundrechte sollen außergewöhnlich sein. Dann sind sie nur zulässig, wenn sie für jedermann klar erkennbar sind[48]. Die „allgemeinen Gesetze" mit ihrem umgekehrten Regel-Ausnahmeverhältnis unterliegen deshalb nicht der Zitierpflicht des Art. 19 Abs. 1 Satz 2 GG[49].

---

[46] Für Art. 12 Abs. 1 GG ebenso BVerfGE 13, S. 122.

[47] a. A. *Röhl:* AÖR 81, S. 207, der die allgemeinen Gesetze als immanente Schranken wertet; dazu kritisch von *Mangoldt-Klein:* Art. 19 Anm. IV, 3 b (S. 550).

[48] Vgl. *Dehler:* Hauptausschuß, 47. Sitzung, Sten. Ber., S. 620; BK Art. 19, Erl. II e.

[49] Die formale Bestimmung des Art. 19 Abs. 1 Satz 2 GG rechtfertigt auch eine solche formale Auslegung, ebenso *Röhl:* AÖR 81, S. 206; BVerfGE 15, S. 293 läßt offen, ob die allgemeinen Gesetze Art. 19 Abs. 1 Satz 2 GG unterfallen.

Schluß

Die „allgemeinen Gesetze" bilden eine Schranke, die für die Rechte des Art. 5 Abs. 1 GG geschaffen ist und allein für diese Rechte gilt. Das zeigen die Vorläufer dieser Formel, die sich in verschiedenem Gewande bis in die Entstehungszeit der Grundrechte zurückverfolgen läßt und in der deutschen Verfassungsgeschichte einen Wortlaut erhält, der dem heutigen ähnlich ist. Schon die „allgemeinen Strafgesetze" in Art. 28 der Preußischen Verfassung wurden dahin ausgelegt, daß Strafen, die für Handlungen lediglich deshalb verhängt werden, weil man sie durch Meinungsäußerung begeht, unzulässig sind.

Es war zu zeigen, daß die „allgemeinen Gesetze" eine ähnliche Funktion besitzen und nicht eine im Grunde genommen überflüssige Schranke aller Grundrechte sind. Dazu mußten die Auffassungen, die die Rechte des Art. 5 Abs. 1 GG auf Grund ihrer Menschenrechtsqualität, Gemeinschaftsbezogenheit oder ihrer Bedeutung als plebiszitäres Element in einer modernen Demokratie ganz oder zum Teil institutionell deuten, einer kritischen Betrachtung unterzogen werden. Denn eine institutionelle Auffassung, wie sie insbesondere für das Grundrecht der Pressefreiheit vertreten wird, führt stets dazu, daß der einfache Gesetzgeber Regelungsbefugnisse auf dem eigentlichen institutionellen Bereich erhält, die dann als immanente Schranken den Schutzbereich des Grundrechts von vornherein erheblich verkürzen. Die „allgemeinen Gesetze" sollen derartiges Sonderrecht gerade verhindern. Eine zu dieser Formel und dem Schrankensystem der Grundrechte passende Sicht der Grundrechte bietet am ehesten die traditionelle Grundrechtsauffassung der liberalen Freiheitsrechte. Sie ist auch in der Lage, die durch die Entwicklung und Funktion der modernen Massenmedien geschaffenen Probleme (Schutz des Pressebetriebs, Maßnahmen gegen Pressekonzentration, öffentliche Aufgabe der Presse) zu lösen. Allein der Ton- und Bildfunk unterliegt wegen seiner historisch gewachsenen materiell öffentlich-rechtlichen Aufgaben einer Ausgestaltungsbefugnis des Gesetzgebers, so daß es gerechtfertigt ist, hier von einer institutionellen Garantie zu sprechen. Der umfassend auszulegende Freiheitsraum der Rechte des Art. 5 Abs. 1 GG läßt sich nicht durch aus Art. 2 Abs. 1 oder 18 GG entlehnte Schranken einengen. Der Gesetzgeber ist, abgesehen von Art. 5 Abs. 2 GG, allein dann zu Eingriffen berechtigt, wenn die Rechte des Art. 5 Abs. 1 GG mit anderen Grundrechten und Verfassungsbestimmungen kollidieren, der Eingriff zur Wahrung dieser Rechte notwendig ist und sie den Vorzug vor Art. 5 Abs. 1 GG verdienen. Die Abwägungslehre Smends kann nur im Rahmen derartiger Grundrechts-(Verfassungs-)kollisionen als eine unter mehreren Methoden ihren eng begrenzten Anwendungsbereich finden. Bei gleichzeitiger Ausübung der Rechte des Art. 5 Abs. 1 GG und anderer Grundrechte können, wenn die spezifisch andersgeartete Freiheit in Frage steht, auch deren Schranken den einfachen Gesetzgeber ermächtigen. Für den so bestimmten Freiheitsraum schließt die Formel der „allgemeinen Gesetze", abgesehen von Formvorschriften, wie Ablieferung von Belegexemplaren, Impressum usw., jedes Recht aus, das sich ganz oder überwiegend auf Meinungs-, Presse- und Filmfreiheit auswirkt. Die zulässigen „allgemeinen Gesetze" können zwar Gesetze im materiellen Sinne sein, dürfen aber nicht — wie die polizeiliche Generalklausel als Ermächtigungsgrundlage für Polizeiverordnungen — so allgemein sein, daß Art und Ausmaß des Eingriffes in das Grundrecht nicht vorhersehbar sind. Die „allgemeinen Gesetze" sind ferner in beschränktem Umfang dem Grundsatz der Verhältnismäßigkeit unterworfen; sie sind dann verfassungswidrig, wenn ein anderes in gleicher Weise geeignetes „allgemeines Gesetz" einen geringeren Eingriff in die Rechte des Art. 5 Abs. 1 GG bedeuten würde.

Literaturverzeichnis

Abel, Gunther: Die Bedeutung der Lehre von den Einrichtungsgarantien für die Auslegung des Bonner Grundgesetzes, Berlin 1964

Abendroth, Wolfgang: Zum Begriff des demokratischen und sozialen Rechtsstaates im Grundgesetz der Bundesrepublik Deutschland, Festschrift für Ludwig Bergsträsser, Düsseldorf 1954, S. 279 ff.; nachgedruckt in Rechtsstaatlichkeit und Sozialstaatlichkeit, hrsg. von Ernst Forsthoff, Darmstadt 1968, S. 114 ff.

Anschütz, Gerhard: Die Verfassung des Deutschen Reiches, 14. Aufl., Berlin 1933

— Die Verfassungsurkunde für den Preußischen Staat, Berlin 1912 (zit. Anschütz, Preußische Verfassung)

von *Aretin*, Johann Christ. und Carl von *Rotteck:* Staatsrecht der constitutionellen Monarchie, 2. Aufl., Leipzig 1838

Arndt, Adolf: Die Verfassungsurkunde für den Preußischen Staat, 7. Aufl., Berlin 1911

Arndt, Adolf, jun.: Zur Güterabwägung bei Grundrechten (Art. 5 GG) NJW 1966, S. 25 f.

— Der BGH und das Selbstverständliche (§ 100 StGB) NJW 1966, S. 25

— Die Aufgabe des Juristen in unserer Zeit, Vortrag, gehalten auf der Rechtspolitischen Konferenz der SPD und der Arbeitsgemeinschaft Sozialdemokratischer Juristen Nordrhein-Westfalens am 30. 4. 1966 in Düsseldorf, Düsseldorf 1966

Bachof, Otto: Freiheit des Berufs, in Die Grundrechte, Handbuch der Theorie und Praxis der Grundrechte, hrsg. von Bettermann—Nipperdey—Scheuner, Bd. III, 1 Berlin 1958, S. 155 ff.

— Verfassungsrecht, Verwaltungsrecht, Verfahrensrecht in der Rechtsprechung des Bundesverwaltungsgerichts, 2. Aufl., Tübingen 1964

Ballerstedt, Kurt: Wirtschaftsverfassungsrecht, in Die Grundrechte, Handbuch der Theorie und Praxis der Grundrechte, hrsg. von Bettermann—Nipperdey—Scheuner, Bd. III, 1, Berlin 1958, S. 2 ff.

— Über wirtschaftliche Maßnahmegesetze, Festschrift Walter Schmidt-Rimpler, Karlsruhe 1957, S. 269 ff.

Barth, Karl: Die kirchliche Dogmatik, Bd. III, Die Lehre von der Schöpfung 1945—1951, Bd. III, 4 Zürich 1951

— Kirchliche Dogmatik, ausgewählt und eingeleitet von Helmut Gollwitzer, Frankfurt und Hamburg 1957

Bebel, August: Aus meinem Leben, 2. Teil, Stuttgart 1911

Becker, Walter Gustav: Der Tatbestand der Lüge, Tübingen 1948

Berner, Albert Friedrich: Lehrbuch des Deutschen Presserechts, Leipzig 1876

Berg, Wilfried: Konkurrenzen schrankendivergenter Freiheitsrechte im Grundrechtsabschnitt des Grundgesetzes, Berlin und Frankfurt a. M. 1968

Beyer, Wilhelm R.: Anmerkung zu BerfG NJW 1961, S. 819, NJW 1961, S. 1156 f.

— Anmerkung zu BVerfG NJW 1954, S. 713, NJW 1954, S. 713

Beyerle, Konrad: Weimarer Erinnerungen zu Art. 137 der Reichsverfassung, in Schmitt, Kirchliche Selbstverwaltung, S. 153 ff.

Bethge, Herbert: Der verfassungsrechtliche Standort der „staatlich gebundenen" Berufe. Berufliche Teilhabe an Staatsfunktionen oder Verstaatlichung berufsgrundrechtsgeschützter Tätigkeiten? Diss. jur., Köln 1968

Bettermann, Karl-August: Die allgemeinen Gesetze als Schranken der Pressefreiheit, JZ 1964, S. 601 ff.

— Rundfunkfreiheit und Rundfunkorganisation, DVBl. 1963, S. 41 ff.

Blackstone, William: Commentaries on the Laws of England, Bd. 1—4, 16. Aufl., London 1825

Bloch, Rolf: Der Doppelcharakter der Grundrechte als Schutz des einzelnen und als institutionelle Garantie der Demokratie, Diss. jur., Basel 1954

Bluntschli, J. C.: Allgemeines Staatsrecht, 6. Aufl., Stuttgart 1885

Bohatec, Josef: England und die Geschichte der Menschen- und Bürgerrechte, Graz und Köln 1956

Bochénski, I. M.: Die zeitgenössischen Denkmethoden, München 1954

Boehm, Volker: Die Meinungsfreiheit des erwachsenen geistig oder seelisch nicht abartigen Strafgefangenen, Diss. jur., Bonn 1968

Boehmer, Gustav: Erbrecht, in Die Grundrechte, Handbuch der Theorie und Praxis der Grundrechte, hrsg. von Neumann—Nipperdey—Scheuner, Bd. II, S. 401 ff.

Bonner Kommentar: (Kommentar zum Bonner Grundgesetz, hrsgg. von H. J. Abraham u. a.) 1950 ff., Stand April 1968

Bornhak, Conrad: Preußisches Staatsrecht, 1. Bd., 2. Aufl., Breslau 1911

Braumüller, Gerd: Der Weg zur Pressefreiheit, Die Entwicklung des Presserechts in den Vereinigten Staaten, Bonn 1953

Brandwen, M.: The Battle of the First Amendment; A Study in Judicial Interpretation, North Car. L. R., 40, 1961/62

Calker, Wilhelm van: Das Staatsrecht des Großherzogtums Hessen, Tübingen 1913

Cato's Letters: or, Essays on liberty, Civil and Religious, London 1733—1755 (John Tenchard and William Gordon) 6. Aufl., London 1955

Coing, Helmut: Grundzüge der Rechtsphilosophie, Berlin 1950

— Die juristischen Auslegungsmethoden und die Lehren der allgemeinen Hermeneutik, Köln und Opladen 1959

Ćopić, Hans: Grundgesetz und politisches Strafrecht neuerer Art, Untersuchungen zur Verfassungsmäßigkeit der Tatbestände und Deliktsfolgen der §§ 88—98 (inkl. § 86), 100 d II, 100 d III i. V. II, 128, 129 StGB, § 20 VereinsG und der Deliktsfolgen gem. §§ 31—34, 37, 42 e, 42 m, 42 l StGB im Falle ihrer Verknüpfung mit den vorgenannten politischen Straftatbeständen, Tübingen 1967

Ćopić, Hans: Berufsverbot und Pressefreiheit, JZ 1963, S. 494 ff.

Czajka, Dieter: Pressefreiheit und „öffentliche Aufgabe" der Presse, Stuttgart, Berlin, Köln, Mainz 1968

Dagtoglou, Prodomos: Wesen und Grenzen der Pressefreiheit, Stuttgart 1963 (zit. Wesen und Grenzen)

— Motiv der Pressekritik und Pressefreiheit, Zur Wahrnehmung berechtigter Interessen durch die Presse, DÖV 1963, S. 636 ff.

Descartes, René: Discours de la Méthode, Von der Methode des richtigen Vernunftgebrauches und der wissenschaftlichen Forschung. Nachdruck, Hamburg 1964 (Bd. 261 der Philosophischen Bibliothek)

Drath, Martin: Die Grenzen der Verfassungsgerichtsbarkeit, VVdStRL 9, S. 17 ff.

Dicey, A. V.: Introduction to the Study of the Law of the Constitution, 10. Aufl., London 1959

Drews, Bill: Preußisches Polizeirecht, 2. Bd., Besonderer Teil, Berlin 1933

Drews, Bill und Gerhard *Wacke*: Allgemeines Polizeirecht, Ordnungsrecht der Länder und des Bundes, 7. Aufl., Berlin 1961; 6. Aufl., Berlin 1952

Dürig, Günter: Grundrechtsverwirklichung auf Kosten von Grundrechten, in Summum ius, summa iniuria, Tübingen 1963, S. 80 ff.

— Das Eigentum als Menschenrecht, Zeitschrift für die gesamte Staatswissenschaft 109 (1953), S. 326 ff.

— Der Grundrechtssatz von der Menschenwürde, AÖR 81, S. 117 ff.

— Zum „Lüth-Urteil" des Bundesverfassungsgerichts vom 15. 1. 1968, DVBl. 1958, S. 194 ff.

— Grundrechte und Zivilrechtsprechung, in Vom Bonner Grundgesetz zur gesamtdeutschen Verfassung, Festschrift zum 75. Geburtstag von Hans Nawiasky, München 1956, S. 157 ff.

Duverger, Maurice: Institutions Politiques et Droit Constitutionnel, 6. Aufl., Paris 1962 (zit. Institutions)

— Les Constitutions de la France, Paris 1959 (zit. Constitutions)

Ebers, Godehard Josef: Religionsgesellschaften, in Die Grundrechte und Grundpflichten der Reichsverfassung, hrsg. von Hans Carl Nipperdey, Bd. 2, Berlin und Mannheim 1930, S. 361 ff.

Eckardt, Wolf-Dieter: Die verfassungskonforme Gesetzesauslegung, Diss. jur., Berlin 1964

Ehmke, Horst: Prinzipien der Verfassungsauslegung, VVdStRL 20, S. 53 ff.

— Wirtschaft und Verfassung, Die Verfassungsrechtsprechung des Supreme Court zur Wirtschaftsregulierung, Karlsruhe 1961

Engisch, Karl: Logische Studien zur Gesetzesanwendung, 3. Aufl., Heidelberg 1963

— Die Idee der Konkretisierung in Recht und Rechtswissenschaft unserer Zeit, 2. Aufl., Heidelberg 1968

Enderlein, Günter: Gesetz über Versammlungen und Aufzüge, Stuttgart und Köln 1953

Engelhardt, Hanns: Zur Rechtsstellung des Empfängers von Postsendungen, NJW 1966, S. 1907 ff.

Enneccerus-Kipp-Wolff: Lehrbuch des Bürgerlichen Rechts, Allgemeiner Teil, 15. Aufl., Tübingen 1959

Erbel, Günter: Inhalt und Auswirkungen der verfassungsrechtlichen Kunstfreiheitsgarantie, Berlin, Heidelberg, New York 1966

Ermacora, Felix: Handbuch der Grundfreiheiten und der Menschenrechte, Wien 1963

Evers, Hans-Ulrich: Urteilsanmerkung zu BGH JZ 1963, S. 402; JZ 1963, S. 404 ff.

Faber, Heiko: Innere Geistesfreiheit und suggestive Beeinflussung, Berlin 1968

Fechner, Erich: Rechtsphilosophie, 2. Aufl., Tübingen 1962

Fleiner, Fritz: Institutionen des Deutschen Verwaltungsrechts, 8. Aufl., Tübingen 1928

Fleiner, Fritz und Zaccaria *Giacometti*: Schweizerisches Bundesstaatsrecht. Neudruck, Zürich 1965

Flückiger, Ernst: Geschichte des Naturrechts, 1. Bd. Altertum und Mittelalter, Zürich 1954

Forsthoff, Ernst: Tagespresse und Grundgesetz, DÖV 1963, S. 633 ff.

— Die Umbildung des Verfassungsgesetzes, Festschrift für Carl Schmitt, Berlin 1963, S. 35 ff.

— Zur Problematik der Verfassungsauslegung, Stuttgart 1961

— Über Maßnahmegesetze, in Forschungen und Berichte aus dem Öffentlichen Recht, Gedächtnisschrift für Walter Jellinek, S. 221 ff.

— Lehrbuch des Verwaltungsrechts, 1. Bd., Allgemeiner Teil, 9. Aufl., München und Berlin 1966

Fraenkel, Osmond K.: Bürgerliche Freiheiten, Grundrechte und verfassungsmäßige Freiheiten in den USA (Our civil liberties), Wiesbaden 1950

Franz, Günther: Staatsverfassungen, München 1964

Fricker, C. V.: Die Verfassungsurkunde für das Königreich Württemberg, Tübingen 1865

Friedmann, W.: Legal Theory, 3. Aufl., London 1953

— Law in a Changing Society, London 1959

Friedrich, Hansjürgen: Die Institutionslehre Maurice Haurious, Diss. jur., Mainz 1963

Friesenhahn, Ernst: Die Pressefreiheit im Grundrechtssystem des Grundgesetzes, Vortrag gehalten auf dem Rechtspolitischen Bundeskongreß der Sozialdemokratischen Partei Deutschlands vom 21.—23. Februar 1969 in Mainz, Pressemitteilungen und Informationen der SPD, Bonn 1969

Füchtenbusch, Walther: Die Möglichkeit polizeilichen Handelns im Rahmen von Art. 5 Abs. 1 und 2 des Grundgesetzes, Diss. jur., Münster 1961

Füsslein, Rudolf-Werner: Vereins- und Versammlungsrecht, in Die Grundrechte, Handbuch der Theorie und Praxis der Grundrechte, hrsg. von Neumann—Nipperdey—Scheuner, Bd. II, S. 425 ff.

Füsslein, Rudolf-Werner: Rechtliche Probleme des Versammlungsgesetzes, DVBl. 1954, S. 553 ff.
— Versammlungsgesetz, Handausgabe mit eingehenden Erläuterungen, Berlin und Frankfurt 1954

Gebhard, Ludwig: Die Verfassung des Deutschen Reiches, München, Berlin und Leipzig 1932

Geiger, Willi: Grundrechte und Rechtsprechung, München 1959
— Gesetz über das Bundesverfassungsgericht, Kommentar, Berlin 1952
— Die Wandlung der Grundrechte, in Gedanke und Gestalt des demokratischen Rechtsstaates, Wien 1965, S. 9 ff.
— Das Grundrecht der Pressefreiheit, in Die Funktion der Presse im demokratischen Staat, München 1958, S. 11 ff.

Gierke, Otto von: Das deutsche Genossenschaftsrecht, Bd. I—IV, Neudruck Darmstadt 1954

Giese, Friedrich: Grundgesetz für die Bundesrepublik Deutschland, 4. Aufl., Frankfurt 1955; 7. Aufl., neu bearbeitet von Egon Schunck, Frankfurt 1965
— Enteignung durch Kollektivakt, Staatsrechtliche Bemerkungen zur neuesten Rechtsprechung, Deutsche Richterzeitung 1951, S. 192

Güde, Max: Probleme des politischen Staatsschutzes, Heft 4 der Veröffentlichungen der Gesellschaft Hamburger Juristen, Hamburg 1957

Gusti, Demetrius: Die Grundbegriffe des Presserechts, Berlin 1908

Habermas, Jürgen: Strukturwandel der Öffentlichkeit, Untersuchungen zu einer Kategorie der bürgerlichen Gesellschaft, 2. Aufl., Neuwied, Berlin 1965

Häberle, Peter: Die Wesensgehaltgarantie des Art. 19 Abs. 2 GG, Freiburger Rechts- und Staatswissenschaftliche Abhandlungen, Bd. 21, Freiburg 1962 (zit. Wesensgehaltgarantie)

Häntzschel, Kurt: Reichspressegesetz und die übrigen presserechtlichen Vorschriften des Reiches und der Länder, Berlin 1927 (zit. RPG)
— Das Recht der freien Meinungsäußerung, in Handbuch des Deutschen Staatsrechts, hrsg. von Gerhard Anschütz und Richard Thoma, Tübingen 1932, Bd. II, S. 651 ff.
— Der Verfassungsschutz der Pressefreiheit, DJZ 1925, S. 1846
— Das Grundrecht der freien Meinungsäußerung und die Schranken der allgemeinen Gesetze des Art. 118 der RV, AÖR NF 10, S. 228 ff.

Haible, Winfried: Das Recht der Presse in den deutschen Bundesländern, Diss. jur., Würzburg 1964

Haller, William: Liberty and Reformation in the Puritan Revolution, New York 1955

Hamann, Andreas: Berufsordnungsgesetz und Grundgesetz, Der Betriebsberater 1955, S. 293 ff.
— Das Grundgesetz für die Bundesrepublik Deutschland vom 23. Mai 1949, Kommentar, Berlin, Neuwied 1956, 2. Aufl., 1961

Hamel, Walter: Die Bedeutung der Grundrechte im sozialen Rechtsstaat, Eine Kritik an Gesetzgebung und Rechtsprechung, Berlin 1957

Hartmann, Nicolai: Ethik, 4. Aufl., Berlin 1962

Hartmann, Nicolai: Ästhetik, Berlin 1953

Hartung, Fritz: Die Entwicklung der Menschen- und Bürgerrechte von 1776 bis zur Gegenwart, 3. Aufl., Göttingen 1964

Hatin, Eugène: Manuel théorique et pratique de la liberté de la presse, 1500 bis 1868, Tomes 1 et 2, Paris 1868

Heck, Karl: Grundgesetz und Pressekonzentration, Archiv für Presserecht, Nr. 73/1968, S. 701 ff.

Heckel, Johannes: Melanchthon und das heutige Deutsche Staatskirchenrecht, in Festgabe für Ernst Kaufmann, Stuttgart und Köln 1950, S. 83 ff.

— Besprechung von Walter Göbell, Die rheinisch-westfälische Kirchenordnung vom 5. März 1835, ihre geschichtliche Entwicklung und ihr theologischer Gehalt, Bd. I, Duisburg 1948, in ZRG 67. Bd., Kanonistische Abt., 36 Bd. (1950), S. 469 ff.

— Kirchliche Autonomie und staatliches Stiftungsrecht in den Kirchengemeinden der Evangelisch-lutherischen Landeskirche in Bayern rechts des Rheines, Korrespondenzblatt für die evangelisch-lutherischen Geistlichen in Bayern, 1932, S. 410

— Das staatskirchenrechtliche Schrifttum der Jahre 1930 und 1931, Verwaltungsarchiv, Bd. 37, S. 280 ff.

Hegel, Georg Wilhelm Friedrich: Philosophie des Rechts, hrsg. von Johannes Hoffmeister, 4. Aufl., Hamburg 1955

Heidegger, Martin: Sein und Zeit, 8. Aufl., Tübingen 1957

Heinitz, Ernst: siehe Ridder-Heinitz

Heller, Hermann: Der Begriff des Gesetzes in der Reichsverfassung, VVdStRL 4, S. 98 ff.

— Allgemeine Staatslehre, Leiden 1934

Hellwig, Albert: Artikel 118, Meinungsfreiheit, Zensur, in Die Grundrechte und Grundpflichten der Reichsverfassung, hrsg. von Hans-Carl Nipperdey, Bd. II, S. 1 ff., Berlin, Mannheim 1930 (zit. Grundrechte und Grundpflichten II)

Henkel, Heinrich: Strafrecht und Religionsschutz, Zeitschrift für die gesamte Strafrechtswissenschaft 51 (1931) S. 916 ff.

Herbst, Leonore: Zum „Gesetz zur Überwachung strafrechtlicher und anderer Verbringungsverbote", DVBl. 1964, S. 470 ff.

Herrmann, Günther: Rundfunkgesetze, Textsammlung, Köln, Berlin, Bonn, München 1966

Hippel, Ernst von: Das richterliche Prüfungsrecht, in Handbuch des Deutschen Staatsrechts, hrsg. von Gerhard Anschütz und Richard Thoma, Tübingen 1932, Bd. II, S. 446 ff.

Hippel, Eike von: Grenzen und Wesensgehalt der Grundrechte, Berlin 1964 (zit. Wesensgehalt)

Hering, Carl Joseph: Zur Interpretation der Formel „innerhalb der Schranken des für alle geltenden Gesetzes" (Art. 140 GG/137 Abs. 3, Satz 1 WRV), in Festschrift Hermann Jahrreiss, Köln, Berlin, Bonn, München 1964, S. 87 ff.

Hiskocks: Democracy in Western Germany, New York, Toronto 1957

Hocking, W. E.: Freedom of the press. A Framework of Principle. A Report from the Commission on Freedom of the Press, Chicago 1947

Hoffmann, Wolfgang: Inhalt und Grenzen der Demonstrationsfreiheit nach dem Grundgesetz, JUS 1967, S. 393 ff.

Hoffmeister, Johannes: Wörterbuch der philosophischen Begriffe, 2. Aufl., Hamburg 1955

Holtzmann, Robert: Französische Verfassungsgeschichte von der Mitte des 9. Jahrhunderts bis zur Revolution, München und Berlin 1910

Huber, Hans: Persönlichkeitsschutz und Pressefreiheit, Tübinger Rechtswissenschaftliche Abhandlungen, Bd. 3, Tübingen 1961

Huber, Ernst Rudolf: Bedeutungswandel der Grundrechte, AÖR NF 23, S. 1 ff.

Humboldt, Wilhelm von und Karl *Freiherr vom Stein:* Über Einrichtung landesständischer Verfassungen in den preußischen Staaten, Mit einer Untersuchung hrsg. von Arndt Schreiber, Heidelberg 1949

Ipsen, Hans Peter: Rechtsfragen der Investitionshilfe, AÖR 78, S. 284 ff.

Jäckel, Hartmut: Grundrechtsgeltung und Grundrechtssicherung, Eine rechtsdogmatische Studie zu Art. 19 Abs. 2 GG, Berlin 1967

Jahrreis, Hermann: Demokratie, Selbstbewußtheit — Selbstgefährdung — Selbstschutz (Zur deutschen Verfassungsproblematik seit 1945), in Festschrift Richard Thoma, Tübingen 1950, S. 71 ff.

Jaspers, Karl: Philosophie, Bd. 2, Berlin, Göttingen, Heidelberg 1956

Jellinek, Georg: Allgemeine Staatslehre, 3. Aufl., Berlin 1920

— Die Erklärung der Menschen- und Bürgerrechte, Leipzig 1904

Jellinek, Walter: Verwaltungsrecht, 3. Aufl., Berlin 1931; Nachdruck 1948 nebst Nachtrag 1950

— Anmerkung zu OVG Hamburg, DVBl. 1951, S. 280; DVBl. 1951, S. 283

Johnson, Dr. (Pseudonym): On Governments, 1799

Kägi, Werner: Rechtsfragen der Volksinitiative auf Partialrevision, Verhandlungen des Schweizerischen Juristenvereins 1956, S. 739 a ff.

Katholnigg, Oskar: Neuere Tendenzen bei der Auslegung des Zensurverbots, NJW 1963, S. 892 f.

Kellner, Hugo: Der sogenannte Beurteilungsspielraum in der verwaltungsgerichtlichen Prozeßpraxis, NJW 1966, S. 857 ff.

Kelsen, Hans: Der soziologische und der juristische Staatsbegriff, 2. Aufl., Tübingen 1928

— Hauptprobleme der Staatsrechtslehre, entwickelt aus der Lehre vom Rechtssatze, Tübingen 1911

Kemper, Gerd Heinrich: Pressefreiheit und Polizei, Berliner Abhandlungen zum Presserecht, Heft 2, Berlin 1964

Kessler, Uwe: Politische Richtlinien für den Staatsschutz, DÖV 1963, S. 673 ff.

Kimminich, Otto: Die Freiheit, nicht zu hören, Der Staat 1964, S. 61 ff.

Kitzinger, Friedrich: Das Reichsgesetz über die Presse, Kommentar, Tübingen 1920

Klöppel, P.: Das Reichspressegesetz, Leipzig 1894
— Dreißig Jahre Deutscher Verfassungsgeschichte 1867—1897, Leipzig 1900 (zit. Verfassungsgeschichte)
Knemeyer, Franz-Ludwig: Die Verfassungsmäßigkeit von Wohnungsdurchsuchungen bei Vollstreckung wegen Geldforderungen, NJW 1967, S. 1353 ff.
Knies, Wolfgang: Schranken der Kunstfreiheit als verfassungsrechtliches Problem, München 1967
Konvitz, Milton R.: Fundamental Liberties of a Free People; Religion, Speech, Press, Assembly, Ithaca, New York 1957
Krauss, Rupprecht von: Der Grundsatz der Verhältnismäßigkeit in seiner Bedeutung für die Notwendigkeit des Mittels im Verwaltungsrecht, Hamburg 1955
Krauth, Hermann, Werner *Kurfess* und Helmut *Wulf*: Zur Reform des Staatsschutz-Strafrechts durch das Achte Strafrechtsänderungsgesetz, JZ 1968, S. 577 ff., 609 ff., 731 f.
Kriele, Martin: Theorie der Rechtsgewinnung, Berlin 1967
Kröger, Klaus: Über die Lehre von den Einrichtungsgarantien, Neue Politische Literatur 1965, S. 408 f.
— Verfassungsrechtliche Grundfragen des Rechts der Beamten auf „parteipolitische Meinungsäußerungen", AÖR 88, S. 121 ff.
Krüger, Herbert: Die Einschränkung von Grundrechten nach dem Grundgesetz, DVBl. 1950, S. 625 ff.
— Der Wesensgehalt der Grundrechte i. S. des Art. 19 GG, DÖV 1955, S. 597 ff.
— Rechtsstaatliche Gesetzgebungstechnik, DÖV 1956, S. 550 ff.
— Verfassungsänderung und Verfassungsauslegung, DÖV 1961, S. 721 ff.
— Allgemeine Staatslehre, Stuttgart 1964
Küster, Otto: Persönlichkeitsschutz und Pressefreiheit, Karlsruhe 1960
Kuhn, Gustav: Grundrechte und Minderjährigkeit, Neuwied und Berlin 1965
Laband, Paul: Das Staatsrecht des Deutschen Reiches, 1. Bd., 5. Aufl., Tübingen 1911; 2. Bd., 5. Aufl., Tübingen 1911
Larenz, Karl: Methodenlehre der Rechtswissenschaft, Berlin, Göttingen, Heidelberg 1960
Lehmann, Lutz: Legal & Opportun, Politische Justiz in der BRD, Berlin 1966
Leibholz, Gerhard und H. J. *Rinck*: Grundgesetz für die Bundesrepublik Deutschland, Kommentar, Köln 1966
Leisner, Walter: Grundrechte und Privatrecht, München 1960
— Von der Verfassungsmäßigkeit der Gesetze zur Gesetzmäßigkeit der Verfassung; Recht und Staat, Heft 286/287, Tübingen 1964 (zit. Gesetzmäßigkeit)
Lerche, Peter: Werbung und Verfassung, München und Berlin 1967
— Rechtsprobleme des Werbefernsehens, Frankfurt a. M., Berlin 1965
— Grundrechtsbegrenzungen durch Gesetz im Wandel des Verfassungsbildes, DVBl. 1958, S. 524 ff.

Lerche, Peter: Grundrechte der Soldaten, in: Die Grundrechte, Handbuch der Theorie und Praxis der Grundrechte, hrsg. von Bettermann—Nipperdey—Scheuner, Bd. IV, 1, S. 447 ff. (zit. Grundrechte IV, 1)

— Übermaß und Verfassungsrecht, Köln, Berlin, München, Bonn 1961 (zit. Übermaß)

Leuschner, Albrecht: Das Recht der Schülerzeitungen, Berliner Abhandlungen zum Presserecht, Heft 4, Berlin 1966

Levy, Leonard W.: Legacy of Suppression, Freedom of Speech and Press in Early American History, Cambridge (Mass.) 1960

Lilienthal, A.: Die Staatsaufsicht über die Religionsgesellschaften nach Art. 137 der Reichsverfassung, 1925

Lipset, Seymor M.: Soziologie der Demokratie (Deutsche Übersetzung) Neuwied und Berlin 1962

Löffler, Martin: Presserecht, Kommentar zum Reichsgesetz über die Presse und zum Presserecht der Länder sowie zu den sonstigen die Presse betreffenden Vorschriften, München und Berlin 1955 (zit. Presserecht)

— Die Pressekonzentration in verfassungsrechtlicher Sicht auf der 22. Arbeitstagung des Studienkreises für Presserecht und Pressefreiheit, NJW 1967, S. 2196 f.

— Darf die Verwaltung in das Grundrecht der Pressefreiheit eingreifen? DÖV 1957, S. 897 ff.

— Anmerkung zu BVerfG NJW 1960, S. 29 ff.; NJW 1960, S. 29

— Presse und Justiz — Bestreikung von Presseunternehmen, 13. und 14. Arbeitstagung des Studienkreises für Presserecht und Pressefreiheit, DÖV 1963, S. 689 ff.

— Der Verfassungsauftrag der Presse, Modellfall Spiegel, Karlsruhe 1963

— Der Informationsanspruch der Presse und des Rundfunks, NJW 1964, S. 2277 f.

— Die Meinungs- und Pressefreiheit im Abhängigkeitsverhältnis, NJW 1964, S. 1100

— Die Pressekonzentration bedroht die Pressefreiheit, ZRP 1968, S. 12 ff.

— „Pressekonzentration und Pressefreiheit" auf der 24. Tagung des Studienkreises für Presserecht und Pressefreiheit, NJW 1968, S. 2096 f.

Löwenstein, Karl: Staatsrecht und Staatspraxis von Großbritannien, Bd. II, Berlin, Heidelberg, New York 1967

Luhmann, Niklas: Grundrechte als Institution, Ein Beitrag zur politischen Soziologie, Berlin 1965 (zit. Institution)

Lüttger, Hans: Zum Gesetz zur Überwachung strafrechtlicher und anderer Verbringungsverbote, MDR 1961, S. 809 ff.

Mallmann, Walter: Pressefreiheit und Journalistenrecht, in Es geht nicht nur um Springer, Material und Meinungen zur inneren Pressefreiheit, hrsg. von Otto Wilfert, Mainz 1968, S. 11 ff.

Mangoldt, Hermann von, und Friedrich *Klein*: Das Bonner Grundgesetz, Kommentar, 2. Aufl., Bd. 1, Berlin und Frankfurt 1957

Maunz, Theodor, Günter *Dürig* und Roman *Herzog*: Grundgesetz, Kommentar, Bd. I und II, 1.—9. Lieferung, München 1968

Mausbach, Josef: Kulturfragen in der deutschen Verfassung, 1920
— Über die öffentliche Rechtsstellung der Kirche im Deutschen Reich nach den Verhandlungen von Weimar, in Schmitt, Kirchliche Selbstverwaltung im Rahmen der Reichsverfassung, 1926, S. 131 ff.

Menger, Christian Friedrich: Das Gesetz als Norm und Maßnahme, VVdStRL 15, S. 3 ff.
— Der Begriff des sozialen Rechtsstaates im Bonner Grundgesetz, Recht und Staat, Heft 173, Tübingen 1953

Messner, Johannes: Das Naturrecht, Innsbruck, Wien 1950

Meyer, Georg und Gerhard *Anschütz*: Lehrbuch des Deutschen Staatsrechts, 7. Aufl., München und Leipzig 1919

Meyn, Hermann: Massenmedien in der Bundesrepublik, Neue Politische Literatur 1967, S. 292 ff.

Mikat, Paul: Kirchen und Religionsgesellschaften, in Die Grundrechte, Handbuch der Theorie und Praxis der Grundrechte, hrsg. von Bettermann—Nipperdey—Scheuner, Bd. IV, 1, 1960, S. 111 ff.

Milton, John: Prose Works (Bd. 1—2), London 1910
— Politische Hauptschriften, übersetzt und mit Anmerkungen versehen von Wilhelm Bernhardi, Bd. 1—3, Berlin 1874 (zit. Hauptschriften)

Möhrke, Claus D.: Pressegeschichte zum Nachschlagen, Münster 1951

Müller, Christoph: Das imperative und freie Mandat, Leiden 1966

Müller, Heinrich: Über Präventivpolizei, Diss. jur., Zürich 1937

Müller-Römer, Dietrich: Zur sozialistischen Verfassung der DDR, JZ 1968, S. 313 ff.

Münch, Ingo von: Die Grundrechte des Strafgefangenen, JZ 1958, S. 73 ff.
— Freie Meinungsäußerung und besonderes Gewaltverhältnis, Diss. jur., Frankfurt 1957
— Freie Meinungsäußerung des Beamten, Zeitschrift für Beamtenrecht 1959, S. 305 ff.

Nipperdey, Hans Carl: Boykott und freie Meinungsäußerung, DVBl. 1958, S. 445 ff.
— Die Würde des Menschen, in Die Grundrechte, Handbuch der Theorie und Praxis der Grundrechte, hrsg. von Neumann—Nipperdey—Scheuner, Bd. II, Berlin 1954, S. 1 ff.
— Freie Entfaltung der Persönlichkeit, in Die Grundrechte, Handbuch der Theorie und Praxis der Grundrechte, hrsg. von Bettermann—Nipperdey—Scheuner, Bd. IV, 2, Berlin 1962, S. 741 ff.

Noltenius, Johanne: Die freiwillige Selbstkontrolle der Filmwirtschaft und das Zensurverbot des Grundgesetzes, Bd. 23 der Göttinger Rechtswissenschaftlichen Studien, Göttingen 1958

Oestreich, Gerhard: Die Entwicklung der Menschenrechte und Grundfreiheiten, in Die Grundrechte, Handbuch der Theorie und Praxis der Grundrechte, hrsg. von Bettermann—Nipperdey—Scheuner, Bd. I, 1, Berlin 1966, S. 1 ff.

Ott, Sieghart: Ist die Strafbarkeit der Religionsbeschimpfung mit dem Grundgesetz vereinbar, NJW 1966, S. 639

Ott, Sieghart: Kunstfreiheit und Filmbewertung — BVerwGE 23, 194, JuS 1968, S. 459 ff.

Parlamentarischer Rat: Grundgesetz für die BRD (Entwürfe), Formulierungen der Fachausschüsse, des Allgemeinen Redaktionsausschusses und des Plenums, Bonn 1948/49

Parker, Reginald: Das öffentliche Recht, Verfassungsrecht und allgemeines Verwaltungsrecht der Vereinigten Staaten von Amerika, Wien 1963

Pelckmann, Horst: Ehrenschutz und Kritik an Ministern und Beamten in USA (Ein Urteil des US-Supreme Court), NJW 1966, S. 1207 f.

— Meinungsfreiheit und Ehrenschutz in USA, Ein neues Urteil des US-Supreme Court über „Persönlichkeiten von öffentlichem Interesse", NJW 1968, S. 583 ff.

Perschel, Wolfgang: Die Meinungsfreiheit des Schülers, Berlin und Neuwied 1962 (zit. Meinungsfreiheit)

— Der geheime Behördeninformant, JUS 1966, S. 231 ff.

Pestalozza, Christian Graf von: Kritische Bemerkungen zu Methoden und Prinzipien der Grundrechtsauslegung in der Bundesrepublik Deutschland, Der Staat 1963, S. 425 ff.

Peters, Hans: Die freie Entfaltung der Persönlichkeit als Verfassungsziel, in Gegenwartsprobleme des internationalen Rechts und der Rechtsphilosophie, Festschrift für Rudolf Laun, Hamburg 1953, S. 669 ff.

— Die Verfassungsmäßigkeit des Verbots der Beförderung von Massengütern im Fernverkehr auf der Straße, Bielefeld 1954

Phillips, O. Hood: Constitutional and Administrative Law, 3. Aufl., London 1962

Planitz, Hans: Zur Ideengeschichte der Grundrechte, in Die Grundrechte und Grundpflichten der Reichsverfassung, hrsg. von Hans Carl Nipperdey, Bd. III, S. 597 ff.

Poetzsch-Heffter, Fritz: Handkommentar der Reichsverfassung vom 11. 8. 1919, 3. Aufl., Berlin 1928

Polak, Karl: Zur Dialektik in der Staatslehre, 3. Aufl., Berlin (Ost) 1963

Quaritsch, Helmut: Kirchen und Staat, Verfassungs- und staatstheoretische Probleme der staatskirchenrechtlichen Lehre der Gegenwart, Der Staat 1962, S. 175 ff., 289 ff.

Ramm, Thilo: Die Rechtsprechung des Bundesarbeitsgerichts, JZ 1964, S. 494 ff., 546 ff., 582 ff.

Rehbinder, Manfred: Grenzen der Meinungs- und Pressefreiheit, NJW 1962, S. 2140 ff.

— Die öffentliche Aufgabe und rechtliche Verantwortlichkeit der Presse, Ein Beitrag zur Lehre von der Wahrnehmung berechtigter Interessen, Berlin 1962

— Öffentliche Aufgabe der Presse: Was ist das? NJW 1963, S. 1387 ff.

Reissmüller, Johann Georg: Das Monopol des Bundesverfassungsgerichts aus Art. 18 des Grundgesetzes, JZ 1960, S. 529 ff.

Reisnecker, Helmut: Das Grundrecht der Meinungsfreiheit und die Schranken der Allgemeinen Gesetze im Sinne des Art. 5 Abs. 2 GG, Diss. jur., München 1960

Renner, Karl: Die Rechtsinstitute des Privatrechts und ihre soziale Funktion, Ein Beitrag zur Kritik des Bürgerlichen Rechts, Heft 4 der Arbeits- und Sozialrechtlichen Studien, Stuttgart 1965

Ridder, Helmut: Meinungsfreiheit, in Die Grundrechte, Handbuch der Theorie und Praxis der Grundrechte, hrsg. von Neumann—Nipperdey—Scheuner, Bd. II, Berlin 1954, S. 243 ff. (zit. Grundrechte II)

— Zur verfassungsrechtlichen Stellung der Gewerkschaften im Sozialstaat nach dem Grundgesetz für die Bundesrepublik Deutschland, Stuttgart 1960

— Vom allzu zeitigen Ausverkauf der Grundrechte, JZ 1953, S. 249 f.

— Besprechung von Dagtoglou, Wesen und Grenzen der Pressefreiheit, DVBl. 1963, S. 740 f.

— Die Pressefreiheit im Rahmen der öffentlichen Meinungsfreiheit, Bericht über die 7. Arbeitstagung des Studienkreises für Presserecht und Pressefreiheit. JZ 1960, S. 451 f.

— Freiheit der Kunst nach dem Grundgesetz, Berlin und Frankfurt 1963

— Grundgesetz, Notstand und politisches Strafrecht, Bemerkungen über die Eliminierung des Ausnahmezustandes und die Limitierung der politischen Strafjustiz durch das Grundgesetz für die Bundesrepublik Deutschland, Frankfurt a. M. 1965 (zit. Grundgesetz)

— Empfiehlt es sich, die vollständige Selbstverwaltung aller Gerichte im Rahmen des Grundgesetzes gesetzlich einzuführen? Gutachten für den 40. Deutschen Juristentag, Tübingen 1953

— Kirche und Staat in Deutschland, in Staatslexikon, Recht, Wirtschaft, Gesellschaft, hrsg. von der Görres-Gesellschaft, 4. Bd., Freiburg 1959, Spalte 1020 ff.

— „Sühnegedanke", „Grundgesetz", „verfassungsmäßige Ordnung" und Verfassungsordnung der Bundesrepublik Deutschland, DÖV 1963, S. 321 ff.

— Die öffentliche Aufgabe der Presse im System des modernen Verfassungsrechts, Wien 1962 (zit. Wiener Vortrag)

— Das Recht auf Information, Schriftenreihe der Evangelischen Akademie für Rundfunk und Fernsehen, Heft 12, 1967, S. 19 ff.

— Schmittiana (I), Festschrift für Carl Schmitt, Neue Politische Literatur 1967, S. 1 ff.

— Phänomenologie des modernen Staates; Staatsrechtliche und staatspolitische Probleme, Stichwort Staat, Abschn. 5, in Staatslexikon, Recht, Wirtschaft, Gesellschaft, hrsg. von der Görres-Gesellschaft, Bd. 7, Freiburg 1962

Ridder, Helmut und Ernst *Heinitz*: Staatsgeheimnis und Pressefreiheit, Zwei Vorträge, Hof/Saale 1963

Ridder, Helmut und Ekkehart *Stein*: Der Permanente Notstand, 3. (unveränderte) Aufl., Göttingen 1963

— Die Freiheit der Wissenschaft und der Schutz von Staatsgeheimnissen, DÖV 1962, S. 361 ff.

Ridges, E. W.: Constitutional Law, 8. Aufl., von G. A. Forrest, London 1950

Roemer, Walter: Zum Grundrecht der freien Entfaltung der Persönlichkeit, in Hundert Jahre Deutsches Rechtsleben, Bd. 1, S. 545 ff., Karlsruhe 1960

Rohmer: Freizügigkeit und Freiheit des Erwerbs von Grundstücken, in Die Grundrechte und Grundpflichten der Reichsverfassung, hrsg. von Hans Carl Nipperdey, Bd. 1, S. 232 ff.

Rommen, Heinrich: Die Staatslehre des Franz Suarez S. J., Mönchengladbach 1926

Rothenbücher, Karl: Das Recht der freien Meinungsäußerung, VVdStRL 4, S. 6 ff.

Rüfner, Wolfgang: Überschneidungen und gegenseitige Ergänzungen der Grundrechte, Der Staat 1968, S. 41 ff.

Roehl, Helmut: Die Nennung des eingeschränkten Grundrechts nach Art. 19, Abs. 1 Satz 2 des Grundgesetzes, AÖR 81, S. 195 ff.

Rupp, Hans-Heinrich: Das Urteil des Bundesverfassungsgerichts zum Sammlungsgesetz — eine Wende in der Grundrechtsinterpretation des Art. 2 Abs. 1 GG? NJW 1966, S. 2037 ff.

Salander, Gustav Adolf: Vom Werden der Menschenrechte, Leipzig 1926

Schwinge, Erich: Der Wissenschaftler und die Freiheit der Meinungsäußerung, Festgabe für Heinrich Herrfahrdt, Marburg 1961, S. 177 ff.

Seydel, Max von: Bayerisches Staatsrecht, 1. Bd., 2. Aufl., Freiburg und Leipzig 1896

Siebert, Frederick Seaton: The Rights and Privileges of the Press, New York, London 1934

Smend, Rudolf: Das Recht der freien Meinungsäußerung, VVdStRL 4, S. 44 ff.
— Verfassung und Verfassungsrecht, München und Leipzig 1928
— Staatsrechtliche Abhandlungen, Berlin 1955
— Zum Problem des Öffentlichen und der Öffentlichkeit in Forschungen und Berichte aus dem Öffentlichen Recht, Gedächtnisschrift für Walter Jellinek, München 1955, S. 11 ff.

Spahn, Carl Alfred: Staatsmacht und Individualsphäre, Zürich o. J.

Scheler, Max: Der Formalismus in der Ethik und die materiale Wertethik (mit besonderer Berücksichtigung der Ethik Immanuel Kants) II. Teil, in Jahrbuch für philosophische und phänomenologische Forschung, II, S. 21 ff., Halle 1916

Scheuner, Ulrich: Die institutionellen Garantien des Grundgesetzes, Recht—Staat—Wirtschaft, 4. Bd., Düsseldorf 1953, S. 88 ff.
— Pressefreiheit, VVdStRL 22, S. 1 ff.
— Grundrechtsinterpretation und Wirtschaftsordnung, DÖV 1956, S. 65 ff.
— Die Nachprüfung kirchlicher Rechtshandlungen durch staatliche Gerichte, ZevKR 3, S. 352 ff.

Schmidt, Richard: Die Vorgeschichte der geschriebenen Verfassungen, in Zwei Öffentlichrechtliche Abhandlungen als Festgabe für Otto Mayer, Tübingen 1916 (zit. Vorgeschichte)

Schmidt, Walter: Die Freiheit vor dem Gesetz, Zur Auslegung des Art. 2 Abs. 1 des Grundgesetzes, AÖR 91, S. 42 ff.
— Pressefreiheit, allgemeine Gesetze und Polizei, JZ 1967, S. 151 f.

Schmidt-Bleibtreu, Bruno und Franz *Klein:* Kommentar zum Grundgesetz für die Bundesrepublik Deutschland, Neuwied und Berlin 1967

Schmidt-Leichner, Erich: Anmerkung zu BVerfG NJW 1961, S. 819; NJW 1961, S. 819 ff.

Schmitt, Carl: Verfassungslehre, München und Leipzig 1928

— Inhalt und Bedeutung des zweiten Hauptteils der Reichsverfassung, in Handbuch des Deutschen Staatsrechts, hrsg. von Gerhard Anschütz und Richard Thoma, 2. Bd., Tübingen 1932, S. 572 ff.

— Verfassungsrechtliche Aufsätze aus den Jahren 1924 bis 1954, Materialien zu einer Verfassungslehre, Berlin 1958

Schmitt, Josef: Kirchliche Selbstverwaltung im Rahmen der Reichsverfassung, Paderborn 1926

— Die Selbstverwaltung der Religionsgesellschaften nach Art. 137 Abs. 3 der neuen Reichsverfassung, AöR 42 (1922), S. 1 ff.

Schneider, Franz: Pressefreiheit und politische Öffentlichkeit, Studien zur politischen Geschichte Deutschlands bis 1848, Neuwied, Berlin 1961 (zit. Pressefreiheitsgeschichte)

— Presse- und Meinungsfreiheit nach dem Grundgesetz, München 1962 (zit. Pressefreiheit)

Schneider, Hans: Prinzipien der Verfassungsinterpretation, VVdStRL 20, S. 1 ff.

Schneider, Peter: Die Grenzen der freien Meinungsäußerung, in Recht in Ost und West, 1957, S. 144 ff.

— Pressefreiheit und Staatssicherheit, Mainz 1968

Schnur, Roman: Pressefreiheit, VVdStRL 22, S. 101 ff.

Scholler, Heinrich: Person und Öffentlichkeit, München 1967

Schön: Der Staat und die Religionsgesellschaften der Gegenwart, Verwaltungsarchiv Bd. 29, S. 1 ff.

Schüle, Adolf: Persönlichkeitsschutz und Pressefreiheit, Tübinger Rechtswissenschaftliche Abhandlungen, Bd. 3, Tübingen 1961 (zit. Schüle/Huber)

Schwark, Eberhard: Zur verwaltungsgerichtlichen Kontrolle von Entscheidungen der FBW bei Bewertung von Jugendfilmen, RdJ 1964, S. 65 ff.

Schwartz, E.: Die Verfassungsurkunde für den Preußischen Staat vom 31. Januar 1850, Breslau 1896

Schwarz, Otto und Theodor *Kleinknecht*: Strafprozeßordnung mit GVG und Nebengesetzen, 26. Aufl., München und Berlin 1966

Schwenk, Edmund H.: Umfang und Wirkung von Meinungs- und Pressefreiheit, NJW 1962, S. 1321 ff.

— Das allgemeine Persönlichkeitsrecht des Arbeitnehmers, NJW 1968, S. 822 ff.

Stein, Ekkehart: Das Recht des Kindes auf Selbstentfaltung in der Schule, Neuwied und Berlin 1967 (zit. Recht des Kindes)

— Der Mensch in der pluralistischen Demokratie, Die Freiheitsrechte in Großbritannien, Frankfurt a. M. 1964 (zit. Freiheitsrechte)

Stern, Klaus: Probleme der Meinungs- und Pressefreiheit, in Der Politologe, Sommer 1963, S. 5 ff.

Stern, Klaus: Funktionsgerechte Finanzierung der Rundfunkanstalten durch den Staat, Ein Beitrag zur Rundfunkfreiheit des Art. 5 Abs. 1 GG (unter Mitwirkung von Herbert Bethge), München 1968

— Die verfassungsrechtliche Position der kommunalen Gebietskörperschaften in der Elektrizitätsversorgung, Berlin, Frankfurt a. M. 1966 (zit. Verfassungsrechtliche Position)

Stephen, Sir James Fitzjames: A History of the Criminal Law of England, Vol. I, II und III, London 1883

Stier-Somlo, Fritz: Deutsches Reichs- und Landesstaatsrecht, Berlin, Leipzig 1924

Thiele, Willi: Pressefreiheit, Theorie und Wirklichkeit, Berlin 1964

Thoma, Richard: Grundrechte und Polizeigewalt, in Verwaltungsrechtliche Abhandlungen, Festgabe zur Feier des 50jährigen Bestehens des PrOVG 1925, S. 214 ff.

— Kritische Würdigung des vom Grundsatzausschuß des PR beschlossenen und veröffentlichten Grundrechtskatalogs, Drucksache des PR: P. R. 11. 48 — 244 III

— Die juristische Bedeutung der grundrechtlichen Sätze der Deutschen Reichsverfassung im allgemeinen, in Die Grundrechte und Grundpflichten der Reichsverfassung, hrsg. von Hans Carl Nipperdey, 1. Bd., S. 1 ff. (zit. Grundrechte und Grundpflichten I)

Topitsch, Ernst: Über Leerformeln, in Probleme der Wissenschaftstheorie, Berlin, Neuwied 1960, S. 233 ff.

Uber, Giesbert: Die neueste Entwicklung des Bundesverwaltungsgerichts zur Bedürfnisprüfung, Gewerbearchiv 1955, S. 57 ff.

Vervier, Heinrich: Meinungsäußerungsfreiheit und Beamtenrecht, AÖR NF 6, S. 1 ff.

Verfassungsvorschläge der Deutschen Partei, Stade 1947

Viehweg, Theodor: Topik und Jurisprudenz, 2. Aufl., München 1963

Wagner, W.: Beschlagnahme und Einziehung staatsgefährdender Massenschriften, MDR 1961, S. 93 ff.

Weber, Hermann: Grundprobleme des Staatskirchenrechts, JUS 1967, S. 433 ff.

— Die Religionsgemeinschaften als Körperschaften des öffentlichen Rechts im System des Grundgesetzes, Berlin 1966 (zit. Religionsgemeinschaften)

Weber, Otto: Karl Barths kirchliche Dogmatik, Bd. III, 3 und III, 4. Ein einführender Bericht. 1. Ergänzungsheft, Neunkirchen 1952

Weber, Werner: Anmerkung zu BGH NJW 1954, S. 1284; NJW 1954, S. 1284

— Anmerkung zu OLG Düsseldorf NJW 1954, S. 1767 f.; NJW 1954, S. 1767 f.

Weber, Hellmuth von: Der Schutz des Staates: Welche strafrechtlichen Normen empfehlen sich zum Schutz des Staates? Verhandlungen des 38. Deutschen Juristentages, Teil E, Tübingen 1951

Wehrhahn, Herbert: Systematische Vorfragen einer Auslegung des Art. 2 Abs. 1 des Grundgesetzes, AÖR, Bd. 82, S. 250 ff.

Wenzel, Alfons: Meinungsfreiheit und beamtenrechtliche Verschwiegenheitspflicht, Bay. VerwBl. 1966, S. 431 ff.

Wertenbruch, Wilhelm: Grundgesetz und Menschenwürde, Köln, Berlin 1958

Westphalen-Fürstenberg, Eduard: Das Problem der Grundrechte im Verfassungsleben Europas, Wien 1935

Wieacker, Franz: Zur rechtstheoretischen Präzisierung des § 242 BGB, Recht und Staat, Heft 193/194, Tübingen 1956

Wilke, Dieter: Die Verwirkung der Pressefreiheit und das strafrechtliche Berufsverbot, Heft 3 der Berliner Abhandlungen zum Presserecht, Berlin 1964

Willms, Günther: Staatsschutz im Geiste der Verfassung, Bonn, Frankfurt 1962

Windsheimer, Hans: Die „Information" als Interpretationsgrundlage für die subjektiven öffentlichen Rechte des Art. 5 Abs. 1 GG, Berlin 1968

Wintrich, Josef M.: Zur Problematik der Grundrechte, Heft 71 der Arbeitsgemeinschaft für Forschung des Landes Nordrhein-Westfalen, Köln und Opladen 1957

— Zur Auslegung und Anwendung des Art. 2 Abs. 1 GG, in Staat und Bürger, Festschrift für Willibalt Apelt zum 80. Geburtstag, S. 1 ff., München und Berlin 1956

Wittgenstein, Ludwig: Tractatus logico-philosophicus, Logisch-philosophische Abhandlungen, Frankfurt 1960

Winterhoff, Reinhardt: Die rechtlichen Grundlagen der Pressefreiheit in Deutschland unter besonderer Berücksichtigung Preußens, ein Beitrag zum Art. 118 der neuen Reichsverfassung, Diss. jur., Gießen 1922

Wolff, Bernhard: Die Rechtsprechung des Bundesverfassungsgerichts von 1957—1959, Jahrbuch des Öffentlichen Rechts NF, Bd. 4, S. 69 ff.

— Eine Frage zum Lüth-Urteil des Bundesverfassungsgerichts, JZ 1958, S. 202 f.

Wolff, Hans Julius: Verwaltungsrecht I, Ein Studienbuch, 7. Aufl., München 1968

Zagorin, Perez: A History of Political Thought in the English Revolution, London 1954

Zeidler, Wolfgang: Die Unverbrüchlichkeit der Grundrechte, DVBl. 1950, S. 598 ff.

Zippelius, Reinhold: Wertungsprobleme im System der Grundrechte, München und Berlin 1962

— Das Verbot übermäßiger gesetzlicher Beschränkung von Grundrechten, DVBl. 1956, S. 353 ff.

Printed by Libri Plureos GmbH
in Hamburg, Germany